गुफ़्तगू

(फ़िराक़ गोरखपुरी से बातचीत)

वाणी प्रकाशन
21-ए, दरियागंज, नई दिल्ली-110002
फोन: 23273167, 23275710
e-mail : vani_prakashan@yahoo.com
vani_prakashan@mantraonline.com

गुफ़्तगू

(फ़िराक़ गोरखपुरी से बातचीत)

(1959-1976)

वार्ताकार

सुमत प्रकाश 'शौक़'

अनुवादक

डॉ. परमानन्द पांचाल

राष्ट्रपति के भू.पू. विशेष अधिकारी (भाषाएँ)

वाणी प्रकाशन

वाणी प्रकाशन

'लोगो' वाणी प्रकाशन : मक़बूल फ़िदा हुसेन

वाणी प्रकाशन, 4695, 21-ए, दरियागंज, नयी दिल्ली-110002

वाणी प्रकाशन, अशोक राजपथ (पटना कॉलेज के सामने), पटना (बिहार)

GUFTGOO

by Sumat Prakash 'Shauq'

Interveiw

ISBN : 978-81-7055-505-6

संस्करण : 1996

आवृत्ति : 2010

मूल्य : 250/-

वाणी प्रकाशन

फोन : 0091#11#23273167, फोन व फैक्स 23275710

वेबसाइट : www.vaniprakashan.in

ई-मेल : vaniprakashan@gmail.com

जी.एस. ऑफसेट द्वारा दिल्ली-110032 में मुद्रित

अपने पूज्य पिता

स्वर्गीय चंदूलाल जैन 'अख़्तर'

की स्मृति को सादर समर्पित,

जिनसे मैंने बहुत कुछ सीखा

और

बहुत कुछ पाया

दो शब्द

यह बात 1958 की है, जब मैं स्थानीय उर्दू दैनिक 'तेज' के संपादकीय विभाग में काम करता था। मैंने इसके लिए एक साप्ताहिक स्तंभ 'इनसे मिलिए' लिखना शुरू किया था, जो बहुत लोकप्रिय हुआ।

यह स्तंभ लिखने के दौरान मुझे डॉ. हरिवंशराय 'बच्चन', जैनेन्द्र कुमार जैन, शकील बदायूंनी, साहिर लुधियानवी, जां निसार अख़्तर जैसे हिन्दी-उर्दू के कवियों व साहित्यकारों, इन्द्रानी रहमान व वैजयन्तीमाला सरीखी भरतनाट्यम कलाकारों, दिल्ली घराने के उस्ताद चाँद खाँ, उस्ताद हिलाल अहमद और उस्ताद नसीर अहमद जैसे संगीतज्ञों एवं पार्श्वगायक पंकज मलिक जैसी बड़ी-बड़ी शख़्सियतों से बातचीत करने का अवसर मिला। इसी शृंखला में दिसम्बर 1959 में मुझे फ़िराक़ साहब के साथ भी बातचीत करने का मौक़ा मिला। उनके साथ यह मेरी पहली मुलाकात थी। बातचीत ख़त्म हो जाने पर खुद फ़िराक़ साहब ने फ़रमाया, 'भई शौक़, ऐसा करो, जब हम दिल्ली आया करें और जैसा हमारा मूड और मिज़ाज हो, आप हमसे बातचीत कर लिया करें।' और इस तरह बातचीत का यह सिलसिला 1976 तक चलता रहा। इसके बाद भी 1982 में उनका देहांत होने तक जब कभी भी वे दिल्ली आए, मैं उनसे मिलता रहा।

जब भी उनका दिल्ली आना होता, वे मुझे या तो ख़त लिख भेजते कि 'मैं फ़लाँ ट्रेन से से आ रहा हूँ, तुम मुझे स्टेशन पर मिल जाना', या यह कि 'मैं फ़लाँ तारीख़ को दिल्ली आ रहा हूँ और फ़लाँ गेस्ट हाउस में या फ़लाँ साहब के यहाँ ठहरूँगा'। जहाँ तक उनसे बातचीत करने का सम्बन्ध था, मेरा नियम यह था कि फ़िराक़ साहब जहाँ कहीं ठहरते, मैं सुबह लगभग सात-साढ़े सात बजे तक उनकी ख़िदमत में हाज़िर हो जाता था और दोपहर एक-डेढ़ बजे तक उनके साथ बातचीत का यह सिलसिला चलता रहता था। यह बातचीत 1959 से 1976 तक, यानी 16 वर्ष 4 महीनों तक चली। मैंने प्रत्येक 'इंटरव्यू' के आख़िर में उनसे दस्तख़त भी करा लिए थे, ताकि कल-कलाँ को कोई यह न कहे कि फ़िराक़ साहब ऐसा कह ही नहीं सकते थे, या फ़लाँ बात फ़िराक़ साहब की हो ही नहीं सकती। फ़िराक़

साहब के साथ मेरी बातचीत की मूल भाषा उर्दू है।

मैं अपने मित्र डॉ. परमानन्द पाँचाल का आभारी हूँ, जो राष्ट्रपति के भूतपूर्व विशेषाधिकारी (भाषाएँ) रह चुके हैं और जिन्होंने इस पुस्तक का उर्दू से हिन्दी में अनुवाद किया है। साथ ही मैं अपनी पत्नी कौशल जैन के प्रति भी अपनी कृतज्ञता व्यक्त करना चाहूँगा, जिन्होंने इस पुस्तक की पांडुलिपि प्रेस के लिए तैयार करने में भरपूर योगदान दिया।

मुझे उम्मीद है कि यह पुस्तक पाठकों को पसंद आएगी और इसे पढ़कर फ़िराक़ को समझने में उन्हें मदद मिलेगी।

D-31, प्रेस एन्क्लेव, नई दिल्ली-110017 —**सुमत प्रकाश 'शौक़'**
18 जुलाई 1996

अनुक्रम

(फ़िराक़ द्वारा लेखक को लिखा गया एक पत्र और उसका हिन्दी अनुवाद)

द बैंक रोड, इलाहाबाद,
19.2.59

मुहब्बी शौक़ साहब—याद आवरी का शुक्रिया, 'शबनमिस्तां' की कुल प्रतियाँ फ़रोख़्त हो चुकी हैं। मेरे पास एक प्रति है जिसकी नक़ल कातिब कर रहा है। मुझे 12 प्रतियों में वह सब कुछ प्रकाशित कर देना है जो अब तक मैंने कहा है। 1962 तक सब प्रतियाँ प्रकाशित हो जायेंगीं। सर श्रीराम का मुशायरा 14 और 15 मार्च को है। मैं सम्मिलित हो रहा हूँ। कैलाश 'माहिर' को और दूसरे दोस्तों को ख़बर कर दें।

शुभचिन्तक
फ़िराक़

पुनश्च : ये कि दिल्ली में हफ़्ताभर यानी 21 मार्च तक ठहरूँगा। शाम की अदबी सोहबतों का एक या एक से ज़्यादा प्रोग्राम 17 मार्च से 21 मार्च तक 'आज़ाद' के मशवरे से आप और आपके दोस्त बना सकते हैं।

फ़िराक़

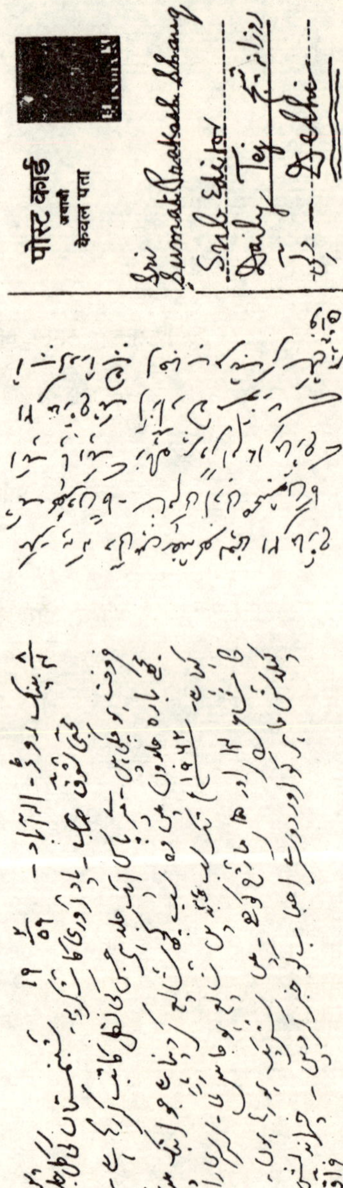

फ़िराक़ : अपने और अपनी शायरी के बारे में

25.1.1962

सुमत प्रकाश शौक़ : फ़िराक़ साहब, आपने अपनी शायरी में किन-किन उद्देश्यों को ध्यान में रखा है ?

फ़िराक़ गोरखपुरी : अपनी ग़ज़लों में मेरी कोशिश यह रही है कि मैं प्रेम तथा सौन्दर्य के अस्तित्त्व और जीवन की घटना से तथा प्राकृतिक दृश्यों की कल्पना से अपनी बुद्धि एवं ज्ञान में ग्राह्यता और गहनता लाऊँ, शुद्धता लाऊँ, भावनाओं में पवित्रता पैदा करूँ, नरमी और मासूमी पैदा करूँ और पीड़ात्मक भाव विह्वलता की वे स्थितियाँ उत्पन्न करूँ जो भौतिक संस्कृति का प्रतिनिधित्व कर सकें। मौजूदा सदी की पहली दहाई की उर्दू शायरी की प्रवृत्ति और शैली में इक्का-दुक्का शायर को छोड़कर सामान्यतया कर्कशता, रूखापन, उथलापन, गाम्भीर्य का अभाव और बहुत-सी नाखुशगवार बातें पाई जाती थीं। शब्द आडम्बर पर पूरा ज़ोर दिया जाता था। हुस्न और इश्क़ की उपासना का अभाव था। शायर का ईमान ज़िन्दगी पर तो नहीं था, मज़हब और खुदा पर भले ही हो। शैली में घुलावट नहीं थी। शारीरिक सम्बन्धों की स्निग्धता और पवित्रता की अनुभूति उसमें नहीं थी। इन्हीं ख़राबियों को दूर करना मैंने अपनी ग़ज़ल का मक़सद और ध्येय बनाया। ग़ज़लों में कहीं-कहीं और नज़्मों में अनेक अवसरों पर प्राकृतिक दृश्यों के रोमानी चित्रण, उनकी प्रतीकात्मकता, जीवन से उनका तालमेल, उनसे पैदा होने वाली आन्तरिक दशाओं, उनकी मौन मुद्रा और उनकी मनमोहक छटा का इज़हार मैंने किया है।

'रूप' की रुबाइयों में घरेलू जीवन की दिव्यता और नारी के देवी स्वरूप को उजागर करने की मैंने कोशिश की है। मैंने शब्दों और वाक्यों की मिट्टी को नए सिरे से गूँथने की कोशिश की ताकि शायरी का एक नया स्वरूप उभर कर सामने आ सके। मेरी 50-60 रुबाइयाँ 'इन्क़लाब-ए-चीन' शीर्षक से हैं जिनमें क्रान्ति की प्रक्रिया को लपेट में लेते हुए क्रान्ति की आत्मा की तरफ़ इशारा किया गया है।

एक नवीन आन्तरिकता और एक ज़्यादा रची हुई विषयनिष्ठता पैदा करने की कोशिश मैंने अपनी शायरी में की है। कर्म के आह्वान से मैंने शायरी को वंचित रखा, लेकिन जो चिन्तन का आह्वान मेरी शायरी में है वह मात्र कर्म का आह्वान नहीं और न केवल कर्म के लिए कर्म है। बल्कि अस्तित्त्व और कर्म दोनों के भव्य पक्ष का वह चित्रण है जिसमें प्राचीन संस्कृत साहित्य और दुनिया के श्रेष्ठतम साहित्य की थरथराहटें सुनाई और दिखाई देती हैं। कला और भाषा की दृष्टि से मेरी कोशिश यह रही है कि एक नया नग़मा पैदा हो जाए, शब्दों में नई झंकारें पैदा हो जाएँ और शायरी इन्सानियत की आवाज़ के साथ तालमेल स्थापित कर सके।

24.1.1964

शौक़ : आपकी शायरी तरक़्क़ी की किस मंज़िल पर है ?

फ़िराक़ : साहित्य और अन्य ललित कलाओं की तरक़्क़ी की समस्या एक कारण से बहुत जटिल बन जाती है। वह कारण यह है कि आज से सैकड़ों, हज़ारों साल पहले यूनानी ज़बान में होमर, संस्कृत में कालिदास और भवभूति, फ़ारसी में फ़िरदौसी, हाफिज़ तथा सादी, अंग्रेज़ी में शेक्सपियर, प्राचीन हिन्दी में सूरदास और तुलसीदास ऐसी श्रेष्ठ साहित्यिक रचनाएँ छोड़ गए हैं कि सैकड़ों वर्ष बाद की बुलन्दतरीन शायरी भी अपनी पूरी तरक़्क़ी के बावजूद प्राचीन काव्य की इन कृतियों का कुल मिलाकर भी कम ही मुकाबला कर पाती है। शेक्सपियर को ले लीजिए जिनका देहान्त 50 वर्ष से एक आध वर्ष अधिक की आयु में हो गया था और उसने अपनी मृत्यु से दो तीन वर्ष पूर्व कविता करना छोड़ दिया था। अब अगर कोई पूछे कि शेक्सपियर 20-25 साल तक और ज़िन्दा रहता और शायरी भी करता रहता, तो उसकी शायरी तरक़्क़ी की किन नई मंज़िलों से गुज़रती, तो काव्य शास्त्र अथवा साहित्य दर्शन इस प्रश्न का उत्तर देने में असमर्थ हैं। मेरी शायरी की उम्र कम-ओ-बेश आधी शताब्दी हो चुकी है और खुद मेरी उम्र लगभग 70 साल की है। विवेक और ज्ञान के चरणों का मापना कभी-कभी बहुत मुश्किल हो जाता है। अगर मैंने अब से तिहाई या चौथाई सदी पहले या अब से 10-15 बरस पहले तक कुछ निहायत बुलन्द या निहायत गहरे अथवा अर्थपूर्ण शे'र कह दिए थे और अगर आज भी कुछ ऐसे शे'र मुझसे हो जाते हैं जिन्हें बुलन्द शायरी कहा जा सकता है, तो यह बताना निहायत मुश्किल है कि मैं पहले जो अच्छे शे'र कह सका था उनसे मेरे नए अच्छे शे'र किस क़दर बुलन्द हैं। शायद बात यूँ है कि शायर की

कला तथा विवेक उसकी ज़िन्दगी में किसी ख़ास ज़माने में अपनी चरम सीमा पा लिया करता है और उसी मंज़िल पर उसकी कला मँडराती रहती है। यह भी होता है कि बाद के शेरों से कभी-कभी पहले के शे'र ज़ियादा बुलन्द समझे जाएँ। अपने सम्बन्ध में मैं इतना ही कह सकता हूँ कि जीवन और सृष्टि के कुछ पहलुओं पर अगर अच्छे शे'र अब से कई साल पहले मैं कह चुका हूँ तो अच्छाई या बुलन्दी की उसी मंज़िल से उसी तरह के शेरों की तादाद में कुछ इज़ाफे करता रहा हूँ। जब बहार अपनी जवानी पर आ चुकती है तो रंगारंग फूल ज़रूर खिलाती है। किन्तु बहार की विकास क्षमता में कोई तरक़्क़ी नहीं होती, सिर्फ़ रंग-बिरंगे फूलों के और खिलने की सम्भावना ही रह जाती है। जीवन की अनुभूति और उसका परिज्ञान मुझे अब से चौथाई सदी पहले जो कुछ भी हासिल हो गया था वह आन्तरिक रूप में कुछ पुष्ट अवश्य होता गया है, लेकिन तरक़्क़ी की दृष्टि से तरक़्क़ी के बजाय सिर्फ़ अब तक प्राप्त मंज़िल एवं स्थान की सम्भावनाओं का ही बोध होता रहा है। शायर का विवेक अपनी ऊँचाइयों पर पहुँच कर बहुत दिनों तक रंगारंग फूल अवश्य खिलाता रहता है। लेकिन इन फूलों से तरक़्क़ी के नए स्थानों का पता नहीं चलता बल्कि शायद ये फूल केवल एक ही मुक़ाम पर खिलते रहते हैं।

शौक़ : आपकी दृष्टि में कलाकार की कथनी व करनी में क्या सम्बन्ध होना चाहिए ?

फ़िराक़ : इस सवाल पर कई चिन्तकों ने अपने विचार प्रकट किए हैं। अंग्रेज़ी के मशहूर शायर शैले ने "दि डिफेन्स ऑफ पोयटरी" में यह बताया है कि सच्चा शायर दुराचार का तरफ़दार कभी नहीं हो सकता। ऐसे सच्चे शायर के चालचलन में कुछ कमज़ोरियाँ, कमियाँ या ग़लतियाँ जरूर पाई जा सकती हैं, लेकिन इस अस्थायी और मूल चरित्र में और उसके दृष्टिकोण में या ईमान में शराफ़त ही शराफ़त होती है। परिज्ञान के दो उच्च स्थल किसी शायर के कलाम में मिलते हैं। वोह जीवन व्यवसाय या उस चीज़ से कोई सम्बन्ध नहीं रखता, जिसे बाह्य रूप में व्यवहार कहा जाता है। शायर की दुनिया और शायर की ज़िन्दगी अनुभूतियों की दुनिया और ज़िन्दगी है। देखने में शायर की ज़िन्दगी और व्यवहार से दूसरों की ज़िन्दगी और व्यवहार ज़्यादा उपयोगी हो सकते हैं लेकिन ऐसे लोगों को शायर आन्तरिक अनुभूतियों की मंज़िलों में बहुत पीछे छोड़ जाता है। अकबर इलाहाबादी ने एक मिसरा कहा था :

बी. ए. किया, नौकर हुए, पेन्शन मिली और मर गए।

अनेक अच्छे शायरों की ज़िन्दगी देखने में वही होगी जिसे इस मिसरे में प्रकट किया गया है। लेकिन सिर्फ़ देखने में ही ऐसा होता है। क्या मैं अपना एक शे'र इस सिलसिले में पेश कर सकता हूँ ?

शौक़ : क्यों नहीं ? इरशाद।

फ़िराक़ : मुझको अज़ाबो[1]-सवाब[2] से क्या लेकिन इश्क़ में अक्सर आए,
वो लम्हे[3] खुद मेरी हस्ती[4] जैसे मुझे देती हो दुआएँ।

ऐसे ही लमहों को हासिल करना या हासिल होना शायर की ज़िन्दगी का ध्येय तथा रहस्य हुआ करता है। यदि ऐसे लमहे करोड़ों आदमियों की ज़िन्दगी में ललित कलाओं से प्रभावित हो कर आते हैं तो उनके सामूहिक या सामाजिक जीवन में व्यावहारिक रूप में भी लालित्य, ऊर्जा, नम्रता और ऐसी बहुत-सी अच्छाइयाँ आती रहेंगी। जैसा कि कार्ल मार्क्स ने बताया है कि व्यावहारिक जीवन पर सबसे अधिक प्रभाव तो आर्थिक सम्बन्धों का पड़ता है, लेकिन व्यवहार में भी कोमलता तथा हास-परिहास होते हैं और आन्तरिक व बाह्य सुक्षमता भी व्यवहार में मिलती है। हम क्या करें इसका सम्बन्ध या तो आर्थिक तत्त्वों से है या अन्य सामूहिक और वैयक्तिक शक्तियों से। लेकिन उसे हम कैसे करें और उस करने को किस तरह एक शुभ और कल्पनाकारी बनाएँ, इसका सम्बन्ध ललित कलाओं से है जो अन्दर से हमारी क्रिया को प्रभावित करती रहती हैं। हमारे व्यावहारिक जीवन पर असंख्य शक्तियों का प्रभाव पड़ता रहता है। हमारी लाखों साल पुरानी मूल प्रवृत्तियाँ भी अब तक हमारा साथ दिए जा रही हैं। अभी तक हमारे अन्दर से अभिरुचियाँ और शक्तियाँ काम कर रही हैं जो पशु-पक्षियों की ज़िन्दगी से होती हुई हम तक पहुँचीं। हमारी सामाजिक व्यवस्था, धार्मिक आस्थाएँ, हमारे सैकड़ों रीति-रिवाज़ प्रतिबन्ध, सामाजिक जीवन के गहरे संस्कार, वंशानुगत विशेषताएँ, मनोवैज्ञानिक जीवन से उत्पन्न सैकड़ों सरलताएँ एवं कठिनाइयाँ, कई पीढ़ी पहले के पुरखों के ख़ून का प्रभाव, हमारा खानदानी और घरेलू माहौल तथा कई अज्ञात शक्तियाँ हमारे व्यावहारिक जीवन को बिगाड़ती और सँवारती रहती हैं। और वे हमारे इस व्यक्तित्त्व की तक़दीर बन जाती हैं, जिस पर हमारा आचरण निर्भर करता है। शायरी और अन्य ललित कलाएँ तो सिर्फ़ एक शक्ति हैं जो सैकड़ों अन्य शक्तियों के साथ मिल कर काम करती रहती हैं। व्यावहारिक जीवन का मामला ऐसा है कि आतिश[5] के अनुसार :

पेच-दर-पेच[6] है ख़ामोश ही रहना बेहतर।

ऊँची से ऊँची शिक्षा तथा दीक्षा हासिल करने वाले बहुत से लोगों के भावनात्मक एवं विवश जीवन का विकास नाले और कूड़ों के ढेर पर पलते हुए अभाव की स्थिति में होता है। अभी तक बहुत कुछ कर चुकने के बावजूद हमारी तहज़ीब इन्सान की हर कमी को दूर नहीं कर सकी। शायद भविष्य में ऐसा हो सके।

शौक़ : इस दृष्टिकोण से आपकी शायरी में आपका व्यावहारिक जीवन किस

---

1. पापों का दण्ड, 2. पुण्य, 3. क्षण, 4. जीवन, 5. उर्दू कवि, 6. जटिलताएँ।

सीमा तक झलकता है और आपके व्यावहारिक जीवन में आपकी शायरी कहाँ तक झलकती है ?

फ़िराक़ : मेरा व्यावहारिक जीवन अत्यन्त संघर्षपूर्ण, कठिनाइयों से भरा और अनिष्टकारी शक्तियों का शिकार रहा है। मेरी वैवाहिक ज़िन्दगी एक नर्ककुण्ड रही है जिसने मेरी ज़िन्दगी को आक्रोश, वेदना और घृणा का ज्वालामुखी बना दिया है। मैं अपनी पूरी ज़िन्दगी को प्रेम और सौहार्द का एक उपहार बना देना चाहता हूँ। जहाँ तक नीयत और सम्भावित कोशिश का सवाल है मैं अपने इस उद्देश्य में बहुत हद तक सफल रहा हूँ। मैं बहुत कुछ होना और करना चाहता था, वह नहीं हो पाया और नहीं कर पाया। मैं इस खयाल से काँप जाता हूँ कि मेरे हाथों से किसी का दिल दुखे या किसी को मुझसे कोई शिकायत पैदा हो। कभी-कभी आवेश में मैं लोगों पर बिगड़ जाया करता हूँ जिससे अवश्य ही उनके दिल को ठेस पहुँचती होगी। किन्तु यह मेरा वास्तविक चरित्र नहीं। अगर मेरी शायरी में सौन्दर्य, विनम्रता और भलाई के कुछ तत्त्व हैं तो उन्हें मेरा चरित्र समझना चाहिए। हर शख़्स की ज़िन्दगी में विरोधाभास, द्वन्द्व और कुछ दोष होते हैं। मेरी ज़िन्दगी भी कुछ विवशताओं और लाचारियों का शिकार रही है। ग़ालिब ने मेरे दिल की बात अपने इस शे'र में कह दी है :

गो[1] मैं रहा रहिने[2]-सितमहाय[3] रोज़गार[4]
लेकिन तेरे ख़याल से ग़ाफ़िल[5] नहीं रहा।

अब तो बुरी-भली जैसी भी मेरी ज़िन्दगी है, ख़तम पर आ चुकी है। आख़िर कुछ सोच कर ही मैंने ये शे'र कहा था :

जो तोहमतें[6] न उठीं इक जहाँ से, उनके समेत
गुनाहगार-ए-मोहब्बत[7] निकल गए बेदाग़।

और यह शे'र भी :

इश्क़ की सोज़िश[8] को न बुरा कह इश्क़ के आँसू देख फ़िराक़
ग़म ने जो धब्बे दिल पर डाले, ग़म ने वो धब्बे धोए भी।

शायद मेरे चरित्र और मेरी शायरी में कभी-कभी विरोधाभास की झलक आ गई हो लेकिन अन्दरूनी तालमेल मेरी कथनी और करनी तथा मेरी कविता और व्यवहार में हमेशा रहा है। कुछ अनुभूतियाँ दुनिया को दे कर, दुनिया से उठ जाऊँगा। मैं क्या और मेरे कर्म क्या ?

शौक़ : ग़ज़ल रूपी शायरी से हमारी संस्कृति, देश और सभ्यता को प्रत्यक्ष रूप में क्या फ़ायदा पहुँचता है ? क्या ऐसी शायरी जगाने के बजाय हमें सुलाती नहीं ?

फ़िराक़ : जैसा कि गुज़ारिश कर चुका हूँ हमारे राष्ट्रीय और सामुदायिक

---

1. यद्यपि, 2. आभारी, 3. अत्याचारों, 4. ज़माना, 5. लापरवाह, 6. लांछन, 7. प्रेम के दोषी, 8. जलन।

जीवन पर बहुत-सी शक्तियाँ अपना प्रभाव डालती रही हैं फिर भी, वास्तविक ग़ज़लगोई[1] ने कई सौ बरस के दौरान लाखों व्यक्तियों को कई दृष्टियों से अच्छे अर्थों में प्रभावित किया है। हमारी सभ्यता कई हज़ार साल तक बुरे-भले जी चुकी थी। अब से दो ढाई सौ बरस पहले ग़ज़ल की आवाज़ हमारी ज़िन्दगी की फिज़ा में गूँजी। हमारी ज़िन्दगी अज्ञानता, सांस्कृतिक पिछड़ेपन तथा अनेक कठिनाइयों या कमियों का शिकार रही है। क़ौम को जगाने का भार केवल ग़ज़ल के कोमल कन्धों पर रखना कहाँ तक मुनासिब है, इस पर देशवासी स्वयं विचार करें। ग़ज़ल में हज़ारों शे'र जीवन के आदर्शों की शौर्य के साथ अभिव्यक्ति करते रहे हैं। और सैकड़ों दृष्टिकोणों से हमारी ज़िन्दगी को सँवारते रहे हैं। इसके साथ ही साथ मायूसी पैदा करने वाले अनेक शे'र भी ग़ज़लकारों ने कहे हैं। लेकिन ग़ज़ल समय की आवश्यकताओं के प्रति आँखें बन्द किए नहीं रही। आज की ग़ज़ल केवल एक मादक या नींद लाने वाली वस्तु नहीं रही, और क़ौम को जगाने में अन्य शक्तियों के साथ बराबर का हिस्सा लेती रही है। हमें यह नहीं भूलना चाहिए कि राष्ट्रीय जागृति एक अत्यन्त जटिल समस्या है। हमारी कृषि, कला, उद्योग, शिक्षा, आर्थिक व्यवस्था, सियासत और इसी तरह ज़िन्दगी के अन्य महत्त्वपूर्ण क्षेत्र अगर सेहतमन्द और निर्विकार बनाए जाते रहे तो क़ौमी ज़िन्दगी में जागृति के बढ़ते हुए प्रभाव ज़रूर नज़र आएँगे।

शौक़ : लोग आपको वर्तमान काल का भारत का सर्वश्रेष्ठ ग़ज़लकार कहते हैं। इस बारे में आपकी क्या राय है ?

फ़िराक़ : अपने बारे में दूसरों की राय पर अपनी राय देना कोई सरल काम नहीं। लोगों की इस राय से कभी-कभी मैं भी अपना दिल खुश कर लिया करता हूँ। लेकिन यह भ्रम मुझे कभी नहीं हुआ कि ग़ज़ल की समस्त अच्छाइयाँ मेरी या मेरी शायरी की ही सम्पत्ति हैं और इसमें किसी दूसरे की भागीदारी नहीं है। कभी-कभी तो साधारण कवियों की ग़ज़लें या शे'र सुन कर मैं ललचा उठा हूँ और यह सोच कर बेचैन हो गया हूँ कि काश, यह ग़ज़ल मेरी होती और ये शे'र मेरे होते ! लेकिन इन्सानियत खुद एक इन्सान है। मेरे-तेरे में रखा क्या है ? महाकवि टैगोर ने एक बहुत महत्त्वपूर्ण बात कही है। वे कहते हैं, "जब मैं किसी का अच्छा कलाम देखता या सुनता हूँ तो ऐसा महसूस करता हूँ, मानो यह भी मेरा ही कलाम है।" हर शायर अदृश्य लोक का एक रेडियो होता है। मेरी नाचीज़ कोशिशों को शायद इसी कारण से देशवासियों ने सराहा है कि ज़िन्दगी की जिस अनुभूति को प्राप्त करना हमारी तहज़ीब के इस दौर का तकाज़ा रहा है उसकी अभिव्यक्ति एवं प्राप्ति में मेरी शायरी सहायक रही है। भारत और संसार के प्राचीनतम साहित्य और

---

1. ग़ज़ल कहना।

स्वयं ग़ज़ल के श्रेष्ठ उदाहरणों से प्रेम और निष्ठा रख कर बौद्धिक जागृति के साथ मैंने अपने आपको प्रभावित किया है। उर्दू ग़ज़लगोई और आमतौर से उर्दू शायरी में रचे हुए ग़म, परिज्ञान एवं विवेक, प्रतीकात्मकता, गहनता, तथा परम निश्चलता, आत्मीयता, कुशल क्षेम के तत्त्व एवं भारतीय प्रकृति की विनम्रता और गम्भीरता का परिचय सिर्फ़ कभी-कभी मिलता था। इस कमी को किसी हद तक या एक बड़ी हद तक दूर करना मेरी शायरी का मक़सद रहा है। शायद कुछ इसी प्रकार की शायरी की तलाश पिछले 40-50 वर्षों से हमारे देशवासियों को रही है। सादगी, गम्भीरता, प्रतीकात्मकता, पवित्रता, प्रकृति सौन्दर्य तथा हिन्दुस्तान के मिज़ाज की अभिव्यक्ति करना ये ही उद्देश्य मेरी शायरी के रहे हैं। शायद इसी चीज़ को लोग ढूँढ़ रहे थे लेकिन पा नहीं रहे थे। इसमें कोई ताज्जुब नहीं कि इन्हीं तत्त्वों को लोगों ने मेरी शायरी में पाया हो। लेकिन ग़ज़ल के अलावा मैं यह भी चाहता था कि हिन्दुस्तान के प्राचीन साहित्य और संस्कृति से ऐसे विषयों को चुन कर मैं लगभग सौ कविताएँ भी ऐसी लिख जाऊँ जो पश्चिम और योरोप की बेहतरीन नज़्मों का मुक़ाबला करें। विशेषकर उर्दू शायरी ने समस्त भारतीय साहित्य के उस उद्गम स्रोत से लाभ नहीं उठाया जिसको महाभारत महाकाव्य कहा जाता है। यह काम जोश और इक़बाल कर सकते थे। किन्तु उन्होंने नहीं किया। यदि समय मिला तो ऐसे विषयों पर कई कविताएँ लिखने का स्वप्न मैं वर्षों से संजोए हुए हूँ। मैंने ग़ज़ल के अतिरिक्त अपनी रुबाइयों में भारत और भौतिक साहित्य के मिज़ाज को अभिव्यक्त करने की कोशिश की है। इसके अतिरिक्त 'आधी रात', 'परछाइयाँ', 'जुगनू', 'हिंडोला' आदि मेरी ऐसी नज़्में हैं जिनमें इस बात की कोशिश की गई है कि उर्दू कविता में नई ऊँचाइयाँ, नई गहराइयाँ और नई साहित्यिक विशेषताएँ उत्पन्न की जाएँ। मैं इस प्रकार की कई और नज़्में कहना चाहता हूँ। देखिए क्या होता है।

14.3.1966

शौक़ : शे'र कहने में आप कला की दृष्टि से किन-किन बातों को ध्यान में रखते हैं ?

फ़िराक़ : ललित कलाएँ चाहे वे कविता हो या नृत्य, संगीत हो या चित्रकला, मूर्तिकला हो या स्थापत्य कला और स्वयं साहित्य के वे कारनामे हों जो गद्य में हैं, इन सबका मूल उद्देश्य हमारे जीवन तथा सृष्टि के साथ सौन्दर्य और विवेक की दृष्टि से तालमेल स्थापित करना है। जीवन की भाँति शायरी भी परत-दर-परत,

रंगारंग और विभिन्नताओं से भरपूर सत्य है। सबसे पहले मैं अपने इस विश्वास को प्रकट कर दूँ कि मैं शे'र कहने की अपेक्षा शे'र समझ कर उससे प्रभावित होने की योग्यता को कम नहीं समझता और एक बात तो मैं ज़ोर देकर कहूँगा कि बेजान या नीम जान और ग़लत क़िस्म की कामयाब से कामयाब शायरी करने वाले से, मैं इन पारखियों को कहीं ऊँचा स्थान देता हूँ, जो स्वयं तो शे'र नहीं कहते या नहीं कह सकते किन्तु जो काव्य-कला के अच्छे पारखी हैं और जितनी शायरी उनके सामने आती है उसमें खोटे-खरे का सही-सही अन्दाज़ा लगा लेते हैं। ये लोग रत्न पारखी हैं।

जब मेरी शायरी ने आँखें खोलीं या मुझे यूँ कहने दीजिए कि स्वयं शे'र कहने से पहले जब मेरे शऊर पर हिन्दी, अंग्रेज़ी और उर्दू की शायरी का प्रभाव पड़ने लगा तो जहाँ तक उर्दू शायरी का सम्बन्ध है, उस ज़माने में अमीर मिनाई और दाग़ देहलवी की शायरी की तूती बोल रही थी और इन्हीं दोनों उस्तादों के अनुयायियों और प्रशंसकों की शायरी फ़िज़ा पर छाई हुई थी। मेरे विवेक एवं व्यक्तित्त्व का अतिशीघ्र प्रभावित होने वाला अंश 5-7 वर्षों तक अमीर और दाग़ की शायरी को ही प्रायः समस्त काव्य संसार समझ बैठा था। उस ज़माने में जब मेरी उम्र लगभग बीस वर्ष की थी, मुझे इस बात का बहुत कम अहसास होता था कि मैं इस तरह की शायरी को उम्र भर पूजता नहीं रहूँगा। इसलिए मैं अमीर और दाग़ की शायरी को गाता और गुनगुनाता फिरता था। किन्तु साथ ही इस इकरार के पीछे मेरे अन्दर विद्रोह की एक भावना भी सर उठा रही थी। उस ज़माने में मैं साल भर के अन्दर 50 या 100 शे'र से अधिक नहीं कहता था, लेकिन मेरी यह प्रारम्भिक काव्य रचना भी दाग़ और अमीर की शायरी के विरुद्ध एक विद्रोह था या उससे लगभग स्पष्ट रूप में, असहमति या विरोध का स्वर था।

धीरे-धीरे, मेरे शायराना ईमान का अन्दर से निर्माण होता गया और यह सिलसिला अब तक जारी है। जब मैं अपने रचनात्मक या विवेकात्मक उत्प्रेरणाओं का मूल्यांकन करता था, तो मुझे ऐसा अनुभव होता था कि यद्यपि शुरू से अब तक के उर्दू काव्य ने सैकड़ों बहुमूल्य रत्न और अमर वाणियाँ हमें दी हैं, लेकिन उर्दू शायरी ने जिस सृष्टि एवं विवेक की रचना की है, वह बहुत घटिया है। हम इस सृष्टि एवं विवेक को मानवीय बोध की बेहतरीन देन नहीं समझ सकते। इस सिलसिले में अन्य बातों के साथ-साथ मुझे इस हक़ीक़त का गहरा अहसास होने लगा कि हज़ारों साल से ज़िन्दा रहने वाली भारतीय सभ्यता से उर्दू शायरी बहुत कम आत्मीयता स्थापित कर सकी है। जब हम संस्कृत, हिन्दी, बंगला, मराठी और भारत की अन्य भाषाओं की शायरी की गूँज सुनते थे तो इसमें हमें एक ही तरह की झंकार और सुगन्धि मिलती थी। और एक ही दिल धड़कता हुआ सुनाई देता था। उर्दू शायरी हिन्दुस्तान की दूसरी भाषाओं की शायरी की तुलना में पराएपन

और अजनबीयत का अहसास मेरे अन्दर उभार देती थी। बल्कि उर्दू शायरी मुझे एक द्वन्द्व और विरोधाभास का अहसास कराती थी। मुझे उर्दू शायरी में वह सन्तोष, वह शान्ति, वह अमृत, और ज़िन्दगी के आँसू पोंछने वाले वे हाथ और हमारे अन्दर आत्मज्ञान पैदा करने वाली वोह आवाज़ नहीं मिलती थी जो उर्दू को छोड़कर सारी हिन्दुस्तानी शायरी में हमें मिलती है। आमतौर पर मुझे उर्दू शायरी में एक विवेकी बिखराव, एक रेगिस्तानी वीरानापन और ख़ुश्की, शैली और विवेक में कठोरता, निम्नस्तरीय परिज्ञान विवेक शून्यता और ज्ञान की दृष्टि से इसके सामान्य कोटि के होने का आभास होता था। एक उबाल, बेचैनी, अस्तित्त्व के साथ तालमेल की कमी और हिन्दुस्तान की मासूम आत्मा से एक अजनबीपन का अहसास होता था। उर्दू शायरी में हिन्दुस्तान सिर्फ़ कभी-कभी हिन्दुस्तान बन पाता था। इस तरह उर्दू शायरी मेरे नज़दीक हिन्दुस्तान में एक परदेसी के रूप में नज़र आती थी।

मैंने यह भी महसूस किया कि हिन्दुस्तानी भाषा या खड़ी बोली जिसमें उर्दू शायरी शुरू से ही हो रही थी, वही भाषा भारत के लगभग आधे क्षेत्र की मातृभाषा भी बनने वाली है। साथ ही शिक्षा तथा साहित्य की भाषा भी। अब मेरे सामने यह समस्या थी कि उर्दू शायरी के भारतीय शरीर में भारत की आत्मा को किस प्रकार जीवित और प्रतिष्ठित रखा जाए, किन्तु समस्या यहीं समाप्त नहीं हो जाती। आलमगीर अदब के वे बहुमूल्य रत्न और वे मूल्य जो किसी धर्म, जाति, किसी देश एवं राष्ट्र तक सीमित नहीं हैं, उन्हें भी भारतीय भाषा अर्थात उर्दू भाषा के भारतीय शरीर में प्रतिष्ठित कर देना है। फिर, यदि मुझे खुद अपनी शायरी उर्दू ज़बान में करनी है तो मुझे इस ज़बान की शैली और इसकी आवाज़ की थरथराहटों और झंकारों को बदल कर और अन्दर से इसमें एक रासायनिक तथा ध्वन्यात्मक परिवर्तन लाकर उसे भारतीय और भौतिक साहित्य के स्वर के अनुरूप कर देना है।

इसे संयोग कहिए या कुछ और, मेरी शायरी का बहुत बड़ा भाग इश्क़िया रहा है और यह इश्क़िया शायरी अधिकतर मैंने ग़ज़ल के रूप में की है। ग़ज़ल के सभी आवश्यक अंगों को दृष्टि में रखते हुए मैंने ग़ज़ल में हुस्न-ओ-इश्क़ तथा उनके परस्पर सम्बन्धों को इस तरह पेश करने की कोशिश की है कि हिन्दुस्तान की श्रेष्ठतम इश्क़िया शायरी और दुनियावी इश्क़िया शायरी का संगम, मेरी इश्क़िया शायरी में दिखाई देने लगे। मेरी यह कोशिश रही है कि वास्तविक अर्थों में मेरी इश्क़िया शायरी जीवन दर्शन भी हो और जीवनदायनी भी हो। इस शायरी में वह निदानात्मक शक्ति (Healing Power), वह नरमी और ऊर्जा, वह मासूमी और खुलूस आ जाए जो हिन्दुस्तान के अदब की जान है। इसके साथ-साथ चिन्तन के उन तत्त्वों को भी मुझे अपनी इश्क़िया शायरी में समोना था, जो दुनिया की बेहतरीन इश्क़िया शायरी में पाए जाते हैं।

मैं यह भी गहराई से महसूस करता रहा हूँ कि उर्दू शायरी में घरेलू जीवन

की पवित्रता और सन्तोषजनक प्रयोग और अनुभूतियों की बड़ी कमी रही है। मासूम बच्चों की ज़िन्दगी की तस्वीरों का पूरे इस्लामी अदब में सर्वथा अभाव रहा है। इस तरह नारी जीवन की वह मोहकता उर्दू शायरी में हमें नहीं मिलती थी जो हिन्दुस्तान की अन्य भाषाओं की शायरी में दृष्टिगोचर हो रही है। उर्दू ने किसी राधा, सीता, सावित्री, शकुन्तला या कोई ऐसी बेनाम औरत नहीं पैदा की जिसकी झलकियाँ अन्य भारतीय भाषाओं के गीतों और काव्य में हमें मिलती हैं। मानव सौन्दर्य, विशेषकर नारी सौन्दर्य के वे चित्र उर्दू की इश्क़िया शायरी में मुझे दृष्टिगोचर नहीं होते थे। सौन्दर्य का वह परिज्ञान उर्दू शायरी में नहीं था जो शारीरिक आकर्षण, सौन्दर्यबोध तथा विवेक की उस पवित्रता और सम्पूर्णता को प्राप्त कर सके जिसके उदाहरण अजन्ता, भारतीय चित्रकला, भारतीय कविता और भारतीय गीतों या पूरे राष्ट्र के विवेक में हमें मिलते हैं। मुझे इश्क़िया शायरी की आब-ओ-हवा बदल देनी थी ! इसी का नतीजा मेरी 'रूप' की रुबाइयों की शक्ल में सामने आया।

भौतिक जगत और प्राकृतिक दृश्यों की वह पवित्रता, आकर्षण और इन्सानी ज़िन्दगी से इसमें तालमेल और करीबी रिश्ते का अहसास उर्दू शायरी में नहीं मिलता जिसका दिग्दर्शन संस्कृत अदब हमें कराता है। मैंने अपनी ग़ज़लों में, अपनी अनेक नज़्मों जैसे 'आधी रात', 'परछाइयाँ', 'रक़्से-शब ताब[1]', 'जुगनू', 'हिंडोला', 'हुस्न की देवी', 'कार्तिक-पूर्णिमा', 'धरती संगीत', में इस कमी को पूरा करने की यथासम्भव कोशिश की है।

आरम्भ से आज तक की उर्दू शायरी में, मेरी शायरी के अतिरिक्त अत्यन्त अच्छे शे'र, जो श्रेष्ठ बौद्धिक मूल्यों के पोषक हैं, इतने अवश्य हैं कि लगभग एक हज़ार पृष्ठों का चयन ऐसे शेरों का तैयार किया जा सकता है। लेकिन ऐसे शे'र सामान्य रुचि और परम्परा के कूड़े करकट के नीचे खो कर और दबकर रह गए हैं। इस सामान्य रुचि में पर्याप्त संशोधन मेरे कमज़ोर हाथों से हुआ है और अब उर्दू अदब और उर्दू शायरी अपना रास्ता पाने लगी है और साथ ही साथ हिन्दुस्तान की अन्य भाषाओं के श्रेष्ठ काव्य के स्वर में उर्दू शायरी अब अपना स्वर मिलाने लगी है। यही वे उद्देश्य थे जो मेरी शायरी के प्रेरक रहे हैं। मुझे उर्दू शायरी को एक साधारण मनोरंजन की वस्तु होने से बचाना था। देखना यह है कि वे सुन्दर मूल्य इस संकटावस्था के युग में सुरक्षित भी रह सकेंगे जिससे दुनिया गुज़र रही है।

शौक़ : आप उर्दू के जिन साहित्यकारों से मिले हैं या जिन्हें देख चुके हैं, वे कौन लोग थे ?

फ़िराक़ : अब तेरी आयु सत्तर वर्ष की हो चुकी है। मैंने उर्दू साहित्यकारों की तीन पीढ़ियाँ देखी हैं और लगभग इन तीनों पीढ़ियों के बहुत से लोगों से मेरे

अन्तरंग और घनिष्ठ सम्बन्ध रहे हैं। जिन लोगों से मैं उनकी युवावस्था तक मिला था, उनमें से कुछ लोग यदि आज जीवित होते तो उनकी आयु 125 वर्ष से अधिक की होती।

इन महानुभावों में सबसे वृद्ध व्यक्ति रियाज़ ख़ैराबादी थे, जो मुझसे 50-60 वर्ष बड़े थे। फिर सफी लखनवी थे। दूसरे लोग जो इस सम्बन्ध में मुझे याद आते हैं वे थे बाबा-ए-उर्दू डॉ. अब्दुल हक़, बृज मोहन दतातरीया कैफ़ी, साइल देहलवी, जालिब देहलवी (सम्पादक हमदम लखनऊ), साक़िब लखनवी (या अकबराबादी), हज़रत वसीम ख़ैराबादी (जिन्होंने मेरे एक आध शे'र पर संशोधन भी किया था), अज़ीज लखनवी, सीमाब अकबराबादी, मुंशी दयानारायण निगम (सम्पादक ज़माना), मुंशी प्रेमचन्द, मुंशी त्रिलोकचन्द, महरूम, शाहिद सिद्दीक़ी, हसरत मोहानी, महशर लखनवी, जिगर मुरादाबादी, असग़र गौंडवी, यगाना चंगेज़ी, चकबस्त, सर अब्दुल क़ादिर, सर तेजबहादुर सप्रू, क़ाज़ी अब्दुल ग़फ्फार, नातिक़ लखनवी, नूह नारवी और एक वृद्ध महोदय जिन्हें कई बार दूर से देखा और सुना था, वे थे बेखुद देहलवी, आग़ा शायर क़िज्लबाश, उम्मीद अमेठवी, आसी उद्दनी, शौकत थानवी, आज़म करेवी, मौलाना वहशत कलकत्तवी, मौलाना मोहम्मदअली जौहर, मौलाना अबुल कलाम आज़ाद, अब्दुल मजीद सालिक, मजीद लाहौरी, स्व. उस्ताद महदी हसन नासिरी। यदि स्मृति पर और ज़ोर डालूँ तो लगभग 20-25 और नाम भी याद आ जाएँगे। इस सन्दर्भ में मुझे अपने पिता मुंशी गोरख प्रसाद इबरत का नाम भी याद आता है किन्तु पिता पुत्र की मुलाक़ात सभी निकटताओं के बावजूद जहाँ तक मानसिक तौर पर घुल-मिल जाने का सम्बन्ध है, लगभग नाममात्र की रहती है, फिर भी, उनकी शायरी से और उनके व्यक्तित्व से मैं बहुत प्रभावित रहा हूँ। इसलिए नहीं कि वे मेरे पिता थे बल्कि इसलिए कि उनकी शायरी उनकी शायरी थी और उनका व्यक्तित्व उनका ही व्यक्तित्व था। ये सब महानुभाव अब दिवंगत हो चुके हैं। इनमें कुछ महानुभाव, जैसे शौकत थानवी या मजीद लाहौरी मुझसे आयु में छोटे थे। बौद्धिक दृष्टि से यह पीढ़ी वह पीढ़ी थी, जिसके मन और मस्तिष्क में भारत के मध्य युग और आधुनिक युग का संगम था। अभी इस पीढ़ी के बाद की पीढ़ी के कई लोग जीवित हैं जिनमें कुछ के नाम इस प्रकार हैं : मैं स्वयं, हज़रत नियाज़ फतहपुरी, जोश मलसियानी, जोश मलीहाबादी, शाहिद देहलवी (सम्पादक साक़ी), अर्श मलसियानी, गोपीनाथ अमन, नातिक़ गुलावठी, मजनू गोरखपुरी, आनन्द नारायण मुल्ला, रशीद अहमद सिद्दीक़ी, तथा अन्य बहुत से लोग। हम सब में नए भारत के प्रति प्रेरणाएँ और भावनाएँ पुराने भारत की भावनाओं की तुलना में अधिक प्रभावशाली हैं। पुराने लोगों में जिन लोगों को न देखने या जिन लोगों से न मिलने का दुःख मुझे है जो अब इस संसार में नहीं हैं, उनमें से कुछ के नाम हैं : नौबत राय नज़र, द्वारिका प्रसाद उफुक़, ज्वाला प्रसाद

बर्क़, महाराज बहादुर बर्क़, फानी बदायूँनी, अकबर इलाहाबादी, डॉ. इक़बाल, मौलाना हाली, नारायण प्रसाद बेताब, शाद अज़ीमाबादी, आसी ग़ाज़ीपुरी, सलीम पानीपती, शौकत मेरठी, शिबली नौमानी और महदी इफादी।

अब तीसरी पीढ़ी अर्थात वे लोग जिनकी आयु 30-35 वर्ष से लेकर 60 से कम की है और जो सौभाग्य से जीवित हैं और मेरी कामना है कि वे अभी बहुत दिनों तक जीवित रहें इनमें से कुछ के नाम ये हैं : किशन चन्दर, राजीन्दर सिंह बेदी, ख्वाजा अहमद अब्बास, इसमत चुग़ताई, हाजिरा मसरूर, खदीजा मस्तूर, मौलाना आबिद अली आबिद लाहौरी, हफ़ीज जालन्धरी, अहमद नदीम क़ासमी, फ़ैज़ अहमद फ़ैज़, जमील मज़हरी, अख्तर औरेनवी, सरदार जाफरी, गुलाम रब्बानी ताबाँ, कैफ़ी आज़मी, मजरूह सुलतानपुरी, शकील बदायूँनी, जाँ निसार अख्तर, साहिर लुधियानवी, आले अहमद सुरूर, मौहम्मद हसन असकरी, रामलाल, लाम अहमद, बशेश्वर प्रसाद मुनव्वर लखनवी, सज्जाद ज़हीर, रज़िया सज्जाद ज़हीर, मालिक राम, ज़ोय अंसारी, सलाम मछली शहरी, क़ाज़ी अब्दुल वुदूद—आपके प्रश्न का उत्तर बहुत ही उदारता और सहृदयता के साथ दे रहा हूँ। कई महत्त्वपूर्ण नाम याद नहीं आ रहे और सम्भव है थोड़ी देर बाद याद आ जाएँ।

तीसरी पीढ़ी और हम लोग जो दूसरी पीढ़ी के हैं दोनों ने और पहली पीढ़ी के भी कुछ लोगों ने अपनी अन्तिम आयु में वह समय देखा है जब प्रगतिशील साहित्य का आन्दोलन चला और देश पर छा गया। मेरी आँखें, मेरे कान, मेरे हृदय एवं मस्तिष्क और मेरे संस्मरणों में पिछले 100 वर्षों का युग करवटें ले रहा है। मैं एक बार फिर अपने प्यारे मित्रों से क्षमा चाहता हूँ जिनसे मेरा सम्पर्क रहा है और जिनके लिए मेरे दिल में बड़ा सम्मान है, किन्तु जिनके नाम आपको लिखवा नहीं सका। यादों और चेहरों की नदियाँ उमड़ती चली आ रही हैं और बहुत बार एक दूसरे से गडमड हो कर रह जाती हैं। तात्पर्य यह है कि अमीर मीनाई, दाग़ देहलवी और जलाल के बाद बल्कि उनके समय ही से लेकर आज तक का भारत और आज तक की दुनिया मेरे जीवन के अंग बन चुके हैं।

शौक़ : इन संस्मरणों के प्रकाश में भविष्य के बारे में आपका क्या विचार है ?

फ़िराक़ : भविष्य, भूत और वर्तमान के गर्भ से पैदा होता है। इस समय भारत का साहित्यिक, बौद्धिक तथा मानसिक जीवन एक भारी संघर्ष से गुज़र रहा है। विश्वास के साथ कुछ कहा नहीं जा सकता कि भविष्य किस प्रकार के अच्छे या बड़े साहित्यकार को जन्म देगा। इतना अवश्य कह सकता हूँ कि एक जागरुक, चौंकी हुई, और क्रियाशील एवं तीक्ष्ण मनोवृत्ति, जिस पर नएपन की छाप होगी, निकट भविष्य में जन्म लेगी। मैं बड़ी गहराई से यह अनुभव कर रहा हूँ कि उच्च साहित्य में एक प्रकार की आध्यात्मिक आन्तरिकता हुआ करती है और कुछ ऐसे

आध्यात्मिक मूल्य कार्यरत रहते हैं जिनका सम्बन्ध राजनीतिक संघर्ष से नहीं होता या मात्र कभी-कभी हो जाता है। मुझे इस बात में सन्देह है कि अगले 100 वर्षों में भी उर्दू साहित्य बल्कि संसार की किसी भी भाषा का साहित्य इतने बड़े साहित्यकार पैदा कर सकेगा जैसे अब तक पैदा हो चुके हैं। एक चालाक साहित्य तो अवश्य पैदा होगा किन्तु इस चालाकी में कोई बड़ी सौन्दर्यपूर्ण निष्ठा भी अपनी महानताओं का प्रदर्शन कर सकेगी या नहीं, कोई समझदारीपूर्ण निश्छलता और कोमलता भी प्रभावकारी हो सकेगी या नहीं, इसके बारे में कुछ कहा नहीं जा सकता। कभी-कभी बल्कि अधिकतर बौद्धिकता और स्वभाव की तीव्रता भी महानता से वंचित रहती है, आध्यात्मिकता से वंचित रहती है। मैं स्वयं आत्मा में शायद इतना विश्वास नहीं करता जितना आध्यात्मिकता में करता हूँ। मेरी दृष्टि में आध्यात्मिकता, भौतिक तथा बाह्य संसार के कोमलतम तथा उच्चतम और मानवता में डूबे हुए अहसास का नाम है। सामाजिक, राजनीतिक, आर्थिक, शैक्षिक तथा बौद्धिक कार्य में ऐसे किसी साहित्यकार के विश्वास या उसकी अभिरुचियाँ त्रुटिपूर्ण या ग़लत हो सकती हैं, किन्तु फिर भी वह बहुत बड़ा आदमी हो सकता है। और इन तमाम कामों में किसी साहित्यकार की विचारधाराएँ बिल्कुल ठीक होने पर भी वह छोटा ही साहित्यकार रह जाएगा। प्रकृति की विडम्बना को क्या कहिए कि अयोग्यता के बावजूद भी कुछ लोग हमें महानताएँ दे सकते हैं। किन्तु कुछ लोग योग्यता के बावजूद महानता से वंचित रह जाते हैं। समाजवाद के इस युग में वही साहित्य महान साहित्य होगा जो गैर-समाजवादी व्यवस्था और सिद्धान्तों वाले महान साहित्य से बराबरी करे। किसी साहित्यकार के सर्वथा उचित राजनीतिक और बौद्धिक सिद्धान्त इस बात का ठेका नहीं ले सकते कि ऐसे साहित्यकार ने जो साहित्य हमें दिया है वह महान साहित्य है।

ईं सआदत बज़ोरे-बाज़ू नीस्त।

अर्थात, यह सौभाग्य बलपूर्वक नहीं मिलता।

यही कारण था कि प्रगतिशील साहित्यिक आन्दोलन अपनी प्रगतिशीलता के बावजूद अब दम तोड़ चुका है। बड़ा साहित्य किसी बाहरी जीवन व्यवस्था का प्रचारक नहीं होता, यद्यपि वह किसी न किसी जीवन शैली या जीवन के प्रति दृष्टिकोण को आन्तरिक रूप में मान लेता है। इसके बावजूद यह एक व्यवस्था और दृष्टिकोण से परे की वस्तु है। हम एक सही विचार के अच्छे साहित्यकार को होमर, वाल्मीकि, कालिदास या शेक्सपियर के बराबर नहीं मान सकते। हाँ, इतना मान सकते हैं इन बड़े साहित्यकारों की तुलना में इसके सामाजिक या राजनीतिक सिद्धान्त अधिक सही हैं। उर्दू के प्रगतिशील साहित्यकारों की शैली में वह महानता नहीं, वह सांसारिकता नहीं, वह पवित्रता नहीं, वह निश्छलता नहीं और असीमता की वह अनुभूति नहीं जो प्राचीनकाल से अब तक के महानतम साहित्य में हमें

मिलती है। अगर ऐसा न होता तो लेनिन, मार्क्स और अन्य समाजवादी चिन्तकों की रचनाओं को भी दुनिया का सबसे बड़ा साहित्य मान लिया जाता। हाल ही में शोलोखोव को उनके जिस उपन्यास पर नोबेल पुरस्कार मिला है, बहुत सम्भव है कि वह उपन्यास या वैसा ही उपन्यास एक ऐसा महान साहित्यकार भी लिख देता जिसने यह निश्चय न किया हो कि वह साम्यवादी सिद्धान्तों का आदमी है या ग़ैर-साम्यवादी सिद्धान्तों का अनुयायी। सुन्दर अनुभूतियाँ सिद्धान्तों से उच्चतर वस्तुएँ हैं।

मैं हिन्दू हूँ। मेरी दृष्टि में आन्तरिक भावनाओं की तुलना में विवेकशील सिद्धान्त सदा कम महत्त्व के रहे हैं। बड़ी से बड़ी सभ्यता वह है जिसके प्रतिनिधि ईमान और सिद्धान्तों के गुलाम न हों। बड़ी से बड़ी सभ्यता के प्रतिनिधि कुछ ईमान और सिद्धान्त तो रखेंगे, किन्तु उनकी गहरी से गहरी भावनाएँ बाह्य कार्यों से सम्बन्धित निष्ठाओं और सिद्धान्तों तक अपने को सीमित नहीं रखेंगी। मेरा मतलब एक दो उदाहरणों से कुछ स्पष्ट हो जाएगा। जो लोग विचारधाराओं, निष्ठाओं, मान्यताओं, राजनीतिक व्यवस्थाओं और क्रान्तिकारी प्रवृत्तियों को सब कुछ समझते हैं, वे यह बताएँ कि कालिदास, शेक्सपियर, तुलसीदास, सूरदास, टैगोर या मीर द्वारा रचित साहित्य को यदि उत्कृष्टतम साहित्य मानते हैं तो यह कैसे सम्भव हुआ ? ये साहित्यकार लेनिन या मार्क्स के चिन्तन को माने बिना भी तो हमें उच्चतम साहित्य दे गए।

जो बड़ा साहित्यकार साम्यवाद का शत-प्रतिशत भी समर्थक होगा वह अपनी बड़ी से बड़ी साहित्यिक रचना में मात्र साम्यवादी नहीं होगा। यदि समस्त संसार साम्यवादी चिन्तन का समर्थक हो जाए तो ललित कलाओं के मामले में उसकी प्रतिक्रिया एक समान नहीं होगी। शत-प्रतिशत साम्यवादी साहित्यकार भी केवल राजनीतिक व्यवस्था के कामों में साम्यवादी होगा। अपनी सुन्दर रचनाओं के मामले में न वह साम्यवादी होगा और न ग़ैर-साम्यवादी। यहाँ उसकी बिरादरी वही होगी जो सदा से संसार के बड़े साहित्यकारों की बिरादरी रही है।

शौक़ : गत बातचीत में आपने पिछली अर्धशती से लेकर आज तक के प्रसिद्ध साहित्यकारों से अपनी मुलाक़ात या उन्हें देखने और उनकी बातें सुनने का उल्लेख किया है। इन तमाम तजुर्बों का आपने क्या असर लिया और उनसे क्या निष्कर्ष निकाले ?

फ़िराक़ : एक ख़ास असर तो मुझ पर यह पड़ा कि अधिकतर उर्दू कविगण और साहित्यकार ग़ैर दिलचस्प आदमी होते हैं। उनका साहित्य तो हमारे लिए एक आकर्षण रखता है किन्तु उनके व्यक्तित्व में मैंने कोई आकषर्ण महसूस नहीं किया। उनकी बातचीत बहुत साधारण थी। उनकी सहज प्रवृत्तियाँ तो उनसे शे'र कहलवा लेती थीं, किन्तु वे प्रवृत्तियाँ उनके सभ्य व्यक्तित्व को कुछ दे नहीं पाती थीं।

इसलिए मनुष्य के रूप में ये महानुभाव अत्यन्त साधारण दिखाई देते थे और बहुत बार बिल्कुल खोखले और कोरे भी।

मैंने यह भी महसूस किया कि इनकी प्रकृति प्रदत्त योग्यता भी एक यान्त्रिकी स्वरूप थी, इनकी कविता भी एक इत्तफ़ाक़ी चीज़ थी। जब तक व्यक्तित्व का दीक्षित अंश, चिन्तन का अंश, शैक्षिक अंश या वह अंश जो प्रकृति प्रदत्त योग्यता का अपने आप से तालमेल पैदा न कर ले, ज़बरदस्त और मज़बूत नहीं होगा तो केवल प्रकृति प्रदत्त योग्यता के भरोसे महान उर्दू शायरी असम्भव है। अर्थात व्यक्तित्व के मूल प्रवृत्यात्मक या अर्ध चेतन एवं अचेतन व्यक्तित्व और सुदीक्षित व्यक्तित्व दोनों ज़बरदस्त न होंगे तो बड़ी शायरी असम्भव है।

शौक़ : लेकिन कुछ ऐसे भी तो उर्दू शायर हुए हैं जिनकी जानकारी या जिनका ज्ञान एवं शिक्षा या जिनकी कलात्मक योग्यताएँ उच्च कोटि की रही हैं किन्तु उनकी शायरी वास्तविक शायरी नहीं बन सकी ?

फ़िराक़ : आपने बड़ा अच्छा सवाल किया। मीर ही के समय से हमारे सामने सौदा, इंशा, नासिख़ या मुनीर शिकोहाबादी का नाम आता है और सैकड़ों अन्य उस्तादों के नाम आते हैं। इनके ज्ञान और प्रतिष्ठा तथा इनकी व्यापक जानकारी के सम्बन्ध में किसी को सन्देह नहीं हो सकता। इस सिलसिले में कबीर का नाम लेना भी बहुत आवश्यक है। ये सब बड़े उस्ताद थे, किन्तु इनकी शायरी में शायरी की रूह नहीं मिलती या बहुत कम मिलती है। इसका कारण यह है कि इनके मूल प्रवृत्यात्मक और विवेकी व्यक्तित्व गहरे नहीं थे। इसलिए इनका ज्ञान भी व्यापक तो था किन्तु गहरा नहीं था। क्योंकि जब तक ज्ञान को अज्ञानता का दिव्य मार्गदर्शन न मिले और जब तक ज्ञान में नारकीय गुणों के अलावा तात्विक विशेषताएँ भी सम्मिलित न होंगी, बड़ी और वास्तविक शायरी असम्भव है। जब तक केवल मनुष्य और शिक्षित-दीक्षित मनुष्य एक ही व्यक्ति में विद्यमान न हों, तब तक गरिमापूर्ण कविता अस्तित्त्व में नहीं आती।

शौक़ : भारत के लोकगीतों में हमें बड़ी वास्तविक शायरी मिल जाती है, तो क्या इन लोकगीतों के रचयिता असाधारण रूप से शिक्षित और दीक्षित थे ?

फ़िराक़ : हमारे लोकगीत निश्चय ही एक चमत्कार हैं। यह भी एक हक़ीक़त है कि इन लोकगीतों के अनाम रचयिता ज्ञान और कला की उच्च शिक्षा से सम्भवतः वंचित थे। इनकी शायरी में जो जादू है उसका एक कारण तो यह है कि उनकी मूल प्रवृत्ति हमारे सामूहिक जीवन और हमारे जीवन की परम्पराओं की प्रबल मूल प्रवृत्ति की वाहिका थी। किन्तु उर्दू भाषा एवं साहित्य पूर्णतः सहज प्रवृत्यात्मक नहीं है। ज्ञान, बुद्धि, संस्कृति एवं सभ्यता की समस्त देन, शहरी तथा सांस्कृतिक अत्याधुनिक जीवन की समस्त जटिलताओं और हास्य विनोद को लेकर उर्दू भाषा एवं साहित्य और प्रत्येक सुसंस्कृत राष्ट्र और देश की भाषा एवं साहित्य

आगे बढ़ता है। लोकगीतों की शायरी मूल शायरी है। यह शायरी अपने समस्त आकर्षक गुणों के बावजूद सुसंस्कृत कविता के सभी तत्त्वों को लेकर आगे नहीं बढ़ सकती। कुछ प्रेमात्मक भावनाएँ, कुछ घरेलू जीवन की भावनाएँ, कुछ प्राकृतिक दृश्यों से सम्बन्धित हमारी स्वाभाविक प्रतिक्रिया अर्थात हमारी ज़िन्दगी की कुछ सीधी-सादी बातों के अलावा और कुछ नहीं कह सकती। लोकगीत कालिदास की शायरी नहीं हो सकती। न भवभूति की, न भरतरी की, न सादी तथा नज़ीरी की और न यूरोप के उच्च काव्य के प्रकार का काव्य हो सकता है। कुछ न कुछ हमें अपनी ठेठ और मूल प्रवृत्तियों से नियन्त्रित जीवन को छोड़ना ही होगा, तभी सुसंस्कृत कविता करने का मार्ग प्रशस्त हो सकता है। किन्तु इस वाक्य में 'कुछ न कुछ' का टुकड़ा बहुत आवश्यक है। मूल प्रवृत्ति या अज्ञानता या ठेठपन या निरी मानवता का निरापन, जिसे हम चाहें तो केवल गोश्त पोस्तपन[1] कह सकते हैं। यदि प्राकृतिक धरोहर को हम बिल्कुल छोड़ दें और केवल सभ्यता एवं संस्कृति, शिक्षा-दीक्षा तथा प्राप्त ज्ञान का सहारा लेकर शायरी करें, तो वह शायरी ऊपर से दिखाई देने वाले गुणों के बावजूद वास्तविक शायरी नहीं होगी। इसलिए हर बड़े शायर में उन्नत से उन्नत व्यक्तित्व के साथ एक बच्चे के व्यक्तित्व का संगम दिखाई देता है। अर्थात उच्चतम ज्ञान और प्रबलतम मूल प्रवृत्ति का मेल वास्तविक शायरी में होना चाहिए।

शौक़ : उर्दू के प्रसिद्ध साहित्यकारों से मिलकर आपको और कौन से अनुभव और प्रभाव प्राप्त हुए ?

फ़िराक़ : मुझे अनेक विचित्र प्रभाव और अनुभव प्राप्त हुए। उर्दू की अच्छी शायरी, गौरवपूर्ण शायरी और वास्तविक शायरी के कुछ नमूने हमें किसी एक शायर से नहीं मिले, बल्कि बहुत से शायरों से मिले हैं। किन्तु मैंने यह देखा है कि अगर किसी को नासिख़ का कलाम पसन्द है, या यदि कोई अमीर मीनाई या दाग़ देहलवी का अनुयायी है, तो ऐसा आदमी उसी एक शायर का हो कर रह जाता है। ऐसे लोगों की साहित्यिक रुचि को मैंने बहुत सीमित पाया है। ऐसे लोग वास्तविक उर्दू शायरी के विभिन्न प्रकार के नमूनों से बेख़बर रहे हैं। मीर जैसे बड़े शायर का कथन औपचारिक रूप से तो नासिख़ ने भी, जौक़ ने भी और ग़ालिब ने भी पढ़ दिया, किन्तु मीर की वास्तविक शायरी की शैली, ये लोग अपना नहीं सके। दूसरों का तो कहना ही क्या ?

शौक़ : अपने कुछ और संस्मरण तथा अनुभव जो उर्दू के प्रसिद्ध साहित्यकारों से मिलकर आपने प्राप्त किए हैं, उन पर भी कुछ प्रकाश डालिएगा ?

फ़िराक़ : एक बहुत बड़ी कमी जो मैंने अपने देखे और जाने हुए उर्दू

---

1. शरीर के सभी अंगों का प्रतिनिधित्व।

साहित्यकारों में पाई, वह यह थी कि हिन्दुस्तान के गौरवपूर्ण साहित्य, हिन्दुस्तान की महान चिन्तनधारा, हिन्दुस्तानी ललित साहित्य की आत्मा से ये महानुभाव ऐसा नहीं कि बेगाने थे, बल्कि उससे तालमेल पैदा करने की योग्यता ही उनमें सिरे से नहीं थी। मैं कभी-कभी यह सोचा करता हूँ कि अगर जिन साहित्यकारों के नाम मैंने पहले गिनवाए हैं, उनमें किसी की भेंट वाल्मीकि, कालिदास, तुलसीदास, रवीन्द्रनाथ ठाकुर या हमारे देवी-देवताओं के सृजनहारों से या गीता के रचयिता से होती या फिर मौलाना शिबली, फ़ानी बदायूँनी, हसरत मोहानी, डॉक्टर अब्दुल हक़ की मुलाक़ात संस्कृत और उर्दू को छोड़कर अन्य भाषाओं के श्रेष्ठतम साहित्यकारों से होती तो क्या किसी सामान्य मान्यता का अहसास आपस में ये मिलने वाले कर सकते ?

शौक़ : आप अपने समकालीन प्रसिद्ध साहित्यकारों से कई दृष्टियों से असन्तुष्ट मालूम होते हैं। क्या इस असन्तोष के कुछ और विवरण बताने का कष्ट करेंगे ?

फ़िराक़ : उर्दू के साहित्यकार और उर्दू साहित्य अपनी समस्त अच्छाइयों के बावजूद मुझ पर एक पराएपन का प्रभाव डालता रहा है। हमारी ज़िन्दगी की गहराइयों और कोमलताओं तथा उसकी विशिष्ट आकृति, विशिष्ट स्वभाव और इस ज़िन्दगी की विशिष्ट धड़कनों की तहों तक उर्दू साहित्य पहुँच नहीं सका है। हमारी घरेलू ज़िन्दगी, हमारे रीति-रिवाज़, हिन्दुओं का विवेकशील जीवन, उनका औपचारिक और स्वतन्त्र जीवन, हमारी मिट्टी की सुगन्ध, हमारा आध्यात्मिक वातावरण, हमारी अशिक्षित जनता, हमारे बच्चे-बच्चियों के स्वभाव, हमारे जीवन की कोमलताओं और अथाह गहराइयों और हमारी पवित्र अबोधता को उर्दू साहित्य नहीं छूता।

शौक़ : आपने अपने युग या अपने पहले युगों के उर्दू साहित्यकारों में और क्या कमी या कमियाँ पाईं ?

फ़िराक़ : पिछले युग तो पिछले हो चुके। हाँ, बीसवीं शताब्दी के आरम्भ से अब तक के उर्दू साहित्यकारों के सम्बन्ध में मुझे यह कहना है कि कम्युनिज़्म या साम्यवाद, वैज्ञानिक खोजों व आविष्कारों, पाश्चात्य राजनीतिक हथकण्डों से तो हमारे युग के उर्दू साहित्यकार बहुत कुछ परिचित तथा प्रभावित रहे हैं, किन्तु पाश्चात्य साहित्य के गहरे लहजों, गहरी अनुभूतियों और उच्च काव्य रचनाओं से अंग्रेज़ी जानने के बावजूद भी ये लोग प्रभावित न हो सके। इक़बाल ने कहीं-कहीं यह कोशिश ज़रूर की है कि उच्च पाश्चात्य साहित्य का लहजा और उसकी वर्णन शैली वे अपने कलाम में समो लें और इस प्रयत्न में वे कुछ सफल भी रहे हैं। किन्तु कुल मिलाकर हम इक़बाल को उर्दू और फ़ारसी का एक बड़ा शायर मानते हुए भी वह प्रतिष्ठा नहीं दे पाते जो अंग्रेज़ी या योरोप की दूसरी भाषाओं के बड़े शायरों को हासिल है। इक़बाल की अनुचित उद्देश्यपूर्णता और उनकी खुल्लमखुल्ला

साम्प्रदायिकता उन्हें वर्जिल, गेटे, शिलर, मिल्टन, वड्र्सवर्थ, कीट्स और टेनिसन नहीं बना सकी। इक़बाल के यहाँ प्रकृति का कोई सम्मान नहीं। धर्म और जाति के प्रति निष्पक्ष रह कर या विभिन्न धर्मों और सम्प्रदायों के होते हुए भी सार्वभौमिक मानवता से उन्हें कोई लगाव नहीं था। उनकी कविता के उद्देश्यों में वह कोमलता नहीं थी और न ही सबको साथ लेकर चलने की वह भावना थी जो योरोप के प्रसिद्ध साहित्यकारों के यहाँ हमें मिलती है।

अब मैं दो ऐसे अंग्रेज़ी के ज्ञाता कवियों का उल्लेख करूँगा, जिनकी रचनाओं में भी अंग्रेज़ी या पाश्चात्य साहित्य के कुछ असरात तो मिल जाते हैं, लेकिन उस साहित्य की गहराइयाँ और गरिमाएँ नहीं मिलतीं। मेरा अभिप्राय फ़ैज़ अहमद फ़ैज़ और अली सरदार जाफ़री से है। हम इनकी किसी कविता में वड्र्सवर्थ, कीट्स, टेनिसन, ब्राउनिंग, डब्लू. बी. यीट्स या इलियट की श्रेष्ठ कृतियों की-सी बात नहीं पाते। यहाँ भी असफलता का कारण सोद्देश्यता या तर्कयुक्त कविता है। कवि की विषयवस्तु केवल मानव नहीं है और न ही सामाजिक या राजनीतिक समस्याएँ ही काव्य की विषयवस्तुएँ हैं। ये अंग्रेज़ी जानने वाले उर्दू के साहित्यकार किसी दृश्य का चित्रण अंग्रेज़ी कवियों की भाँति डूब कर करें तो जानूँ या उद्देश्यपूर्ण काव्य को भी वह शैली प्रदान कर सकें जो टेनिसन या ब्राउनिंग या कितने ही अन्य अंग्रेज़ी कवियों के उद्देश्यपूर्ण काव्य में हमें मिलती है तो कोई बात बने। लेकिन किसी हद तक पश्चिमी काव्य के अनुकरण या शैली में फ़ैज़ और सरदार ने जो जो नज़्में कहीं हैं, वे बिल्कुल असफल नहीं हैं और न ही काव्य सौष्ठव से सर्वथा रिक्त। जहाँ तक फ़ैज़ की कविता के भविष्य का प्रश्न है, मैं उनके काव्य के भविष्य की सफलता की आशा रखने का साहस अपने अन्दर नहीं जुटा पा रहा हूँ और मैं यह बात उनके वर्तमान काव्य को देखते हुए कह रहा हूँ। सरदार जाफ़री इधर कुछ वर्षों से जो नज़्में कह रहे हैं वे उनके पिछले कारनामों से बहुत आगे और बहुत बुलन्द हैं। और मुझे उनकी शायरी का भविष्य बहुत उज्ज्वल दिखाई दे रहा है।

हमें इस बात की प्रतीक्षा है कि उर्दू में उच्च कोटि के पश्चिमी शायरों की टक्कर का कोई शायर पैदा हो जाए। कोई शायर नहीं बल्कि कुछ शायर पैदा हो जाएँ। सांसारिक साहित्य का प्रशंसक किसी गुट या ग्रुप, या दल का व्यक्ति नहीं हो सकता। शायरी हमें अस्तित्त्व की उस वास्तविकता से साक्षात्कार कराती है जो समस्त विरोधों में सामंजस्य स्थापित करे, जो ज़माने को केवल कोसने पर सन्तोष न करे, जो स्थिति में केवल संशोधन न चाहे, या मात्र क्रान्तिप्रिय न हो, बल्कि जो जीवन को हर हाल में चुमकारे और सीने से लगाए। आगे चलकर ज़िन्दगी को व्यवस्था की जकड़ में नहीं रहना है, बल्कि व्यवस्था से आगे जाना है। केवल नक्षत्रों तक जिन्दगी को नहीं पहुँचना है, बल्कि ज़िन्दगी को ज़िन्दगी तक पहुँचना है। अपने

आप से तालमेल पैदा करना है और ऐसा नक्षत्रों तक की दौड़ के बिना भी सम्भव है। ज़िन्दगी बिल्कुल भी मात्र जीवन व्यवस्था नहीं है, जीवन केवल बाह्य क्रिया नहीं है। भारतीय चिन्तन जीवन के जिन आन्तरिक यर्थाथों पर बल देता था, वह अफ़ीम का नशा नहीं है। जीवन केवल कुछ करने या मात्र कुछ पाने का नाम नहीं है बल्कि बहुत कुछ होने का नाम है। संसार से यदि अन्याय मिट जाए, चाहे वह साम्यवाद द्वारा ही क्यों न हो, विज्ञान खुलकर कितनी भी उन्नति करे, फिर भी केवल इतना ही हो जाने से जीवन अपने आपको नहीं पा सकता। भारत के चिन्तन का यही सन्देश है। मानव इतिहास की यह विडम्बना है कि जो शक्तियाँ या जो व्यक्तित्व हज़ारों बुराइयों को दूर करते हैं और हज़ारों अच्छाइयों को उजागर करते हैं, वे भी जीवन के वास्तविक उद्देश्यों को नहीं समझते। सम्बन्धों की परिभाषा में, व्यवहार की परिभाषा में, व्यवस्थाओं की परिभाषा में, ज़िन्दगी को नहीं समझा जा सकता। जैसा कि मैंने शायरी के सम्बन्ध में कहा है, क्या ही अच्छा हो कि जीवन भी उसी प्रकार से मूल प्रवृत्तियों और उच्चतम रहस्यों का प्रतीक बन सके।

शौक़ : आपकी उम्र अब सत्तर वर्ष की हो चुकी है। इस वक़्त आपकी ज़िन्दगी किस तरह गुज़र रही है ?

फ़िराक़ : मेरी ज़िन्दगी उसी दिन नरक बन गई, जिस दिन मेरी शादी हुई। असहनीय और भयंकर अकेलेपन का अहसास 1914 ई. से अब तक मेरी ज़िन्दगी का गला घोटता रहा है। प्रकृति ने मुझे ऐसा बनाया ही नहीं था कि बिना किसी इन्सानी सहारे के जी सकूँ। मुझे लगभग 55 वर्ष से किसी ऐसे हाथ ने खाना नहीं खिलाया या पानी नहीं पिलाया या जीवन की कठिनाइयों में हाथ नहीं बँटाया जिसे मैं अपना समझ सकूँ। अब सेहत भी जवाब दे चुकी है। और खर्चों की दृष्टि से भी मैं बेफिक्र नहीं। मेरे दुःख-दर्द का कोई साथी भी नहीं। कोई नौकर या सहायक भी ऐसा नहीं मिला, जो इस स्थिति में मेरा साथ दे। मेरे जीवन से सम्बन्धित ऐसा कोई विवरण, अध्याय या घटना नहीं रही है जो स्थायी रूप से वर्णन योग्य हो। किन्तु इतना अवश्य है कि किसी प्रकार ऊपरी मन से कुछ खा-पी के, उठ-बैठ के, सो-जाग के ज़िन्दगी के दिन काट रहा हूँ और शायद इसी तरह ज़िन्दगी के शेष दिन भी काट लूँगा।

शौक़ : लेकिन हिन्दुस्तान में कुछ ही लोग ऐसे होंगे जिनकी रुचियों का क्षेत्र इतना व्यापक हो जितना आपका है। यह कैसे सम्भव हो सका ?

फ़िराक़ : क्या करूँ ? आत्महत्या कर नहीं सका, निजी सन्तोष का कोई सामान कर न सका। निश्चिन्तता और दृढ़ता के साथ लोगों के जीवन या देशवासियों के जीवन के लिए अपने आप को अर्पित नहीं कर सका। एक भयानक सूनापन मेरी तक़दीर हो गया। फिर भी अपनी ज़िन्दगी बरबाद हो जाने से पहले से ही मुझे जीवन और सृष्टि से प्रेम रहा है। इसी प्रेम के सहारे झक मार के जी

रहा हूँ। मैंने अपने जीवन की त्रासदी के सम्बन्ध में, अपनी कविता 'हिंडोला' में सविस्तार संकेत किए हैं। अब तो मेरे जीवन की सन्ध्या वेला आ चुकी है और अब तो यही अधूरी इच्छा तथा अधूरी कामना रह गई है कि मेरे बाद लोगों को इस बात का अहसास हो जाए कि मुझ जैसा दुखी व्यक्ति, साहित्य और काव्य की दुनिया में कम से कम भारत में पैदा नहीं हुआ था। मेरी रुचियाँ व्यापक इसलिए हैं कि निजी और व्यक्तिगत रूप में मेरे जीवन की जो कुछ माँग थी वह तो मुझे मिली ही नहीं, किन्तु संसार तथा जीवन से मुझे जो लगाव था उसी के बलबूते पर जीवन की समस्याओं में मेरी रुचियाँ बनी रहीं। भारत में हज़ारों-लाखों नहीं बल्कि करोड़ों बच्चे-बच्चियाँ, लड़के-लड़कियाँ, स्त्री-पुरुष तथा भोले-भाले और निरपराध व्यक्ति ऐसे हैं जिनके जीवन में दुःख ही दुःख हैं। अपने अतिरिक्त इन व्यक्तियों के दुःखों का अहसास मेरे जीवन का एकमात्र सहारा है। मैंने यह महसूस किया है कि जो लोग इन्सानों के दुःख-दर्द को मिटाने या दूर करने के ठेकेदार बनते हैं वही लोग दुखी इन्सानों के दुःख की ओर सबसे कम ध्यान देते हैं। बहुधा मानव सेवा की भावनाएँ, मानवता से सहानुभूति की भावनाएँ नहीं होतीं। मानव जनसंख्या की सामूहिक कल्पना बहुधा सज्जनता की भावनाओं को मिटा देती है। इसी से राजनीतिक कार्यकर्ताओं के प्रति एक नफ़रत पैदा हो जाती है। मुझे इसका अहसास है कि संसार में जीवन-व्यवस्था का भी एक स्थान है, किन्तु उचित या अच्छी जीवन व्यवस्था चाहना और उसके लिए प्रयत्नशील होना सज्जनता और प्रेम का स्थान नहीं ले सकता।

शौक़ : तो फिर क्या किया जाए ?

फ़िराक़ : इन्सानों को सामूहिक जीवन की मशीन का पुर्ज़ा न समझा जाए। हर इन्सान इन्सानियत से बड़ा है। हर व्यक्ति समाज से बड़ा है। सर्वकल्याण की कल्पना के पीछे यह आशंका रहती है कि कहीं वह एक निर्दयी या यान्त्रिक कल्पना न बन जाए। यह विचित्र बात है कि जो लोग समाज के बारे में या सामाजिक समस्याओं के बारे में सोचने और उन्हें कार्यान्वित करने में व्यस्त रहते हैं, वे व्यक्तियों से प्रेम नहीं कर पाते। व्यवस्था और अनुशासन की चादर एक-एक आदमी के आँसू नहीं पोंछ सकती। हमें व्यवस्था के अतिरिक्त भी कुछ चाहिए बल्कि बहुत कुछ चाहिए।

शौक़ : जनसामान्य की समृद्धि क्या हर व्यक्ति की समृद्धि नहीं बन जाएगी ?

फ़िराक़ : हमें समृद्धि और प्रसन्नता में अन्तर करना चाहिए। पैसा बहुत कुछ है किन्तु सब कुछ नहीं है। रूस और चीन का यह दावा ग़लत साबित हो चुका है कि उन्होंने अपने लोगों को ख़ुशी की दौलत दी। केवल न्याय से काम नहीं चलता, केवल सुशासन से काम नहीं चलता, केवल अत्याचार समाप्त करने से काम

नहीं चलता, केवल भौतिक आवश्यकताओं की समस्या के समाधान से काम नहीं चलता, केवल चाँद पर पहुँच जाने से काम नहीं चलता, केवल पूँजीवाद की बुराइयों को दूर कर देने से काम नहीं चलता। यह सब कुछ कर चुकने के बावजूद रूसी लोगों तथा चीनी लोगों का जीवन, सभी बेईमानियों से बच कर भी, एक बहुत टुच्चा जीवन है। जीवन टुच्चा न रहे, फटीचर न रहे, संस्कृति एवं सभ्यता की दृष्टि से खोखला न रहे। इस रहस्य को केवल भारत ने समझा था, जिसने केवल गीतों से, कहानियों से, रीति-रिवाज़ों से, कल्पनाओं से या मनमानी कल्पनाओं से, साधारण से साधारण बात में काव्यात्मकता उत्पन्न करके, जिज्ञासा उत्पन्न करके, आध्यात्मिक दौलत पैदा करके, ज़िन्दगी को ज़िन्दगी बना दिया। दुनिया के किसी मुल्क में वह खाता-पीता बच्चा इतना खुश नहीं रह सकता जितना खुश वह बच्चा रह सकता है, जिसे सूरदास के पदों की चुमकार मिली हो। कोई जवान औरत वह जीवन धन नहीं पा सकती जो हमारे गीत एक जवान औरत को देते हैं। कोई मास्को, सभ्यता का वह केन्द्र नहीं बन सकता जो पनघट को हमारे गीतों ने बना दिया है। कोई चौराहा या हाल ज़िन्दगी के वे जाम नहीं छलका सकता, जो हमारी ड्योढ़ियाँ और हमारे आँगन, या हमारे खेत, हमारे गीतों में छलकाते हुए नज़र आते हैं। साम्यवाद हमें केवल एक भरपूर दिवालियापन दे सकता है। तत्त्व केवल उस समय तत्त्व बनता है जब वह उन बौद्धिक और सुन्दर मूल्यों का वाहक हो, जिनका कोई सम्बन्ध सुशासन से न हो। हमें हमेशा उस शराफ़त से चौकस रहना चाहिए जो शराफ़त के पर्दे में कमीनापन, खोखलापन और केवल रोटी-दाल की दृष्टि से एक भरपूरपन तथा मात्र बुद्धि और ज्ञान की दृष्टि से या तर्क की दृष्टि से दो और दो चार प्रकार के जीवन को अपना लक्ष्य बनाए।...

संसार की मूल समस्या, सम्पत्ति, पूँजीवाद और समाजवाद की लड़ाई की समस्या कदापि नहीं है। रूस या चीन हमे उस क़िस्म के इन्सान न दे सकेंगे, जिस क़िसम के इन्सान का ख़्वाब हमारे योगियों ने देखा था...। व्यवस्था के अधीन होना मानवता नहीं है...यह है मेरा ईमान।

इसका यह अर्थ नहीं कि मैं मामूली व्यक्तियों को अभागा देखना चाहता हूँ। मैं अपने देश को अत्यन्त अभागा देश समझता हूँ। किन्तु चित्रों को देखकर, पुस्तकें पढ़कर, व्यक्तिगत रूप में मनन-चिन्तन करके मैं इस निष्कर्ष पर पहुँचा हूँ कि हमारे सड़े-गले जीवन की तुलना में भी वह जीवन या वह मृत्यु जो रूस या चीन ने अपने लोगों को दी है कहीं बेहतर है। मैं हिन्दुस्तान के जीवन में परिवर्तन और संशोधन की आवश्यकताओं का समर्थक हूँ, किन्तु खुदा न करे यह परिवर्तन या संशोधन मार्क्सवाद के मानने वालों के हाथों हो। हम बीमार ज़रूर हैं किन्तु हम बिना मार्क्सवादी इलाज के अपना रोग दूर कर लेंगे।

3.3.1968

शौक़ : ग़ालिब ने कहा है :

हज़ारों ख़्वाहिशें ऐसी कि हर ख़्वाहिश पे दम निकले
बहुत निकले मेरे अरमान, लेकिन फिर भी कम निकले।

आप ज़िन्दगी की जिस मंज़िल पर हैं वहाँ पहुँच कर वे कौन-सी ख़्वाहिशें हैं जो आपके दिल में अभी तक पैदा होती रहती हैं ?

फ़िराक़ : मैं कुछ चीज़ें अपने लिए चाहता हूँ और कुछ हिन्दुस्तान के लिए। कुछ ऐसी ख़्वाहिशें भी हैं, जिनका ताल्लुक़ पूरी इन्सानियत से है। मैं अब बहुत बीमार रहने लगा हूँ। मौत से तो मैं बिल्कुल नहीं डरता। बहुत-सी बीमारियाँ भी हैं, जिनमें रह-रहकर गिरफ़्तार हो जाता हूँ। लेकिन ये बीमारियाँ मुझे परेशान नहीं करतीं, बल्कि कुछ बीमारियाँ तो ऐसी हैं कि उनका शिकार हो कर मुझे आन्तरिक रूप में एक सन्तोष मिलता है। इन बीमारियों में मेरा दिमाग़ बहुत अच्छी तरह काम करता है। ये बीमारियाँ मेरी तबीयत के बिखराव को दूर कर देती हैं और मेरे अन्दर एक क़िस्म का ठहराव पैदा कर देती हैं। ज़िन्दगी की समस्याओं पर सोचने का अवसर मिल जाता है। बहुत अच्छे-अच्छे विचार मन में आते हैं। कभी-कभी इन बीमारियों के दौरान मेरी शायरी चमक उठती है। मेरे कई शे'र, कई ग़ज़लें, रुबाइयाँ, कविताएँ इन्हीं बीमारियों की देन हैं। ये बीमारियाँ मुझे बेचैनी, बेक़रारी या घबराहट से बचाती रहती हैं। दुर्भाग्यवश कुछ बीमारियाँ ऐसी भी लग जाती हैं जिनसे बड़ी तकलीफ़ होती है, जैसे ARTHRITIS, LUMBAGO। कभी-कभी दमे से भी बहुत तकलीफ़ होती है। मैं इन बीमारियों से बहुत डरता हूँ। बहुत-सी ख़्वाहिशों के होते हुए भी मेरी एक ख़्वाहिश यह भी रहती है कि इन बीमारियों से बचा रहूँ।

मेरी दूसरी बहुत ज़ियादा तकलीफ़देह आज़माइश मेरा अकेलापन और अकेलेपन का एहसास है। किसी को ऐसा नहीं पाता जो मुझे अपना समझे और जिसे मैं अपना समझूँ। जिसका साथ और सहारा मुझे नसीब हो। काश ! एक सेवक ही ऐसा मिल जाता। मेरे घर में न मेरी पत्नी है, न मेरे बच्चे। एक गिलास पानी भी किसी ऐसे हाथ से नहीं मिलता जिसके बारे में अपनापन और रुचि का अहसास कर सकूँ। चिन्तन-मनन तथा सोच-विचार मेरा साथ न दे, तो मेरा ज़िन्दा रहना भी मुश्किल हो जाए। यूँ मुझे प्यार करने वाले भी कुछ लोग हैं, लेकिन वे इस हालत में नहीं है कि मेरे साथ आकर रहने लगें या काफ़ी वक़्त मुझे दे सकें। मेरा एक शे'र है :

मुझे पा के तन्हा[1] मेरी बेकसी[2]
सरे-शाम[3] बिस्तर लगा जाए है।

---

1. अकेला, 2. विवशता, 3. सन्ध्या होते ही।

मैं ज़िन्दगी भर हर रोज़ इतना अकेला और दुःखी या घबराया हुआ रहा हूँ कि दिन डूबते-डूबते मेरी इन्द्रियाँ और शक्तियाँ जवाब दे जाती हैं। मैं सामान्यतः गर्मियों में 9 बजे और सर्दियों में 8 बजे रात को या तो सो जाता हूँ या आँखें बन्द कर दुःखों के बिस्तर पर पड़ रहता हूँ। काफ़ी रात रहे नींद पूरी हो जाती है तो उठ बैठता हूँ। अब से 20-25 वर्ष पहले तक तो मुझमें इतनी शक्ति थी कि कई बार आधी रात के बाद तक ग़ज़लें कहता था और तब सोता था। मेरा एक शे'र है :

कभी पिछली रात को देख ले किसी साँस लेते चिराग़ को
कि ग़ज़ल हुई तो शऊर[1] में वही ख़स्तगी[2] है, वही थकन।

अपना एक और शे'र याद आ गया :

दिलों में दाग़े-मुहब्बत का अब ये आलम[3] है
कि जैसे नींद में डूबे हों पिछली रात चिराग़

और भी शे'र याद आने लगे हैं जिनमें एक यह है :

ये मेरी नवाए-नीम शबी[4] अश्के-अंजुम[5] में नहाई हुई
उड़ जाती है नींदें सदियों की क्या जानिए क्या मैं करता हूँ।

मेरी नज़्में 'आधी रात' और 'परछाइयाँ' इसी रात्रि के जागरण की देन हैं। मेरी यह ख़्वाहिश है कि कोई ऐसा व्यक्ति हो जो मुझे अपना समझे और जिसे मैं अपना समझूँ। अब मैं अच्छी तरह जान चुका हूँ कि यह इच्छा न पूरी होने वाली थी और न पूरी होने वाली है :

अगर और जीते रहते यही इन्तज़ार होता।

मेरी मुहब्बत की दास्तानें भी मेरी तन्हाई की दास्तानें हैं। मेरी प्रेम कथाएँ भी मेरी अकेलेपन की कहानियाँ हैं :

कहाँ का वस्ल[6] तन्हाई ने शायद भेस बदला है
तेरे दम भर के आ जाने को हम भी क्या समझते हैं।

मुहब्बत में तेरी तन्हाइयों के हैं कई उनवाँ[7]
तेरा आना, तेरा मिलना, तेरा उठना, तेरा जाना।

अब मुझसे सामान्यतः रातों के पहले पहर में शे'र नहीं होते। जब काफ़ी रात रहे जाग उठता हूँ, अधिकतर शे'र उसी समय होते हैं, 'रूप' की सारी रुबाइयाँ पिछले पहर की कही हुई हैं। और अब तो दिन को भी रात कर लेता हूँ। शे'र कहने के लिए फिर भी यह इच्छा बार-बार दिल में चुटकियाँ लेती हैं कि किसी जंगल में या किसी नदी के क़िनारे कोई कुटी होती, कोई स्नेही और समझदार नौकर

---

1. विवेक, परिज्ञान, 2. टूटापन, 3. स्थिति, 4. मिलन, 5. शीर्षक।

या साथी होता और रोज़ाना या क़रीब-क़रीब रोज़ाना कुछ ऐसे मिलने वाले आते रहते, जिनकी संगति मेरी ज़िन्दगी को मेरे लिए क़ाबिल-ए-बरदाश्त बनाती। रुपए-पैसे के सम्बन्ध में कोई चिन्ता न रहती और जहाँ रहता वह जगह फाड़े न खाती।

मुझसे पिछले 20-25 वर्षों से किसी सम्मेलन या उत्सव में रात का जागना बिल्कुल सहन नहीं होता। इसीलिए मुशायरों से मैं बहुत परेशान होता हूँ। ज़िन्दगी यूँ ही घबराहटों से घिरी रहती है। इन घबराहटों से ऊब कर या तंग आकर मुशायरों में चला जाता हूँ जहाँ कुछ दोस्तों की सूरतें नज़र आ जाती हैं, लेकिन मुशायरों की गहमागहमी और हमाँ-हमीं मुझे तुरन्त यह अहसास करा देती है कि एक बोरियत से निकल कर दूसरी बोरियत में फँस गया हूँ।

शौक़ : आपकी दृष्टि में शायरी क्या है ?

फ़िराक़ : सृष्टि तथा जीवन के संक्षिप्त एवं विस्तृत विवरण का एक ऐसा अहसास शायरी की जान है जो हर्षातिरेक की अवस्था होती है। यह मस्ती और बेखुदी की हालत इस अहसास में एक प्रेरणा एवं लय पैदा कर देती है जो शायर से शे'र कहलवाती है।

शौक़ : लेकिन सृष्टि व ज़िन्दगी में हजारों ऐसी हक़ीक़तें भी होती हैं, जो मस्ती और बेखुदी के बजाय ग़म और गुस्सा पैदा करती हैं जैसे, अत्यन्त कष्टदायक असाध्य रोग, शक्तिशाली राष्ट्रों का निर्बल राष्ट्रों पर अत्याचार, हज़ारों ऐसे ही अन्य अत्याचार और अन्याय, मार-काट और विध्वंस, भुखमरी और ग़रीबी, प्रकृति और मनुष्यों की ओर से होने वाली अत्यन्त अप्रिय घटनाएँ, अभागे बच्चों एवं असहायों की दुर्दशा। क्या हम इन सब चीज़ों का मस्ती भरा या बेखुद किए जाने का अहसास कर सकते हैं ?

फ़िराक़ : यह प्रश्न बहुत मूल प्रश्न है, शायरी के लिए भी और मानवीय चिन्तन के लिए भी। ये बातें हमें दुःख-दर्द में डुबो देती हैं या फिर हमें कर्म के लिए प्रेरित करती हैं। किन्तु यह हक़ीक़त स्वतः और सीधे रूप में बेखुदी पैदा करने वाली नहीं कही जा सकती। और शायरी की राह में रुकावट मालूम होती है या काव्य-विरोधी होती है। लेकिन हक़ीक़तों से उत्पन्न कष्टदायक अनुभूतियाँ हमारी शिष्ट भावनाओं की उत्पत्ति में सहायक हैं। तथा मानव-प्रेम या ज़िन्दगी से प्यार की भावनाओं को उकसाती हैं। यही सज्जनता और जीवन के प्रति लगाव या जीवन-प्रेम निश्चय ही चरम आनन्दातिरेक की स्थिति पैदा करने वाले होते हैं। दुःख बेखुदी का अहसास नहीं कराता लेकिन महात्मा गौतम बुद्ध का दुःख-दर्द का अहसास, धर्म और इतिहास के अन्य श्रेष्ठ महानुभावों की प्रतिक्रिया आम मनुष्य द्वारा इन वास्तविकताओं को महसूस करके दुःख एवं आक्रोश व्यक्त करना आनन्दातिरेक की चरम अवस्था है।

शौक़ : इस रोशनी में इन्सान का तसव्वुर तो बेख़ुदी पैदा करने वाला साबित हो गया लेकिन सृष्टि का तस्सवुर कैसे बेख़ुदी पैदा करने वाला हो सकता है ? सृष्टि में तकलीफ़ देने वाली हक़ीक़तों की भरमार है। हम ऐसी सृष्टि को एक आनन्ददायक सृष्टि कैसे मान सकते हैं ?

फ़िराक़ : जो सृष्टि इन व्यर्थ कार्यों की पोषक है उस सृष्टि का एक अभिन्न अंग मनुष्य भी है। यह दूसरी बात है कि सृष्टि स्वयं एक विपरीत और परस्पर टकराव एवं विरोध के रूप में प्रकट होती है। अर्थात, सृष्टि या धरती माता अपनी ही सन्तान में बहुत-सी हक़ीक़तों के ख़िलाफ़ एक तीव्र प्रतिक्रिया पैदा कर देती है। ये शिष्ट भावनाएँ और प्रेरणाएँ भी सृष्टि के अभिन्न अंग हैं। सृष्टि का ही एक अंग या एक तत्त्व जिसका नाम मनुष्य है, सृष्टि की इन हक़ीक़तों के ख़िलाफ़ जंग करता है। यह जंग और इस जंग का तस्सवुर या अहसास भी सृष्टि का ही अंग है। और यह जंग अपने अन्दर बेख़ुदी की बेशुमार और दूरगामी सम्भावनाएँ समेटे होती है। इस प्रकार हम सृष्टि के तसव्वुर से भी बेख़ुदी का अहसास कर सकते हैं। इसके अलावा कष्टदायक वास्तविकताओं के साथ-साथ सृष्टि के बहुत ज़्यादा ख़ुशगवार पहलू भी हैं जैसे, प्राकृतिक दृश्यों का आकर्षण, जीवन विकास, ज़िन्दगी की हज़ारों छोटी-छोटी बातें, ज़िन्दगी के कई दुःख-सुख यहाँ तक कि ज़िन्दगी की मासूम नादानियाँ भी हमारे लिए मस्ती और बेख़ुदी पैदा करने वाली होती हैं। हम सृष्टि बनाम सृष्टि के तस्सवुर से भी सुखद अनुभूति प्राप्त करते हैं। सृष्टि और जीवन-जंग एक बहुत ही तसल्ली देने वाली हक़ीक़त है। हम संघर्षों के बिना जीवन को जीने योग्य नहीं पाएँगे। एक ऐसी सृष्टि और जीवन, जिसकी क़िस्मत में चैन-ही-चैन लिखा हो, सन्तोषदायक नहीं होता। इसी से ग़ालिब और दूसरे शायरों ने एक ऐसे स्वर्ग की खिल्ली उड़ाई है जहाँ ज़िन्दगी एक आरामदायक और न बदलने वाली अर्द्ध स्वप्नावस्था का नमूना पेश करती है। इक़बाल कहते हैं :

ये कायनात[1] अभी नातमाम[2] हैं शायद
कि आ रही है दमादम सदाए[3]-कुन फ़ैकुन[4]।

मुझे अपना एक शे'र भी याद आया :

मि ज़नम ब हर नफ़सम नग़्मा-हाए कुन फ़ैकुन
दर बरम निहाँ दारम सद जहानो मन तनहा।

अर्थात, मेरी हर साँस से सृजन के गीत फूटते हैं। मैं यद्यपि अकेला हूँ किन्तु मेरे अन्दर सैकड़ों सृष्टियाँ समाई हुई हैं।

ग़म का होना काव्यात्मक स्थिति के लिए और ज़िन्दगी और सृष्टि की काव्यात्मक अनुभूति के लिए अनिवार्य है। इंग्लैण्ड का महान कवि वर्ड्सवर्थ कहता है :

---

1. सृष्टि, संसार 2. अपूर्ण, 3. आवाज़, 4. हो जा, हो गया।

"In the soothing thoughts that spring out of human suffering".

लैटिन कवि वर्जिल की एक उर्द्धावली (मिसरे) का अनुवाद मैथ्यू आर्नल्ड ने इस प्रकार किया है :

"The sense of tears in things human".

प्रसिद्ध हास्य अभिनेता चार्ली चैपलिन ने अपनी आत्मकथा में लिखा है कि बड़े साहित्यकार वह हैं :

"Who tell the truth about life with tears in their eyes".

उन्होंने यह भी बताया है कि एक ग़ज़ल या कविता क्या है। वे कहते हैं :

"A poem is a love letter to the world."

हम इस नतीजे पर पहुँचे कि सच्चा शायर वह नहीं है जो संसार की अत्यन्त कष्टपूर्ण हक़ीक़तों से अपनी आँखें बन्द कर ले। किन्तु उसके साथ ही साथ वह, इन हक़ीक़तों से जो शिष्ट भावनाएँ और प्रेरणाएँ पैदा होती हैं उनसे भी तो आँखें बन्द नहीं कर सकता और ये भावनाएँ और प्रेरणाएँ ही तो शायरी की जान हैं।

शौक़ : क्या शायरी के इस मापदण्ड पर हर प्रकार की शायरी या तमाम शायरी खरी उतरती है ?

फ़िराक़ : जितनी या जैसी विविधा और रंगारंगी हम सृष्टि और जीवन में देखते हैं, वैसी ही अनेकरूपता और रंगारंगी हमें शायरी में भी मिलती है। जैसे, दुनिया के बड़े से बड़े शायरों को ले लीजिए। उनमें आपस में कुछ समानता भी है, परन्तु बहुत कुछ भिन्न भी हैं। हर बड़े शायर का अपना एक मिज़ाज होता है, अपना दृष्टिकोण होता है, अपना रंग होता है, लेकिन इन सबकी शायरी हमें विभिन्न दृष्टिकोणों से संसार की अनुभूति कराती है, विभिन्न रंगों के दर्पण में संसार की झलकियाँ दिखाती है, इसलिए हम इन सब कवियों को विश्वकवि मानते हैं। शायरी में छोटे और बड़े या उनके स्तर का निर्णय करने के लिए हमें यह देखना चाहिए कि जो अनुभूतियाँ हमें किसी शायर के कलाम से हासिल होती हैं, जो गीत उसके स्वर से या उसकी लेखनी से फूटते हैं, उनमें जगत और जीवन या पूरे विश्व की कितनी विवेकात्मक कल्पना होती है। इसके साथ-साथ बहुधा शायरों के मूल्यांकन में वक़्त का भी हाथ होता है। ग़ालिब की शायरी उनके मरने के अर्द्ध शताब्दी के पश्चात अच्छी तरह से पहचानी जा सकी। नज़ीर अकबराबादी की शायरी से शेफ़्ता, ग़ालिब, ज़ौक़, मोमिन और बहुत से ग़ज़ल प्रेमी सन्तुष्ट नहीं थे। किन्तु बाद में नज़ीर के काव्य ने अपने आप को मनवाना शुरू किया। मेरी दृष्टि में नज़ीर अपनी रंगारंगी और बाह्य बौद्धिकता की दृष्टि से बहुत बड़ा शायर है। हाँ, जीवन का केन्द्रीय दुःख-सुख और उसकी गहराइयाँ हमें नज़ीर के काव्य में कम मिलती हैं। उनकी शायरी में जो यथार्थ चित्रण है वह अपनी जगह बड़ी सच्ची चीज़ है, लेकिन इस यथार्थ चित्रण में वे गहराइयाँ नहीं हैं जो दुनिया के महानतम कवियों

की रचनाओं में हमें मिलती हैं। फिर बड़े से बड़े शायरों का भी जहाँ तक सम्बन्ध है, उनके काव्य का हर अंश या उनका हर शे'र महानतम नहीं होता। अन्तर्विवेक और ज्ञान के क्षेत्र में भी ज्वार-भाटे का नियम काम करता प्रतीत होता है। उतार-चढ़ाव की मुख़तलिफ़ मंज़िलों से बड़े से बड़े शायर की आवाज़ें गुज़रती हैं। बड़ी शायरी के लिए या अमर शायरी के लिए अन्तः अन्वेषण और सर्वव्यापकता universality and inwardness की ज़रूरत होती है, लेकिन मामूली और छोटे शे'र कभी-कभी इतने रचे हुए और ख़ूबसूरत होते हैं और उनमें वह जादू होता है कि उन्हें स्वीकार करने पर विवश हो जाना पड़ता है जैसे मीर मजरूह का यह शे'र :

अब अनबन हो गई है बाग़बाँ[1] से
मुझे निकला ही समझो गुलसिताँ[2] से।

या हाली का यह शे'र :

दिखाना पड़ेगा हमें ज़ख़्मे-दिल
अगर तीर उसका ख़ता[3] हो गया।

या हज़रत उस्ताद जुरअत का यह शे'र :

बहारें हमको भूलीं याद इतना है कि गुलशन में
गरेबाँ[4] चाक करने का भी इक हंगाम[5] आया था

या किसी कवयित्री का यह शे'र :

बिन तुम्हारे मैं जी गई अब तक
तुमको क्या ख़ुद मुझे यक़ीन नहीं।

और इसी तरह के हज़ारों शे'र जो दुनिया की महानतम शायरी तो नहीं कहे जा सकते, लेकिन जिनकी अत्यन्त मनमोहकता से भी इन्कार नहीं किया जा सकता। जिस प्रकार सृष्टि और जीवन में हमें सौन्दर्य और महानता के स्तर मिलते हैं उसी प्रकार शायरी में भी हमें ये स्तर मिलते हैं। जैसे सौरमण्डल का सौन्दर्य और एक अकेले सितारे का सौन्दर्य, महात्मा बुद्ध की महानता और एक मामूली इन्सान की मासूमी, ताजमहल और एक ख़ूबसूरत झोंपड़ी, मानव इतिहास की महानता और एक मामूली इन्सान या एक प्यारे बच्चे की ज़िन्दगी :

जो ज़र्रा[6] जिस जगह है वहीं आफ़ताब[7] है।

शौक़ : शायरी से ज़िन्दगी और सभ्यता की कौन-कौन-सी महत्त्वपूर्ण आवश्कताएँ पूरी होती हैं ?

फ़िराक़ : जब हम ज़िन्दगी की आवश्यकताओं की पड़ताल करते हैं तो सबसे पहले हमारे सामने ज़िन्दगी की मौलिक आवश्यकताएँ आती हैं यानी रोटी-कपड़ा। फिर ऐसी आवश्यकताएँ आती हैं जो समाज की व्यवस्था से सम्बन्धित हों और

---

1. माली, 2. उपवन, 3. चूक जाना, 4. कमीज का गला, 5. समय, 6. कण, 7. सूर्य।

हमारी राजनीतिक, आर्थिक, शैक्षिक तथा नैतिक आकांक्षाओं को पूरा कर सकें। इन आवश्यकताओं के पूरा होने के बाद दूसरी भूखें और प्यासें भी ज़िन्दगी को लगती हैं। इन भूखों और प्यासों में ज़िन्दगी का वो आह्लादक एवं मस्ती-भरा अहसास भी है जो हमें शायरी और अन्य ललित कलाओं से प्राप्त होता है। अगर यह अहसास हमें हासिल न हो तो हमारे पास सब कुछ होते हुए भी हमारी ज़िन्दगी प्यासी रह जाती है। हम ज़िन्दगी की ज़रूरतों को पाना भी चाहते हैं और ज़िन्दगी के गीत गाना और सुनना भी चाहते हैं। शायरी न हो तो ज़िन्दगी की ठोस चीज़ें पाकर भी हम महसूस करेंगे कि ज़िन्दगी खोखली है।

शौक़ : काव्य में विचारधारा का क्या स्थान है ?

फ़िराक़ : जो लोग जैसे मार्क्सवादी विचारधारा के समर्थक हैं उन्हें भी यह स्वीकार करना पड़ेगा कि ज़िन्दगी के बहुत से दृष्टिकोण या मूल्य सामान्य अथवा समस्त मानवता के लिए होते हैं जैसे—हुस्न और इश्क़ की प्रेरणाओं के मूल्य, प्राकृतिक दृश्यों की खूबसूरती का अहसास, घरेलू जीवन के दिलकश पहलू, सामाजिक जीवन और इन्सानों के आपसी ताल्लुक़ात की दिलकशी और ज़िन्दगी के ऐसे ही अनेक महत्त्वपूर्ण मूल्य। ये मूल्य मार्क्सवादी या ग़ैर-मार्क्सवादी दोनों ही विचारधाराओं पर समान रूप से छाए हुए हैं। हाँ, जब शायर का विषय ही प्रत्यक्ष या परोक्ष रूप में राजनीतिक या दार्शनिक चिन्तन हो या कुछ सिद्धान्त उसकी विषयवस्तु हों तो उस वक्त हम अवश्य ही शायरी के अन्य सौन्दर्यबोधक तत्त्वों से हटकर शायर के सिद्धान्तों का जायज़ा लेंगे। अच्छी से अच्छी शायरी के सम्मुख हमेशा ही व्यावहारिक उद्देश्य या राजनीतिक विचारधाराएँ नहीं होतीं। लेकिन वह उद्देश्य और ये चिन्तन कभी-कभी शायरी के उद्देश्य हो सकते हैं और ये अत्यन्त शानदार शायरी को जन्म दे सकते हैं। शायरी मानव जीवन की एक मूलभूत आवश्यकता है, जो सार्वभौमिक भी है जैसे कालिदास और शैक्सपियर ऐसे शायर हैं जिनसे मार्क्सवादी और ग़ैर-मार्क्सवादी...दोनों ही विचारधाराओं के लोग समान रूप से प्रभावित हो सकते हैं। गद्य साहित्य पर भी यही बात लागू होती है। अलिफ लैला की कहानियाँ किसी विचारधारा तथा सिद्धान्तों के बन्धन के बिना पूरी मानवता की विरासत हैं। डिकन्ज के उपन्यास, टालस्टाय के उपन्यास, तुर्गनेव के उपन्यास मार्क्सवादी चिन्तन के पोषक नहीं हैं, किन्तु साम्यवादी रूस में करोड़ों लोग इन उपन्यासों पर जान न्यौछावर करते हैं। इसी प्रकार हाल ही में शोलोखोव जो एक मार्क्सवादी विचारधारा का अलम्बरदार है उसके उपन्यास पर नोबेल पुरस्कार उन लोगों ने दिया जो मार्क्सवादी विचारधारा या सिद्धान्तों के समर्थक नहीं हैं। इस सम्बन्ध में यह बात भी ध्यान में रखनी चाहिए कि वैज्ञानिक खोज व दृष्टिकोण या सामाजिक और राजनीतिक दृष्टिकोण तो बदलने वाली चीज़ें हैं लेकिन ऋग्वेद से आज तक हर दौर में तथा हर प्रकार के उद्देश्यों और विचारधाराओं के युग में ऐसा अदब पैदा होता

रहा है जिसे संसार ने अमर माना है। दुनिया के सब लोग इसाई नहीं, किन्तु अंजील का साहित्यिक सौन्दर्य ग़ैर-इसाइयों को भी मन्त्रमुग्ध कर देता है। दृष्टिकोणात्मक और विचारधारात्मक विभिन्नता के होते हुए भी बड़ा और महान साहित्य अपना लोहा मनवा लेता है, लेकिन जैसा कि मैं कह चुका हूँ जब कवि या साहित्यकार का विषय ही एक विशिष्ट विचारधारा या उद्देश्य हो तो हमें ऐसे विचारों और उद्देश्यों की जाँच करनी होगी।

इस वाद-विवाद का एक और भी दिलचस्प पहलू है। हम यह मान लें कि वर्तमान भारत के प्रशासन से असन्तुष्ट होकर एक ओर तो साम्प्रदायिक विचारों वाला कोई कवि या साहित्यकार असन्तोष व्यक्त कर रहा है और दूसरी ओर यही काम मार्क्सवादी सिद्धान्तों को मानने वाला कवि या साहित्यकार कर रहा है। अक्सर ऐसा होगा कि दोनों एक ही प्रकार की या एक ही बातें कहते हुए सुनाई देंगे। और इस बात का अन्तर करना कठिन हो जाएगा कि इसमें कौन-सा कवि साम्प्रदायिक दृष्टिकोण का पोषक है और कौन-सा मार्क्सवादी दृष्टिकोण का। साहित्य या कविता को तो केवल अच्छी-खासी सलाहियत रखने वाले जन्म दे सकते हैं और देते रहे हैं। लेकिन महान कविता और साहित्य को इक्का-दुक्का आदमी ही, असाधारण या औसत दर्जे से बड़ा दिल और दिमाग़ रखने वाला ही जन्म दे सकता है। ऐसी हस्तियाँ विश्वव्यापी मानव मूल्यों पर आस्था रखती हैं। ये हस्तियाँ बहुत बुलन्द मायनों में इन्सान दोस्त होती हैं।

अलबत्ता यह ज़रूरी नहीं कि ये मार्क्सवादी या ग़ैर-मार्क्सवादी दृष्टिकोणों की व्याख्या कट्टर तरीके से करें या पक्षपात के साथ करें। कहा गया है कि प्रकृति का एक हल्का-सा स्पर्श भी सारी दुनिया को एकजुट कर देता है।

One touch of Nature makes the whole world kin.

यही हाल वास्तविक साहित्य का है। लेकिन दार्शनिक दृष्टिकोण से कविता और साहित्य का जायज़ा लेना हम एक ज़िम्मेदार पाठक का केवल जन्मसिद्ध अधिकार ही नहीं समझते बल्कि उसका सबसे बड़ा फर्ज़ भी समझते हैं।

चाहे सविस्तार हो या संक्षिप्त, हर हैसियत से अस्तित्त्व के दुःख-सुख का अहसास ही शायरी की रूह है। यही अहसास सच्ची कविता का प्रेरक है। इस अहसास से सृष्टि के किसी दूसरे अहसास को बड़ा या ज़्यादा क़ीमती नहीं माना जा सकता। दुनिया की खिदमत और दुनिया को सुधारने की कोशिशें अपने आप में बहुत प्रशंसनीय है, लेकिन अक्सर कोशिशें दुनिया की विवेकात्मक अनुभूति अर्थात अस्तित्त्व के सुख और दुःख का अहसास हमसे छीन लेती हैं। ऐसी हर ख़िदमत किसी ऐसे डॉक्टर या सर्जन की ख़िदमत बन जाती है जो रोग दूर करे परन्तु जो रोगी की क़दर न समझे।

शौक़ : अस्तित्त्व के तस्सवुर में दुःख-सुख या सोज़-ओ-गुदाज़ का अहसास

क्यों पैदा होता है ?

फ़िराक़ : निश्चय ही यह बहुत ललित और कोमल मर्म है। सौन्दर्यशास्त्र के लिए इस मर्म का मूल और केन्द्रीय महत्त्व है। आपके सवाल का एक जवाब तो यह है :

आफ़ताब आमद दलीले—आफ़ताब
(सूर्योदय सूर्य के अस्तित्त्व का प्रमाण है)

अर्थात, हमारे अन्तर्बोध के लिए या सौन्दर्यानुभूति के लिए इस दुःख-सुख या सोज़-ओ-गुदाज़ का विवेक ज़रूरी है, लेकिन जिन लोगों ने इसके लिए तर्क तलाश किए हैं, वे इस हक़ीक़त की तरफ़ इशारा करते हैं कि ज़िन्दगी की खुशी में ग़म के तत्त्व भी मौजूद रहते हैं। ग़म की परिपक्वता अस्तित्त्व की अनुभूति की सबसे महत्त्वपूर्ण स्थिति है। शेक्सपियर ने कहा है कि परिपक्वता ही सब कुछ है :

Ripeness is all.

यह तर्क भी दिया जाता है कि दृष्टिगोचर संसार अथवा स्थान और काल की घटना और कुछ नहीं बल्कि हक़ीक़त का अपने आप से जुदा होने का नाम है। जुदाई का यही अहसास और साथ ही साथ वास्तविकता से एकात्मा की अनुभूति अस्तित्त्व के दुःख-सुख का कारण है। यह दुःख-सुख असीमित नाटकीय अन्तर्दृष्टि को अपने अन्दर समेटे होता है। हमारा ही एक हिस्सा हमसे जुदा हो कर हमारी औलाद बन जाता है जिसके लिए हमारा प्यार-दुलार चुमकारों और आँसुओं की शक्ल में हमारे अन्दर गूँजता और झिलमिलाता है। काव्य-कला वस्तुतः सृष्टि के साथ प्रेम की कला का नाम है जो अपार हर्षोल्लास एवं दुःख-सुख की प्रदायिनी है। हाल ही में अपने दो शेरों में, मैंने इस तरफ़ इशारा किया है :

साज़-ऐ-नहनो अक़रब हम यक पयामे-तन्हाई,
आरे-आरे मीः शुदः जाँ जाने-जाँ नो मन तन्हा

(यह स्वर भी कि "हम बिल्कुल क़रीब हैं" अकेलेपन का एक सन्देश है, अरे हाँ। ऐ मेरी प्रियतम, तुम मेरे जीवन में आ गई, इससे भी मैं अकेला हो गया।)

हर बहार-ए-रंगा-रंग मातम-ए-जुदाई-हा,
अज़ किनार-ए-गुल ख़ेज़द खुशबू-ए-चमन तन्हा।

(बहुरंगी सुन्दर फूलों की प्रत्येक वसन्त ऋतु और कुछ नहीं, बल्कि गुलाब की पंखुड़ियों से वियोग का विलाप है। उपवन की सुगन्ध अकेले ही उठती है।)

समीपतम होने के बावजूद वास्तविकता से हमारी दूरी और बहुरंगी वसन्त ऋतु के बावजूद, फूल की पंखुड़ियों से उपवन की सुगन्ध के अलग होने का अहसास ही अस्तित्त्व के दुःख-सुख का एहसास है। इसी वियोग और अकेलेपन के अहसास से ही कविता के स्वर फूटते हैं।

23.7.1966

शौक़ : ज़िन्दगी और दुनिया में बेशुमार विषय हैं। इनमें शायरी के लिए कौन-से और कैसे विषय उपयुक्त और उचित हैं ?

फ़िराक़ : इस सवाल पर तो एक पूरी किताब लिखी जा सकती है। बातचीत में तो बहुत संक्षिप्त संकेत कर सकता हूँ। खाना-पीना या खाने-पीने की चीज़ें, अन्य शारीरिक आवश्यकताएँ एवं कार्य, बीमारियाँ, क्रय-विक्रय, वेतन या मज़दूरी, नौकरी पाना या नौकरी समाप्त हो जाना, पेन्शन पाना, महँगाई, साइकिल, बस या दूसरी गाड़ियों पर सफ़र, मक्खियाँ-मच्छर, नहाना-धोना, जूता-टोपी या लिबास से सम्बन्धित दूसरी चीज़ें ऐसी हैं जिन पर हल्की-फुल्की तुकबन्दी सम्भवतः हो जाए, लेकिन वास्तविक शायरी नहीं हो सकती। यह अजीब बात है कि हम स्त्री-पुरुष सम्बन्धों या यौन जीवन को सामान्यतः दुराचार मानते हैं किन्तु दुनिया भर की इश्क़िया शायरी की प्रेरणाएँ वासनात्मक और बेहतरीन इश्क़िया शायरी की जड़ें कामवासना तथा काम भावनाओं में फूटती हैं, फिर भी यह शायरी कितनी पाकीज़ा, कितनी मासूम, कितनी करुणा और भाव-विह्वलता से भरी, कितनी गहरी और कितनी बुलन्द, कितनी कोमल और कितनी मृदुल, कितनी मानवीय क्षमता बल्कि कितनी दिव्यता अपने अन्दर समेटे हुए होती है। मैंने इस समस्या पर कई बार ग़ौर किया है कि ऐसी इच्छा या ऐसा कार्य जिसका ग़ैर-काव्यात्मक बोध या व्यावहारिक पक्ष हमें आनन्दातिरेक से झूमने की स्थिति में नहीं लाता और जिससे हम किसी अच्छाई को निहित भी नहीं करते और जिससे अप्रियता के ही विचार उत्पन्न होते हैं, वह हमें इतना दिलकश और पाकीज़ा क्यों मालूम होता है ? इससे कुछ ऐसा अन्दाज़ा होता है कि यौन-जीवन या कामवासना की जड़ें तो हैवानियत में हैं, लेकिन इसके अन्दर बड़ी से बड़ी विवेकात्मक सम्भावनाएँ और व्यभिचार का काव्यात्मक बोध, इतना बुलन्द कैसे हो जाता है ? कुछ ऐसा मालूम होता है कि इन्सानी हुस्न और उससे पैदा होने वाली ख़्वाहिश का एक विवेकात्मक तस्सवुर हुआ करता है, एक सौन्दर्यबोध हुआ करता है, एक ज्ञानातीत कल्पना हुआ करती है जो सारी मलिनताओं और कपटों से मुक्त होती है। मलिनता से मृदुलता और स्वच्छता पैदा हो जाती है। लैंगिक क्रिया की कल्पना इश्क़िया शायरी में छोड़ दी जाती है और शारीरिक प्रेम एक कल्पना मात्र रह जाता है। यह कल्पना भौतिक सौन्दर्य की कल्पना होते हुए भी मात्र सौन्दर्य की कल्पना बन जाती है। रोटी खाने की क्रिया, कपड़े पहनने या कपड़े बदलने की क्रिया, कारोबारी ज़िन्दगी की क्रिया या इस प्रकार की अन्य क्रियाएँ जो किसी बुराई से सम्बन्धित नहीं होतीं, अपने में सौन्दर्यानुभूति अथवा काव्यात्मक सम्भावनाएँ नहीं रखतीं।

लेकिन किसी वर्णनात्मक कविता में अगर प्रकृति सौन्दर्य और रचनात्मक

शक्तियाँ इकट्ठी हो जाएँ, तो हमने जिन चीज़ों या कामों को अभी-अभी ग़ैर-काव्यात्मक बताया है, उनका काव्यात्मक चित्रण, हमें दुनिया के अदब में मिलता है। 'रूप' की रुबाइयों में मैंने घरेलू ज़िन्दगी की कई झलकियाँ दिखाई हैं और उनमें सौन्दर्यानुभूति उत्पन्न करने में मैं सफल रहा हूँ। लेकिन विशिष्टीकरण के लिए संक्षिप्तीकरण आवश्यक है। जैसे मरीज़ या बीमार व्यक्ति का लफ्ज़ तो काव्य का विषय बनाया जा सकता है किन्तु यदि यह बीमारी खाज-खुजली, फोड़ा-फुन्सी अथवा बदहजमी या पेट का दर्द है तो संक्षिप्त रूप में विस्तार के साथ इन ख़ास बीमारियों को हम शायरी का विषय नहीं बना सकते, किन्तु दर्द, कष्ट, बेचैनी या बुखार के शब्द काव्य के विषय हो सकते हैं और रहे हैं। ग़ौर करने की बात है कि ताप या बुखार की सौन्दर्यात्मक कल्पना क्यों सम्भव है और प्लेग तथा हैज़े की सौन्दर्यात्मक कल्पना क्यों सम्भव नहीं। किन्तु यदि प्लेग या हैज़ा महामारी के रूप में फैल जाए तो हम विस्तार में जाए बिना स्पष्ट रूप में ऐसी महामारी पर अच्छी नज़्में कह सकते हैं।

दौलतमन्दी या अमीरी काव्यात्मक विषय नहीं है। ग़रीबी काव्यात्मक विषय है। किन्तु धन कमाने की शानदार क्रिया और मानव परिश्रम के चमत्कार, उसकी रचनात्मक शक्ति काव्यात्मक विषय हो जाते हैं। 'धरती की करवट' नामक नज़्म में मैंने दौलत कमाने की काव्यात्मक या सौन्दर्यात्मक अनुभति पेश की है। 'दास्तान-ए-आदम' नामक नज़्म में भी खेती या अन्य साधनों से दौलत पैदा करने का काव्यात्मक चित्रण मैंने किया है। ऐसी शायरी इश्क़िया शायरी के बराबर हो जाती है।

किसी दृश्य को देखना या मानव सौन्दर्य को निहारना, हाथ-पाँव से काम करने या शारीरिक परिश्रम करने से एक अलग चीज़ है। क्रिया अथवा दृढ़ इच्छा शक्ति के जितने प्रदर्शन हैं, वे वस्तुतः या स्वयं में अपने सौन्दर्य की अनुभूति आसानी से हममें पैदा नहीं होने देते। लेकिन अगर हम कार्यात्मक जीवन से ऊपर उठकर कार्य का निरीक्षण करें और उसकी विवेकात्मक अनुभूति अपने अन्दर पैदा कर सकें, तो कार्य भी एक सौन्दर्यबोधक कल्पना बन जाता है। दिन में दस बजे के समय हम भारत के ऐसे लाखों व्यक्तियों की कल्पना कर सकते हैं, जो पैदल या विभिन्न सवारियों पर अपने कार्यालयों को जा रहे होते हैं, यह कल्पना एक सौन्दर्यानुभूति हो सकती है। इसी तरह सवेरे-सवेरे करोड़ों श्रमिकों का कारख़ाने में जाना भी एक सौन्दर्यानुभूति बन सकती है। मशीन तक एक शायराना चीज़ बन चुकी है। सलाम मछली शहरी की नज़्म "सड़क बन रही है" या इसी प्रकार अन्य भाषाओं में भी श्रमजीवियों का कारोबार काव्यात्मक रूप में प्रस्तुत किया जा चुका है। ऐसी नज़्में जितनी ही डूबकर कही जाएँगी, उनमें जितना अधिक स्नेहपूर्ण निरीक्षण होगा, उतना ही ये कविताएँ सौन्दर्यबोधक तथा ज्ञान के गुणों से भरपूर

होंगी। इसीलिए प्रेमात्मक कविताएँ या दृश्यात्मक कविताएँ अपेक्षाकृत अधिक सरलता से और अधिक एकाग्रता से कही गई हैं। क्योंकि क्रिया का बिखराव इनमें नहीं है। हाथ-पाँव चलाने से सौन्दर्यानुभूति में जो कठिनाई या रुकावट पड़ती है, वह प्रेमात्मक या दृश्यात्मक कविताओं में नहीं होती। फिर आए दिन के कारोबार में काम करने वालों के लिए वह कार्य कोई विवेकात्मक या सौन्दर्यबोधक प्रेरणा का स्रोत नहीं होता। एक प्रकार की सामान्यता आए दिन के कार्य में पाई जाती है। हाँ, यदि कार्य असाधारण हुआ जैसे महाभारत का युद्ध या दूसरे महाकाव्यों में वर्णित युद्ध, तो इनकी असाधारणता काव्य रचना में बड़ी सहायक होती है।

कवि कर्म को कार्य और कर्त्ता दोनों में एक साथ तालमेल पैदा करके पेश करता है और साथ ही क्रिया और कर्त्ता से अपने को अलग भी रखता है। कर्म का काव्यात्मक अवबोधन भी कवि को कर्म की बन्दिशों से मुक्त रखता है। फिर भी प्रकृति का काम, जो एक सुन्दर रूप प्रदान करता है या एक मनोरम दृश्य उत्पन्न करता है, मानव क्रिया से श्रेष्ठ है। इसके अतिरिक्त प्रकृति का कार्य अदृश्य स्वरूप का होता है। गुलाब के फूल को प्रकृति के बेशुमार काम उसका अस्तित्त्व प्रदान करते हैं। लेकिन हम प्रकृति को काम करते हुए या हाथ-पाँव चलाते हुए देखते नहीं। यही हाल सूर्य, चन्द्रमा और नक्षत्रों के अस्तित्त्व में आने का है। हम भौतिक जगत को मनुष्य की भाँति परिश्रम करते हुए देखते नहीं यद्यपि इनमें से प्रत्येक दृश्य की रचना, प्रकृति की अथाह और असंख्य शक्तियों की क्रियाओं का परिणाम होता है। मानव क्रिया में लुकाव-छिपाव नहीं होता। अदृश्य क्रिया नहीं होती। रहस्य नहीं होता। मानव क्रिया निर्माण अधिक है, सृजन कम। फिर प्रकृति की कार्य-प्रणाली में हमें किसी उद्देश्य का पता नहीं चलता। यहाँ क्रिया एक लीला या खेल बन जाती है। मानव पक्रिया में एक विशिष्ट और सीमित उद्देश्य होता है जो इस क्रिया से काव्यात्मकता को छीन लेता है। लेकिन मनुष्य भी प्रकृति का अंग है और जब हम प्रकृति या अस्तित्त्व के अदृश्य स्थल पर बैठकर मानव क्रिया की कल्पना करते हैं तो इस क्रिया में सौन्दर्यात्मक पक्ष नज़र आने लगते हैं। हम वसन्त में तो अपना दामन फाड़ सकते हैं, लेकिन किसी दफ़्तर या कारख़ाने को देखकर ऐसा नहीं कर सकते। ऐसी मानव क्रियाएँ जिनके परिणाम प्रकृति की क्रिया के अनुरूप हों, हमारे अन्दर काव्यात्मक प्रेरणाएँ अपेक्षाकृत जल्दी पैदा कर देती हैं। फिर कुछ मानव क्रियाएँ ऐसी भी होती हैं जो दूसरी मानव क्रियाओं की तुलना में हमारे लिए अधिक काव्यात्मक प्रेरणाएँ रखती हैं, जैसे पनघट पर औरतों का पानी भरना, एक प्रकार की क्रिया है जिसमें हमें बहुत शीघ्र काव्य प्रेरणा मिल जाती है। लेकिन एक क़साई जब किसी पशु का वध करता है या किसी होटल में बैरे जब खाना परोसते हैं तो इस प्रकार की क्रियाओं में हमें सरलता से काव्य प्रेरणा नहीं

मिल पाती। जोश मलीहाबादी ने किसान, मेहतरानी और जामुन बेचने वालियों पर बहुत ही बढ़िया नज़्में कही हैं। लेकिन किसी दर्ज़ी के काम पर या किसी वकील अथवा मुख़्तार के व्यवसाय या काम पर, किसी नाई या मालिश करने वाले के काम पर उन्होंने या किसी ने भी नज़्में नहीं कहीं। सम्भावना अवश्य है कि हम हर प्रकार के कार्यों पर विवेकशील एकाग्रता के साथ शायरी कर सकें।

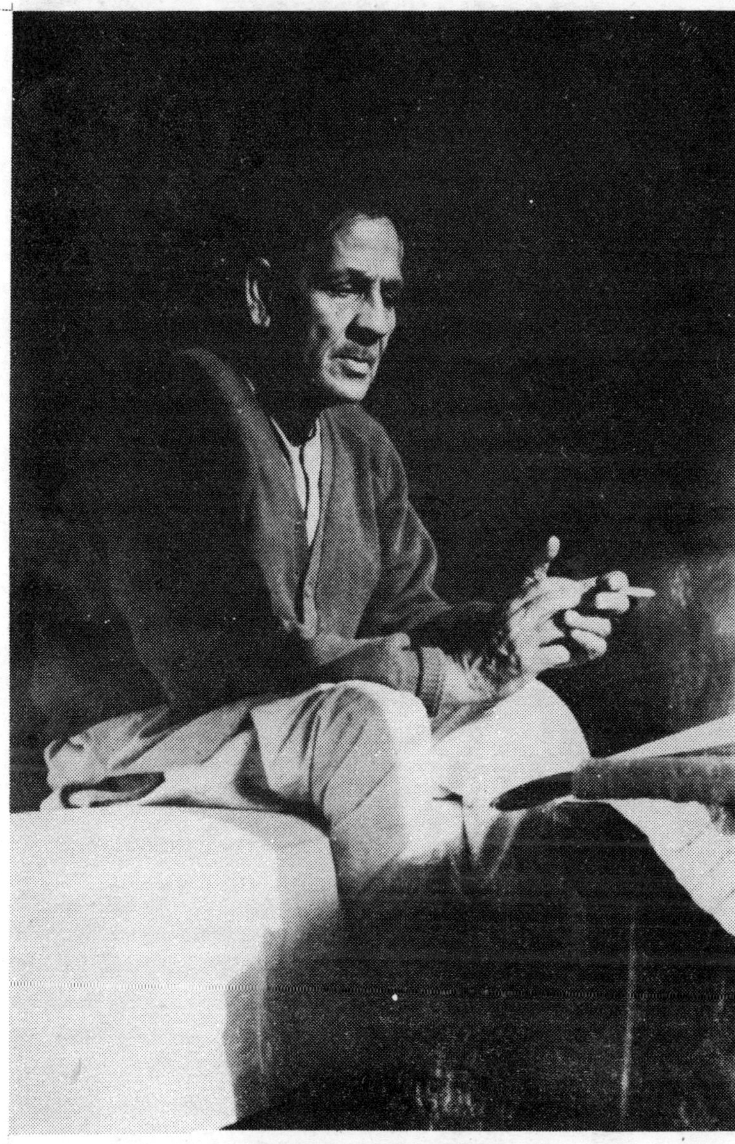

फ़िराक़ साहब किसी गहरी सोच में (1962)

फ़िराक़ साहब, राजभवन, जयपुर में, (1964)

उर्दू-हिन्दी तथा भाषाई विवाद

1.12.1959

शौक़ : हिन्दुस्तान टाइम्स में उर्दू और हिन्दी की समस्या को लेकर प्रकाशित आपके एक लेख ने हज़ारों देशवासियों के दिल और दिमाग़ को चौंका दिया है। ऐसा लगता है कि आपने विवाद को केवल कविता तक ही रहने दिया है। क्या हमारे देश में सैकड़ों विषयों की भाषा और परिभाषाएँ वहीं होंगी, जो उर्दू शायरी की हैं ?

फ़िराक़ : ज्ञान के विषय बदलते और तरक़्क़ी करते रहते हैं। किन्तु हज़ारों साल पहले की कामयाब शायरी और आज की शायरी या भविष्य में लिखी जाने वाली कामायाब शायरी हमारी ज़िन्दगी की और हमारी सांस्कृति की एक अटूट इकाई है। तुलसीदास के समय की बौद्धिक उपलब्धियाँ अब बहुत हद तक ख़त्म हो गई हैं लेकिन तुलसीदास का काव्य कभी अमान्य नहीं हो सका। इसलिए शायरी और शायरी की ज़बान संस्कृति और साहित्य की सबसे जीवन्त रग है। रही ज्ञान के विषयों की बात, तो ज्ञान के विषय गद्य के माध्यम से विकसित होते हैं और प्रत्येक भाषा में गद्य से पहले पद्यात्मक साहित्य की रचना होती है। मैंने माना कि संस्कृत की परिभाषाएँ और उसकी शब्दावली ज्ञान के विषयों के लिए आवश्यक होंगी। लेकिन उर्दू शायरी और गद्य ने खड़ी बोली का जो साँचा तैयार किया है उसे तोड़कर या बिगाड़ कर संस्कृतनिष्ठ गद्य भी बड़ी टेढ़ी-मेढ़ी चीज़ होगी। शायरी की ज़बान बुनियादी ज़बान है। ज़बान से मेरा तात्पर्य शब्दकोश नहीं बल्कि व्याकरण और पद-क्रम तथा पद-विन्यास से है जो शायरी की सबसे महत्त्वूपर्ण चीज़ हैं। गद्य लिखना भी हम शायरी से सीख सकते हैं। अगर हम खूबसूरत और अपेक्षाकृत संस्कृतनिष्ठ भाषा में ज्ञान के विषय को व्यक्त करने वाला गद्य लिखना चाहें तो भी हम मीर, ग़ालिब, अनीस, चकबस्त आदि के बनाए हुए साँचों को तोड़-मोड़कर अच्छा गद्य नहीं लिख सकते। इसीलिए मैंने शायरी को केन्द्रीय स्थान दिया था।

शौक़ : उर्दू शायरी और साहित्य की नींव ईरानी शायरी और साहित्य पर रखी गई है। भारत का भाषाई विकास इस प्रकार कैसे सम्भव हो सकेगा ?

फ़िराक़ : दीप से दीप जलता है। हज़रत ईसा की भाषा अरामयिक (ARAMAIC) थी लेकिन पवित्र बाइबिल की प्राचीनतम प्रति यूनानी भाषा में है। क़ुरान शरीफ़ की भाषा अरबी थी किन्तु अरबी ज्ञान साहित्य प्लेटो और अरस्तू या अन्य यूनानी लेखकों के अनुवादों के द्वारा विकसित हो सका। जब अंग्रेज़ी में पवित्र बाइबिल का अनुवाद हुआ तो अंग्रेज़ी गद्य का साँचा तैयार हुआ। हमें यह भी नहीं भूलना चाहिए कि जहाँ तक गद्य का सम्बन्ध है मानवता को किसी ऐसे साँचे की ज़रूरत है जो अन्तर्राष्ट्रीय हो। यूनानी गद्य ने दुनिया भर को गद्य की निधि प्रदान की। हिन्दी गद्य भी यूनानी गद्य का ही सहारा लेगा। भारत में गद्य का साँचा फ़ारसी ने तैयार किया। शब्दावली की और बात है। भारत की सभी भाषाओं ने अंग्रेज़ी गद्य का सहारा लिया है। उर्दू को दुहरा सहारा रहा है। जैसे यह 'आईन-ए-अकबरी' के गद्य के नमूने पर आधारित है और बाद में उर्दू गद्य ने अंग्रेज़ी गद्य का भी सहारा लिया। चाहे हम ज्ञान का साहित्य हिन्दी में लिखें या उर्दू में, गद्य का पद-क्रम और वाक्य-विन्यास एक ही होंगे। हिन्दी गद्य ग़ालिब के गद्य, मुहम्मद हुसैन आज़ाद के गद्य या उर्दू के अन्य प्रसिद्ध लेखकों के गद्य के साँचों को टेढ़ा-मेढ़ा करके कदापि नहीं बन सकता। खड़ी बोली हिन्दी, उर्दू से यह कह कर अपना पीछा नहीं छुड़ा सकती कि उर्दू तो फ़ारसी की नक़ल है। ऐंसा करके हिन्दी ने स्वयं अपना नुक़सान किया है। खड़ी बोली हिन्दी शायरी तो ख़ैर एक बिगड़ी हुई या बेजान चीज़ है ही हिन्दी गद्य भी हमें जानदार शैली के नमूने केवल इसलिए नहीं दे सका या बहुत कम दे सका कि इसने उर्दू गद्य के बनाए हुए नियमों पर उत्कृष्टता प्राप्त नहीं की थी। उर्दू को ठुकरा कर न हिन्दी शायरी उन्नति कर सकती है और न हिन्दी गद्य।

शौक़ : तो हिन्दी और उर्दू में अन्तर क्या रहेगा ?

फ़िराक़ : हिन्दी और उर्दू में क्या अन्तर रहेगा, यह बाद का प्रश्न है। बुनियादी हक़ीक़त यह है कि उर्दू और हिन्दी में लगभग पचास हज़ार हिन्दी शब्द समान हैं। तमाम मुहावरे भी समान हैं। खड़ी बोली के इन दो रूपों का व्याकरण एक है। क्रियाएँ एक हैं, पद-क्रम और वाक्य-विन्यास एक हैं, लेकिन उर्दू के प्रति दुश्मनी ने यह साँझी विरासत हिन्दी वालों से छीन ली है। हिन्दी गद्य और पद्य स्वयं हिन्दी वालों के लिए एक मुसीबत बन गई है। पहले उर्दू से एकरूपता और सामंजस्यता उत्पन्न करने की आवश्यकता है। उर्दू साहित्य से हिन्दी वालों को फ़ारसी की नक़ल नहीं बल्कि स्वयं हिन्दी सीखनी चाहिए।

रही बात अन्तर की। मैं यह मानता हूँ कि उर्दू ने अपने लिए और हिन्दी के लिए भी एक साँझा साँचा तैयार कराया है। लेकिन वह समान और साँझा

वातावरण जो हिन्दुओं और मुसलमानों की भारतीयता का प्रतिनिधित्व करे, उर्दू कभी बनाता है और कभी नहीं। हिन्दी वाले पहले उर्दू से अपनी भाषा सीखें इसके बाद अपनी भाषा और अपने साहित्य में संस्कृत के ऐसे शब्द लाएँ जिससे हिन्दुस्तान का वातावरण तैयार हो जाए। लेकिन संस्कृत के शब्दों का प्रश्न तो बाद में पैदा होता है। मुसीबत तो यह है कि उर्दू शायरी और गद्य साहित्य में जितनी और जैसी हिन्दी है वही हिन्दी वालों को नहीं आती और न इसे सीखने की कोशिश की जाती है।

रही बात संस्कृत के शब्दों की, तो संस्कृत की सारी शब्दावली बिल्कुल हमारे काम नहीं आ सकती। उर्दू का संसार फ़ारसी का संसार नहीं है, वह निश्चय ही हिन्दी का संसार है। खड़ी बोली हिन्दी का एक व्यक्त्वि है, बल्कि हिन्दी के जो दूसरे रूप हैं उनका भी एक व्यक्तित्व है, चाहे इनमें फ़ारसी के शब्द न होने के बराबर हों। मुझे खड़ी बोली हिन्दी के सभी लिखने वालों से यह शिकायत है कि उन्होंने हिन्दी के व्यक्तित्व को नहीं पहचाना। उर्दू वालों ने पहचाना। हिन्दी वाले न यह मान सके और न समझ सके कि संस्कृत के हज़ारों शब्द और वाक्यांश जो वे हिन्दी में ठूँस देते हैं, वे हिन्दी के अंग बन ही नहीं सकते। अनपढ़ हिन्दी बोलने वाले भी दो-तीन हज़ार अरबी-फ़ारसी शब्द जानते और बोलते हैं। इसके लिए उन्हें किसी विद्यालय या विश्वविद्यालय जाने की आवश्यकता नहीं पड़ी। किन्तु जो लोग संस्कृत में बी. ए. भी पास कर चुके हैं, वे दो-तीन हज़ार संस्कृत के शब्द तक नहीं जानते। नतीजा यह निकला कि अरबी और फ़ारसी शब्द-सम्पदा भाषा विज्ञान की दृष्टि से हिन्दी से ज़्यादा क़रीब है। फिर भी, यदि संस्कृत के वे शब्द उर्दू या हिन्दी में सम्मिलित किए जाएँ जो हिन्दी और उर्दू की समान शब्दावली से तालमेल खाते हैं तो इससे उर्दू और हिन्दी दोनों का लाभ होगा। मैं अब कुछ तथ्यों की ओर ध्यान आकर्षित कराना चाहूँगा :

1. उर्दू और हिन्दी के दो अलग नाम न होने चाहिए। उर्दू को भी हिन्दी कहना चाहिए।

2. इस सम्मिलित हिन्दी के कई रूप हों और सबको हिन्दी कहा जाए।

पहला रूप यह हो कि गद्य और पद्य में प्रायः 90 प्रतिशत हिन्दी शब्द और मुहावरे हों और दस प्रतिशत के लगभग उपयुक्त संस्कृत शब्द हों।

तीसरा रूप यह है कि लगभग 90 प्रतिशत हिन्दी शब्द और मुहावरे हों और लगभग दस प्रतिशत शब्द फ़ारसी-अरबी के हों। हिन्दी का इसके अलावा भी एक रूप हो, जिसमें या तो बीस-पच्चीस प्रतिशत संस्कृत के शब्द हों या बीस-पच्चीस प्रतिशत अरबी तथा फ़ारसी के शब्द हों। इन सभी रूपों में वाक्य-विन्यास और सम्बन्ध-तत्त्व में खड़ी बोली के उस साँचे का ख़याल रखा जाए, जिसके नमूने उर्दू साहित्य पेश कर चुका है। अन्तिम और सबसे बड़ा महत्त्वपूर्ण रूप हिन्दी का वह

होगा जिसमें इन समस्त रूपों को मिलाकर एक शानदार गंगा-जमुनी तैयार की जाएगी। उर्दू और हिन्दी दोनों से प्रेम रखने वाले अनिवार्य रूप से देवनागरी लिपि सीख लें, लेकिन लगभग 20 प्रतिशत लोगों के लिए यह आवश्यक होगा कि वे फ़ारसी लिपि से भी परिचित हों। अगर उर्दू या फ़ारसी लिपि से सब लोग अनजान हो गए तो इस देश में न तो कोई फ़ारसी जानने वाला रह जाएगा और न पाकिस्तान के उर्दू साहित्य से लोग सीधे रूप में परिचित हो सकेंगे और न भविष्य में कोई ग़ालिब या चकबस्त इस देश में जन्म ले सकेगा।

24.3.1964

शौक़ : पिछले कई महीनों से अंग्रेज़ी के मशहूर और बड़े से बड़े समाचार पत्रों में वर्तमान हिन्दी भाषा, हिन्दी साहित्य, हिन्दी के सर्वप्रसिद्ध कवियों की रचनाओं और पुस्तकों को आपने बहुत हद तक ग़लत और खराब बताया है। केवल हिन्दी पढ़ने वालों ही की संख्या आज देश में ढाई-तीन करोड़ तक होगी। इनमें लाखों ऐसे लोग होंगे जो केवल हिन्दी के ज्ञाता या हिन्दी के पक्षधर ही नहीं हैं, बल्कि हिन्दी से जिन्हें अत्यन्त प्रेम है। क्या इतने बड़े और इतने प्रभावपूर्ण क्षेत्र में आपके लेखों से प्रबल अप्रसन्नता और रोष ही नहीं, बल्कि कटु शत्रुता की भावनाएँ पैदा नहीं हो जाएँगी और इतने और ऐसे लोगों के दुश्मन बन जाने से स्वयं उर्दू को बड़ा नुक़सान नहीं पहुँचेगा ?

फ़िराक़ : आज से लगभग पच्चीस वर्ष पहले की बात है। इलाहाबाद से एक मासिक हिन्दी पत्रिका ''तरुण'' के नाम से प्रकाशित होती थी। इस पत्रिका के अनेक अंकों में 1942 में सनसनी पैदा कर देने वाले मेरे कई लेख प्रकाशित हुए थे। इनमें मैंने हिन्दी के कुछ प्रतिष्ठित कवियों और साहित्यकारों के विरुद्ध कठोरतम बातें कही थीं। मेरे इन लेखों से हिन्दी क्षेत्रों में एक खलबली-सी मच गई थी। मेरे नाम कई गुमनाम पत्र आए और कुछ ऐसे भी पत्र आए जो गुमनाम नहीं थे जिनमें मुझे मार डालने की धमकी दी गई थी। मेरे लेखों के कुछ उत्तर भी प्रकाशित किए गए थे, जिनमें केवल मुझे गालियाँ दी गई थीं। किन्तु मेरे तर्कों का कोई उत्तर नहीं दिया जा सका था। अब से अनुमानतः पाँच वर्ष पहले ''हिन्दुस्तान टाइम्स'' में "URDU WITHOUT PREJUDICE" शीर्षक से मेरा एक लेख प्रकाशित हुआ था जिसमें उर्दू से सम्बन्धित और हमारे मिले-जुले हिन्दु-मुस्लिम जीवन में, बल्कि कई दृष्टियों से केवल हिन्दुओं के जीवन में उर्दू की सांस्कृतिक, भाषाई और साहित्यिक महत्ता बताई गई थी। खड़ी बोली हिन्दी

साहित्य और भाषा के चीथड़े उड़ाकर रख दिए गए थे। पिछले 5-6 मास के भीतर हिन्दुस्तान टाइम्स, पैट्रियट, इण्डियन एक्सप्रेस और अंग्रेज़ी के अन्य समाचार पत्रों में मैंने फिर से खड़ी बोली, हिन्दी साहित्य और साहित्यकारों पर कठोर प्रहार किए, जिससे निश्चय ही बहुत से लोगों के दिलों को ठेस पहुँची होगी। सम्भव है, मुझे उर्दू का प्रतिनिधि समझकर बहुत से लोग उर्दू ही के ख़िलाफ़ हो गए हों या अगर पहले से खिलाफ़ थे तो और ज़्यादा खिलाफ़ हो गए हों। इस बहस में भारत के प्रसिद्ध नेता जो कभी उत्तर प्रदेश के मुख्यमन्त्री थे और जो अब राजस्थान के राज्यपाल हैं, अर्थात डॉ. सम्पूर्णानन्द ने भी भाग लिया और मेरे सम्बन्ध में अच्छे शब्दों का प्रयोग करते हुए बिना कोई दुश्मनी ज़ाहिर किए उन्होंने हिन्दी का समर्थन किया और उर्दू के विरुद्ध भी बहुत कुछ बातें कहीं, जिसकी प्रत्येक आपत्ति और प्रत्येक तर्क का उत्तर भी मैंने प्रकाशित कर दिया। यह है संक्षिप्त कहानी मेरे इन लेखों की जिन्हें हिन्दी शत्रुता पर आधारित कहा जा रहा है।

मैं पूरी एक चौथाई शताब्दी से ऐसा क्यों करता आ रहा हूँ ? पहली बात तो यह है कि मैं हिन्दुस्तान की ख़िदमत के लिए अपने आप को मिटा चुका हूँ, बल्कि बोलचाल की भाषा में अपना घर बल्कि अपना सब कुछ फूँक चुका हूँ। धन, दौलत, बड़ा पद, सन्तान और परिवार तथा सांसारिक जीवन को मिट्टी में मिला चुका हूँ। मेरी एक-एक साँस भारत की भलाई के लिए व्यय हो चुकी है, ख़ासकर भारत की भाषाई और सांस्कृतिक उन्नति तथा भलाई के लिए। दूसरी बात यह है कि निरन्तर 35 वर्षों तक कॉलेजों और विश्वविद्यालयों में एक अध्यापक के रूप में मेरी सेवाएँ रही हैं। मुझे उर्दू से कोई पक्षपाती प्रेम नहीं है। यदि प्रेम है तो भारत की वर्तमान पीढ़ी और आने वाली पीढ़ियों से। इनकी भाषा टेढ़ी-मेढ़ी न होने पाए और इनकी सोचने-समझने की शक्तियाँ क्षीण न हो जाएँ, यही मेरी ज़िन्दगी का, अब उम्र भर का, मक़सद रहा है। भारत को स्वतन्त्र कराना तो करोड़ों लोगों के जीवन का उद्देश्य रहा है और इस सम्बन्ध में मैं अपने लिए किसी विशिष्टता या विशेष योगदान का दावा नहीं कर सकता। लेकिन 18-20 करोड़ भारतीय ऐसे हैं जिनकी भाषा और जिनके बौद्धिक विकास का एकमात्र साधन वह भाषा है, जिसे हम कभी हिन्दी, कभी उर्दू और कभी हिन्दुस्तानी कहते हैं। अगर उसके फूहड़ रूप, अशिष्ट, अस्वाभाविक, टेढ़े-मेढ़े, अस्पष्ट और अर्थहीन प्रयोग हम अपने करोड़ों बच्चों को सिखाएँगे तो यह क़रीब-क़रीब आधे हिन्दुस्तान की बौद्धिक उन्नति या विकास को मिट्टी में मिला देगा और यदि हिन्दुस्तान के उन सभी भागों में भी जहाँ अन्य भाषाएँ बोली जाती हैं, बिगड़ी हुई खड़ी बोली के नमूने राष्ट्रभाषा के नाम पर प्रचलित किए गए तो इससे इतनी बड़ी हानि होगी जो उस हानि से कदापि कम न होगी जो गुलामी से पैदा होती है। विदेशी हुकूमत के अभिशाप से कहीं अधिक भयानक वह अभिशाप होगा जो हम बौद्धिक और मानसिक विकास के

द्वारा अर्थात भाषा को बिगाड़ कर मोल लेंगे।

इतनी बड़ी बात कहते हुए मेरे मन में उर्दू का अस्तित्त्व तक नहीं है। मैं इसके लिए तैयार हो सकता हूँ कि उर्दू भाषा बिल्कुल मिट जाए और तमाम उर्दू अदब नष्ट-भ्रष्ट हो जाए, किन्तु शर्त यह है कि भारत की अन्य भाषाएँ जैसे मराठी, बंगला, गुजराती, दक्षिणी भारत की भाषाओं में से कोई एक भाषा उर्दू का स्थान ले ले और तमाम हिन्दी और उर्दू क्षेत्र की भाषा बन जाए। अध्यापन मेरा व्यवसाय रहा है। उर्दू शायरी मेरा व्यवसाय कभी नहीं रहा। मैं भली-भाँति जानता हूँ कि जो हिन्दी गद्य और पद्य आज करोड़ों बच्चों को पढ़ाया जा रहा है या सिखाया जा रहा है और जिसे पढ़ाने और सिखाने के लिए लगभग लाख दो-लाख अध्यापक और प्राध्यापक रखे गए हैं, वह भाषा न करोड़ों बच्चों के ही पल्ले पड़ती है और न अध्यापकों और प्राध्यापकों के ही। इस तथाकथित भाषा में तो कोई भाषा है ही नहीं, सरकारी घोषणाएँ प्रकाशित होती हैं। विभागों के नियम और विनियम बनाए जाते हैं। हज़ारों प्रकार की घोषणाएँ छापी जाती हैं, जिनमें किसी वाक्य या अनुच्छेद का कोई सार नहीं होता और जो सर्वथा अस्पष्ट होते हैं। यह हमारे देश के लिए मामूली खतरा नहीं है। वर्तमान खड़ी बोली हिन्दी भाषा और साहित्य को विद्यालयों और कॉलेजों में अनिवार्य विषय बनाया गया है और इसे देख-पढ़ कर विद्यार्थियों और अध्यापकों में केवल घृणा की भावना उत्पन्न होती है।

हमारी शिक्षा और हमारे विभागों की कार्रवाइयाँ, सब एक काल्पनिक वस्तु बन कर रह गई हैं। सारा काम अटकल पच्चू से हो रहा है। मुझसे बड़ी-से-बड़ी परीक्षाओं के परीक्षकों ने कहा है कि हम परीक्षा देने वालों को पास करें या फेल करें। कुछ समझ में नहीं आता कि क्या करें ? क्योंकि परीक्षाओं की कापियों के वाक्यों या उत्तरों का अर्थ न सही होता है न ग़लत होता है, बल्कि यह होता है कि इन कापियों और उत्तरों का कोई अर्थ ही नहीं होता। अगर हम ईमानदारी से अंक दें तो सौ में से नब्बे परीक्षार्थी शून्य पाएँगे। लेकिन अगर हम ऐसी ईमानदारी बरतें तो शिक्षा विभाग में हाहाकार मच जाएगा।

अब तो एक हिन्दी वाला दूसरे हिन्दी वाले से बातचीत तक नहीं कर पाता, साधारण से साधारण बात नहीं कर पाता। क़ौम की क़ौम गूंगी बन रही है। प्रत्येक काम अनुमान से किया जा रहा है और हज़ारों कामों में इतनी बाधाएँ उत्पन्न हो गई हैं कि जीवन के कारोबार की गति इतनी सुस्त या बेजान हो गई है मानो पूरी क़ौम को लकवा मार गया हो।

बाबा ! उर्दू से भिन्न ही रखो हिन्दी को, उर्दू को मिटाकर कोई दूसरी हिन्दी बना लो लेकिन खुदा के लिए ऐसा तो करो कि तुम्हारी बनाई हुई भाषा में कुछ सोचना सम्भव रहे। राजपाट और जीवन का काम चलाना सम्भव हो। तुम्हारी भाषा में बोलने और सुनने वाले आपस में कुछ कह सकें और आपस की बातें समझ

सकें और इस भाषा में अर्थ स्पष्ट हो सके। यह दोष सूरदास, कबीरदास, तुलसीदास, गुरुनानक और प्राचीन हिन्दी के हज़ारों लेखकों की भाषा में नहीं है। दुनिया की किसी भाषा में यह खराबी नहीं है। और आज हमारे लाखों देशवासी भी इसी का रोना रो रहे हैं। कहा जाता है कि अब से 200 वर्ष पूर्व जब दिल्ली उजड़ रही थी उस समय उर्दू ही के नहीं सारे हिन्दुस्तान के सबसे बड़ा शायर 'मीर' रोज़गार की तलाश में दिल्ली से लखनऊ के लिए रवाना हुए। वे डाकगाड़ी में (रेल उस समय भारत में नहीं थी) एक सीट पर बैठकर लखनऊ जा रहे थे। एक नवाब साहब भी उसी डाकगाड़ी से लखनऊ की ओर जा रहे थे। वे मीर के पास बैठकर बहुत खुश हुए, लेकिन मीर उनसे खुलकर बातचीत कर ही नहीं रहे थे। इस पर उन्होंने कहा कि मैंने तो समझा था कि हिन्दुस्तान के सबसे बड़े शायर की संगति में रास्ता अच्छी तरह कटेगा। मीर ने उत्तर दिया, "आपका तो रास्ता अच्छी तरह कटेगा, लेकिन आपसे बातें करके मेरी भाषा खराब हो जाएगी और मैं अपनी भाषा भूल जाऊँगा।" जब हिन्दुस्तान के सबसे बड़े शायर का यह हाल है तो, उन करोड़ों बच्चों के दुर्भाग्य का आप अनुमान लगा लीजिए, जिन्हें तथाकथित हिन्दी के नाम पर ऐसे वाक्य, ऐसी कविता, ऐसी पुस्तकें पढ़नी पड़ती हैं।

वर्तमान खड़ी बोली हिन्दी में शायरी तो किसी काम की नहीं हुई, किन्तु गद्य की कुछ ऐसी पुस्तकें अवश्य लिखी गई हैं जो हिन्दी में हैं, उर्दू में नहीं हैं और जिनकी भाषा और शैली से मुझे कोई लड़ाई नहीं, क्योंकि ऐसी पुस्तकों के कुछ अर्थ और भाव तो होते हैं। इनसे हमारे ज्ञान में कुछ वृद्धि होती है। इनसे हम कुछ सोचना और समझना सीख सकते हैं, लेकिन इस क्षतिहीन हिन्दी में भी वर्णन सौन्दर्य की विशेषताएँ नहीं हैं, फिर भी यह सन्तोष है कि साहित्यिक विशेषताओं से वंचित रहकर भी इन हिन्दी पुस्तकों का अर्थ समझ में आ जाता है।

अब मैं यह निर्णय अपने देशवासियों पर छोड़ता हूँ कि मुझे एक ऐसा व्यक्ति समझा जाए या न समझा जाए जो ज़बरदस्ती भारत पर उर्दू को लादना चाहता है या जो उर्दू से भिन्न किन्तु उचित और सार्थक हिन्दी का शत्रु है या नहीं है।

जीवन में सोद्देश्यता और औचित्य का भी एक महत्त्वपूर्ण स्थान है, लेकिन कभी-कभी औचित्य से काम नहीं चलता और उसी रो मैं सार्थक हिन्दी लिखने वालों को देश का सेवक समझता हूँ। वे उर्दू-सेवक हों या न हों लेकिन अर्थहीन हिन्दी लिखने वालों को मैं वतन का दुश्मन समझता हूँ।

मैं सबको विश्वास दिलाना चाहता हूँ कि छोटापन, ईर्ष्या, द्वेष या व्यक्तिगत शत्रुता की कोई भावना हिन्दी के इन प्रसिद्ध वर्तमान शायरों के विरुद्ध मेरे दिल में नहीं है और न ऐसी हिन्दी के विरुद्ध कोई भावना मेरे अन्दर है जो स्वाभाविक हो और जिसका कोई अर्थ और भाव हों। मैं ऐसी हिन्दी को उर्दू से कहीं अधिक प्रिय मानता हूँ। मेरी रगों में भी हिन्दू खून है और मेरे पूरे परिवार का गहरा सम्बन्ध

आर्यसमाज से रहा है।

शौक़ : हम लोगों को यह जानने का बड़ा शौक़ है कि आपको किन हिन्दी लेखकों की भाषा और विचार अधिक से अधिक पसन्द आए और अधिक से अधिक अच्छे लगे ?

फ़िराक़ : सबसे पहले मैं महर्षि दयानन्द सरस्वती का नाम लूँगा। स्वामी जी की मातृभाषा गुजराती थी। लेकिन वे बहुत बड़े महात्मा और महापुरुष थे और संस्कृत के तो वे अथाह सागर थे। वे टेढ़ी-मेढ़ी हिन्दी लिख ही नहीं सकते थे। उनकी विद्या ने उनकी हिन्दी को अत्यन्त आकर्षक बना दिया है। फिर मैंने स्वामी श्रद्धानन्द के भी कुछ हिन्दी लेख देखे हैं, जो बहुत जानदार हैं। इन्द्र विद्यावाचस्पति ने नेपोलियन और बिस्मार्क की जीवनियाँ लिखी हैं। यदि ऐसी भव्य हिन्दी सब हिन्दी वाले लिखते तो हिन्दी का भी और हमारे देश और हमारी संस्कृति का भी बड़ा कल्याण होता। हमारी भाषा और हमारे विचारों का स्तर बहुत ऊँचा हो जाता। इन्द्र विद्यावाचस्पति के सम्पादन में 'सर्व-धर्म प्रचारक' नामक हिन्दी अख़बार की भाषा ने मेरे मन पर गहरी छाप छोड़ी है। लाला लाजपत राय के बहुत से लेख, अगर्चे मैंने उर्दू लिपि में पढ़े हैं, लेकिन उनकी भाषा भी अत्यन्त सुन्दर हिन्दी का अति उत्कृष्ट नमूना होती थी। स्वामी सत्य देव परिब्राजक की हिन्दी पुस्तकों में भी बड़ा आकर्षण होता था। मैंने आर्यसमाज के सैकड़ों अधिवेशनों में भाग लिया है। ऐसे अवसरों पर उपदेशकों और संन्यासियों या विद्वानों के भाषण निहायत पाकीज़ा और शुद्ध हिन्दी के नमूनों का उदाहरण प्रस्तुत करते थे। गुरुकुल के बहुत से स्नातक मेरे घर पर अतिथि रह चुके हैं और उनकी रचनाओं को मैंने ध्यान से पढ़ा है। किसी को हिन्दी सीखनी हो तो इन स्नातकों की रचनाएँ पढ़ें। पं. माखन लाल चतुर्वेदी की हिन्दी शायरी में तो रचना कौशल और वर्णन सौन्दर्य मुझे अधिक नहीं मिला, लेकिन उनके हिन्दी गद्य पर मैं उर्दू गद्य के बहुत से अच्छे नमूनों को निछावर करने को तैयार हूँ। गणेशशंकर विद्यार्थी बहुत ही जानदार हिन्दी लिखते थे। पं. पद्मसिंह शर्मा की हिन्दी पर भी मैं बार-बार आनन्द से झूम उठा हूँ। आजकल के लिखने वालों में वृन्दावन लाल, नागर जी, हजारी प्रसार द्विवेदी और बहुत से अन्य हिन्दी लेखकों ने हिन्दी गद्य के निहायत अच्छे नमूने पेश किए हैं। स्वयं मेरे हिन्दी गद्य की कई हिन्दी प्रेमियों ने काफी सराहना करने की कृपा की है, जिससे मुझे प्रोत्साहन मिला है। मैंने अच्छी हिन्दी लिखने वालों की बहुत अधूरी सूची प्रस्तुत की है लेकिन मुझे इस सम्बन्ध में तीन बातें कहने की आवश्यकता प्रतीत होती है :

1. यदि हिन्दी गद्य लिखने वालों की संख्या हम न्यूनाधिक एक हज़ार रखें, तो हम पाएँगे कि इनमें पचास-साठ ही ऐसा गद्य लिखते हैं, जिसे हम हिन्दी का सुन्दर नमूना कह सकते हैं। बाक़ी सारे लेखक अत्यन्त सड़ी-गली हिन्दी लिखते हैं।

उर्दू में यह बात नहीं। उर्दू लिखने वाले यदा-कदा ही खराब भाषा लिखते हैं। यह और बात है कि प्रत्येक उर्दू लिखने वाला या अधिकतर उर्दू लेखक कोई बड़ी बात न कहते हों। उर्दू सीखने वाले अच्छी भाषा लिखना सीख जाते हैं, लेकिन जैसा कि मैं पहले कह चुका हूँ कि पिछले पच्चीस-तीस वर्षों से हमारे हज़ारों विद्यालयों और कॉलेजों में बहुत बड़ी संख्या ऐसे अध्यापकों की आ गई है जो अच्छी भाषा का प्रयोग करना नहीं जानते और हमारे हिन्दी छात्रों को भी पाठ्य-पुस्तकों में सामान्यतया बड़ी खराब हिन्दी पढ़नी पड़ती है।

2. गम्भीर और संजीदा ज़बान तो अच्छी हिन्दी लिखने वाले लिख लेते हैं, लेकिन हल्की-फुल्की प्रवाहयुक्त, टक्साली और बोलचाल की ज़बान के जो नमूने हमें उर्दू गद्य में मिलते हैं, ऐसे नमूने हमें हिन्दी गद्य में नहीं मिलते। आख़िर, हर बात तो दर्शन, धर्मशास्त्र या उपदेश नहीं हो सकती। उपन्यास, कहानियाँ, नाटक और इसी प्रकार गद्य की अनेक विधाएँ हैं, जिनमें सामान्यतया संस्कृतनिष्ठ शैली भारीपन का अहसास करा देती है। खुद प्रेमचन्द के उर्दू अफ़सानों और नॉवलों का जब हिन्दी में अनुवाद हुआ तो उनकी ज़बान और उनकी शैली बहुधा किसी क़दर बिगड़ गई है। विशेषकर हास्य-विनोद और व्यंग्यात्मक लेखों के अच्छे नमूने हिन्दी गद्य में हमें नहीं मिलते।

3. खड़ी बोली हिन्दी में जैसा कि मैं अभी-अभी बता चुका हूँ, अच्छे गद्य के तो हमें हज़ारों पृष्ठ मिल जाते हैं लेकिन जहाँ हिन्दी से प्रेम ने, हिन्दी पर जो हमले करने पर मुझे मजबूर किया है (प्रेम ने, न कि घृणा ने) वह खड़ी बोली हिन्दी शायरी है। गद्य में तो बड़े-बड़े संस्कृत शब्द यदि विधिपूर्वक लाएँ तो कभी-कभी काम चल जाता है, लेकिन प्रत्येक अवसर पर गद्य में भी संस्कृत शब्दों की मिलावट से काम नहीं चलता। शयरी में संस्कृत शब्दों को हिन्दी शब्दों से मिलाकर कामयाब नमूने कोई भी नहीं पेश कर सका है। इसी से जब देवनागरी अक्षरों में उर्दू शायरी छपती है तो हिन्दी पढ़ने वालों में हिन्दी शायरी को पसन्द करने वालों की तुलना में उर्दू शायरी का आनन्द लेने वालों की संख्या सैकड़ों गुणा अधिक हो जाती है।

शौक़ : हिन्दी से मोहब्बत करने वाले हमारे लाखों देशवासी भी आपके विचारों की सच्चाई का अनुभव करते हैं। इन सारे दोषों के उपचार के लिए आप क्या उपाय सुझाते हैं ?

फ़िराक़ : इन दोषों का उपाय यह कदापि नहीं कि हिन्दी को मिटा दिया जाए और सिर्फ़ उर्दू का ही राग अलापते रहें। मैं हिन्दी को फलता-फूलता देखना चाहता हूँ। लेकिन हमारे विद्यालयों और कॉलेजों में हिन्दी भाषा में और हिन्दी भाषा के माध्यम से भयानक हद तक जितनी और जैसी खराब शिक्षा दी जा रही है उससे भयभीत होकर आज मामूली हैसियत तक के हज़ारों लोग अपने बच्चों को उन स्कूलों में भेज रहे हैं जहाँ शिक्षा का खर्चा कई गुणा अधिक है लेकिन जहाँ शिक्षा

का इन्तज़ाम अंग्रेज़ों के हाथ में है या शिक्षा पद्धति योरोप के नमूने पर चलाई जा रही है।

लोगों को अहसास हो चुका है कि हिन्दी जानने वाले मास्टर या अध्यापक हज़ारों की संख्या में अधिकतर गँवार लोग रखे गए हैं। प्रचलित हिन्दी के विरुद्ध मेरी यह कड़ी से कड़ी व्यावहारिक आलोचना है। लोग इस बात को अच्छी तरह जानते हैं कि इन हिन्दी ज्ञाता मास्टरों को सौंप कर अपने बच्चों को कौन गँवार और मूर्ख बनाए।

लगभग 150 वर्ष पहले तक उर्दू साहित्यकारों और शायरों को उर्दू के अलावा अच्छी तरह बहुत मेहनत के साथ फ़ारसी सीखनी पड़ती थी जिसके नतीजे में ये लोग ख़ूबसूरत उर्दू लिखते थे। इसी तरह जब तक कोई व्यक्ति संस्कृत में एम. ए. न पास कर ले उसे हिन्दी का मास्टर या प्राध्यापक या अधिकारिक लेखक नियुक्त न किया जाए और न माना जाए। दूसरा उपाय यह है कि अधिक से अधिक हिन्दी पढ़ाने वालों और लिखने वालों को उर्दू से भली-भाँति परिचित करा दिया जाए बल्कि उन्हें उर्दू की परीक्षाएँ पास करने पर मजबूर किया जाए। इस प्रकार हज़ारों हिन्दी शब्द और मुहावरे तथा वाक्यांश जो बिल्कुल फ़ारसी या अरबी मिश्रित नहीं हैं, बल्कि टक्साली हिन्दी के बेहतरीन नमूने हैं, हिन्दी वाले सीख लेंगे और उन्हें खड़ी बोली पर अधिकार प्राप्त हो जाएगा। एक लम्बी अवधि से हिन्दी के बड़े-बड़े पक्षधर यह महसूस करने लगे हैं कि बिना भली-भाँति उर्दू जाने कोई खड़ी बोली हिन्दी भी नहीं जान सकता।

इंग्लैण्ड में हर प्रकाशक बड़ी-बड़ी धनराशि देकर अपनी प्रकाशित होने वाली पुस्तकों की पाण्डुलिपि को प्रसिद्ध साहित्यकारों को दिखाता है। यही काम हमारे हिन्दी के प्रकाशक भी करें, विशेषकर निम्न कक्षाओं से लेकर एम. ए. तक की पाठ्य पुस्तकों को न तो लेखक की दयादृष्टि पर छोड़ा जाए और न प्रकाशक की ही बल्कि उपयुक्त लोगों की समितियाँ बना दी जाएँ या रीडर नियुक्त किए जाएँ जो पर्याप्त पारिश्रमिक पाकर पहले पाण्डुलिपियाँ पढ़ें और तभी वे पाण्डुलिपियाँ छापी जाएँ। उर्दू ने बहुत पापड़ बेले हैं तब किसी योग्य हुई है। हिन्दी प्रेमियों को निष्क्रियता, अकर्मण्यता, लापरवाही, सहज सुलभता और जल्दबाज़ी से काम नहीं लेना चाहिए। यह भी बहुत ज़रूरी है कि हिन्दी के कार्य में 95 या 98 प्रतिशत वरिष्ठ भागीदार हिन्दी को बनाया जाए और यह हिन्दी ख़ूबसूरत, आकर्षक और टक्साली हिन्दी हो। आज हिन्दी के बहुत-से लेखों में उल्टे-सीधे ढंग से लाए गए संस्कृत के शब्दों को तो वह स्थान दिया गया है जो अपने समाज में ब्राह्मणों को देते हैं, हिन्दी शब्दों को वह स्थान दिया गया है जो हम शूद्रों को देते हैं। हिन्दी वाले उर्दू से नफ़रत करते-करते खुद हिन्दी से नफ़रत करने लगे हैं। यह प्रवृत्ति हिन्दी को मिटा कर रख देगी। बड़ी मुसीबत तो यह है कि जिस उर्दू में हम विदेशी तत्त्वों

को छाया हुआ समझते हैं उसी उर्दू में हिन्दी की तुलना में अधिक हिन्दी शब्द आते हैं। उर्दू का सौन्दर्य कभी-कभी फ़ारसी या अरबी शब्दों पर निर्भर होता है और अधिक से अधिक अवसरों पर ठेठ हिन्दी शब्दों पर। हिन्दी वालों का यह अच्छा हिन्दी प्रेम है कि हिन्दी का ढिंढोरा भी पीटें और हिन्दी से नफ़रत भी करें। अरबी-फ़ारसी के वे शब्द जो अनपढ़ लोगों से लेकर बड़े-बड़े पण्डित भी धड़ल्ले से बोलते हैं और समझते हैं उनका बहिष्कार भी हिन्दी में न किया जाए। अंग्रेज़ों ने हिन्दी और उर्दू को लड़ाकर हिन्दुओं और मुसलमानों को लड़ा दिया और जो सांस्कृतिक संगम क़ायम हो रहा था उसकी तरक़्क़ी होने से रोका। लल्लू लाल ने "सुख सागर" की भूमिका में लिखा है कि "गिलक्राइस्ट के आदेश से मैं इन शब्दों का बहिष्कार कर रहा हूँ।" इस आदेश को हम शहद और अमृत समझकर निगल गए लेकिन यह आदेश ज़हर था।

मेरा यह सुझाव हिन्दी को हिन्दुस्तान की सबसे बड़ी भाषा बनाने में सहायक होगा। अगर हम इन उपायों को अमल में नहीं लाए तो हिन्दी भारत की सबसे ख़राब और कमज़ोर भाषा होकर रह जाएगी। अब आप मुझे चाहें तो हिन्दी का दुश्मन समझें और चाहें तो हिन्दी का दोस्त।

10.3.1965

शौक़ : भारत में कई भाषाएँ बोली जाती हैं और प्रत्येक में गद्य और पद्य का साहित्य है। यदि भारत के विभिन्न भागों और विभिन्न भाषाओं के लोग आपस में बातचीत और विचार-विनिमय करना चाहें तो इसके लिए कौन-सी भाषा काम देगी ? इस काम के लिए हमारे संविधान में हिन्दी को चुना गया है। लेकिन जब 26 जनवरी, 1965 ई. के बाद इसे बरतने की कोशिश की गई तो दक्षिणी भारत और बंगाल में उपद्रव हुए। अब इस दिशा में क्या करना मुमकिन और मुनासिब है ?

फ़िराक़ : अगर यह सवाल अकबर महान के समय में या अब से 300 वर्ष पहले उठाया गया होता तो सारा भारत और उसका प्रत्येक राज्य अन्तरप्रान्तीय और अखिल भारतीय उद्देश्यों के लिए हिन्दी का चयन कर लेता और इसे बड़ी सफलता के साथ बरत भी लेता क्योंकि भारत का चप्पा-चप्पा व प्रत्येक भाग गंगा-जमुना के दोआबा को भारत का हृदय और फेफड़ा मानता है। जब यह दोआबा साँस लेता है, तो पूरा भारत साँस लेता है। यहीं सुसंस्कृत भाषा और साहित्य का सृजन हुआ और उसका विकास हुआ। यहीं हमारे महाकाव्य अर्थात रामायण और

महाभारत लिखे गए। इनके नायक यहीं के थे। यहीं लगभग सभी तीर्थस्थान, यहीं शास्त्र-पुराण, स्मृतियाँ और संस्कृत साहित्य की अन्य अमर रचनाएँ अस्तित्त्व में आईं और हिन्दी से पहले यहीं के सम्भ्रान्त वर्ग की संस्कृत भाषा एवं साहित्य को भारत के कोने-कोने में ही नहीं बल्कि काबुल तक में स्वीकार कर लिया गया था। महात्मा बुद्ध ने भी सारे भारत में पाली भाषा को प्रचलित किया। लेकिन इसमें बड़ा साहित्य पैदा नहीं हो सका।

मुसलमानों के वक़्त में सारे भारत में पढ़े-लिखे लोगों की भाषा या वह भाषा जिससे उनका भली-भाँति परिचय था, फ़ारसी हो गई थी और यही सारे भारतवर्ष के शासन की भी भाषा रही। आज भी दक्षिण भारत की भाषाओं में प्रशासनिक और सरकारी कामों के लिए फ़ारसी के शब्द प्रचलित हैं। बंगाल, गुजरात और महाराष्ट्र में भी यही स्थिति है। फ़ारसी के बाद शासन की भाषा के दो भाग हो गए। बहुत-से उद्देश्यों के लिए तो अंग्रेज़ी का प्रयोग होने लगा। शेष उद्देश्यों के लिए तो स्थानीय भाषाएं ही प्रयुक्त होती रहीं लेकिन पारिभाषिक शब्दावली फ़ारसी की रही।

जैसा कि मैंने अभी कहा है कि अब से लगभग 300 वर्ष पहले अखिल भारतीय उद्देश्यों के लिए हिन्दी भाषा प्रचलित की जा सकती थी और इस हिन्दी में अधिकतर और बड़ी मात्रा में फ़ारसी, अरबी के शब्द राजनीतिक और प्रशासनिक कार्यों के लिए काम में आ सकते थे।

शौक़ : अगर 300 वर्ष पहले हिन्दी भाषा अनुमानतः एक हज़ार फ़ारसी, अरबी परिभाषाओं के साथ काम में लाई जा सकती थी तो क्या आज ऐसा नहीं हो सकता ?

फ़िराक़ : आज स्थिति बहुत जटिल हो गई है। अब से 300 वर्ष पहले जो भाषा केन्द्रीय सरकार की होती वह केवल कुछ उद्देश्यों के लिए विभिन्न प्रान्तों या क्षेत्रों में इस्तेमाल होती और स्थानीय भाषाओं को कोई बड़ी हानि न होती। आज केन्द्रीय सरकार से सीधा सम्बन्ध रखने वाली बहुत-सी संस्थाएँ स्थापित हो चुकी हैं जैसे, रेलवे, तारघर, डाकखाने, हाईकोर्ट, इन्जीनियरी विभाग, कृषि विभाग, गृह एवं विदेश व्यापार विभाग, विश्वविद्यालय, शोध संस्थान, चिकित्सा संस्थान, अनुसन्धान केन्द्र, परमाणु ऊर्जा विभाग, खनिज विभाग, सेना तथा उससे सम्बन्धित संस्थान, विमानन और नौवहन प्रतिष्ठान, अखिल भारतीय सेवाओं से सम्बन्धित संस्थाएँ और उनकी परीक्षाओं के लिए आयोग और इसी प्रकार की दर्जनों और अत्यन्त महत्त्वपूर्ण संस्थाएँ। इसलिए आज इस बात की आशंका या डर पैदा हो गया है कि अगर किसी एक प्रान्त की भाषा या हिन्दी को अखिल भारतीय प्रयोजनों के लिए प्रयोग में लाया गया तो देश की अन्य भाषाओं पर बहुत बड़ा दबाव पड़ेगा।

दूसरी कठिनाई यह है कि जिसकी ओर मैं पहले इशारा कर चुका हूँ, हिन्दी

या देश की अन्य भाषाएँ इतनी विकसित नहीं हैं कि आज के ज्ञान-विज्ञान और शासन की समस्त परिभाषाएँ हिन्दी या सभी भारतीय भाषाओं में पाई जाएँ। ख़ालिस अदब को छोड़िए, ज्ञान के साहित्य के लिए हज़ारों पुस्तकों की आवश्यकता है, शब्दकोशों की आवश्यकता है। विश्वकोशों की आवश्यकता है। हम जिस भाषा को अखिल भारतीय भाषा बनाएँ उसमें अनुमानतः 50 हज़ार उच्च ज्ञान की पुस्तकों की आवश्यकता है। आज सैकड़ों नए ज्ञान संसार में उन्नति कर चुके हैं और शासन भी ज्ञान के इन विषयों के बिना चलाया नहीं जा सकता। ज्ञान के ये विषय केवल अंग्रेज़ी के द्वारा आज हमें प्राप्त हो सकते हैं। इस कार्य में हिन्दी इतनी ही कमज़ोर और निर्धन है जितनी भारत की अन्य भाषाएँ। रुपए-पैसे के अतिरिक्त ज्ञान की भी एक दौलत होती है। अब से 300 वर्ष पहले शासन बहुत मामूली ज्ञान के बलबूते पर चलाया जा सकता था। आज ऐसा करना असम्भव है। हमारे अन्तर्राष्ट्रीय सम्बन्ध भी बहुत बढ़ चुके हैं और बढ़ते चले जाएँगे। 300 वर्ष पहले अन्तर्राष्ट्रीय सम्बन्ध नाममात्र के थे। आज के अन्तर्राष्ट्रीय सम्बन्धों ने हमारे लिए अंग्रेज़ी जानना अनिवार्य बना दिया है। इतना ही नहीं, आज प्रत्येक उदार भारतीय यह समझने लगा है कि भारत की कोई भी भाषा जानकर और अंग्रेज़ी न जानकर भारतीय भाषाओं में उच्च कोटि का और क़ीमती ख़ालिस अदब को भी पैदा नहीं किया जा सकता। अर्थात, अंग्रेज़ी जानने वाला वर्ग ही भारतीय भाषाओं के बड़े साहित्यकार उत्पन्न कर सकता है।

अखिल भारतीय भाषा की समस्या भी बड़ी जटिल समस्या है। इसी से दक्षिण भारत और देश के अन्य भागों में रक्त-पात और आगज़नी की घटनाएँ हाल ही में हुईं। लोगों ने महसूस किया कि हिन्दी को अखिल भारतीय उद्देश्यों के लिए अंग्रेज़ी के स्थान पर लागू करना ऐसा ही है जैसे कि रेलगाड़ी या वायुयान के बदले हम छकड़े को अपना लें या टूटे पहिए वाली गाड़ी को अपना लें या लँगड़े पशुओं से सवारी का काम लें। अब ऐसी स्थिति में क्या किया जाए ? अगर हम समस्या की जटिलता को समझकर आगे क़दम बढ़ाएँ तो यह समस्या सुलझ सकती है। लेकिन इसे सुलझाने में कम-से-कम 50 वर्षों तक अथक और क्रमबद्ध रूप से प्रयत्न करने होंगे। नरम और चलती-फिरती हिन्दी जिसमें हज़ारों अरबी-फ़ारसी के सरल शब्द भी हों, सारे भारत में प्रचलित करने से पहले करोड़ों बच्चों को सिखाई जाए जो मातृभाषा के अतिरिक्त हो। साथ ही साथ कम-से-कम 15-20 प्रतिशत नगरों और क़स्बों में रहने वाले बच्चों को अंग्रेज़ी भी सिखाई जाए। इस प्रकार पूरे देश की जनसंख्या को दृष्टि में रखते हुए तीन-चार प्रतिशत लोग मातृभाषा के अलावा दो और भाषाएँ सीख लें अर्थात, हिन्दी और अंग्रेज़ी। इस प्रकार अगले 50 वर्षों तक अखिल भारतीय शासन की भाषा और अखिल भारतीय संस्थाओं की भाषा बहुत-से अति महत्त्वपूर्ण कार्यों में अंग्रेज़ी और केवल अंग्रेज़ी होगी और साथ ही

साथ मामूली बातचीत या विचार-विनिमय पचास वर्ष बाद हिन्दी के माध्यम से किया जा सकेगा।

मुझसे एक बार महापण्डित राहुल सांकृत्यायन ने कहा था कि संस्कृत या केवल भारत की किसी जनभाषा का ज्ञान प्राप्त कर या केवल संस्कृत या एक जनभाषा जानकर इस ज़माने में सैकड़ों वर्षों तक कोई विद्वान नहीं बन सकता और उच्च योग्यता प्राप्त नहीं कर सकता। ज्ञान तो बिना अंग्रेज़ी के आ ही नहीं सकता। रही बात केन्द्रीय सरकार की राजभाषा की या लोकसभा की कार्रवाइयों की भाषा की, तो वह पचास वर्ष की अनथक कोशिशों के बाद हिन्दी हो सकेगी। हमें इस जटिल और पहलूदार समस्या को सीधी-सादी समस्या नहीं समझना चाहिए। अभी तो भारत के वे अट्ठारह-बीस करोड़ लोग जिनकी भाषा हिन्दी है, उनमें लगभग 90 प्रतिशत बिल्कुल अनपढ़ हैं और हिन्दीभाषी जनसंख्या को विधिवत हिन्दी में शिक्षित करने के लिए 50 वर्ष से कम नहीं लगेंगे। जब शिक्षित हिन्दी ज्ञाता लोगों की तीन पीढ़ियाँ गुज़र चुकेंगी तब ग़ैर-हिन्दीभाषी हिन्दुस्तानी हिन्दी सीखने के लिए अधिक प्रवृत्त होंगे।

चाहता मैं भी हूँ और दिल से चाहता हूँ कि किसी क़दर फ़ारसी-अरबी शब्द मिश्रित चलती-फिरती नरम हिन्दी जो किसी क़दर संस्कृतनिष्ठ भी हो, अखिल भारतीय उद्देश्यों के लिए, अगर देश के हर गाँव में नहीं तो हर शहर और हर बड़े क़स्बे में सौ प्रतिशत आदमी अच्छी तरह बोल और समझ सकें। लेकिन यह काम उकताने से नहीं होगा। यह काम धीरे-धीरे और सावधानी से होगा। अगली शताब्दी के मध्य तक हिन्दुस्तान भर में हिन्दी फैल चुकेगी। लेकिन देश का दो-तीन प्रतिशत उच्च शिक्षा प्राप्त वर्ग वही होगा जो अपनी मातृभाषा के अलावा हिन्दी और अंग्रेज़ी दोनों में पर्याप्त रूप से दक्ष हो। धीरे-धीरे हिन्दी ज्ञान-विज्ञान की भाषा भी बनती जाएगी और उसमें हिन्दी साहित्य भी पैदा होता चला जाएगा। पूरे योरोप में सदियों तक ज्ञान-विज्ञान की भाषाएँ स्थानीय या देशों की अपनी-अपनी भाषाएँ नहीं थीं, बल्कि यूनानी और लैटिन भाषाएँ थीं। इन देशों की भाषाओं को तीन-चार शताब्दियाँ ज्ञान-विज्ञान की भाषाएँ बनने में लगी हैं और हम हैं कि दुनियाभर से ज्ञान के क्षेत्र में पिछड़े होते हुए भी 15 वर्षों में हिन्दी को ज्ञान-विज्ञान की भाषा बना देना चाहते हैं। सिर्फ़ हिन्दी पढ़ाकर 100 वर्ष आगे तक भी हम बड़े विद्वान या बड़े आदमी पैदा कर ही नहीं सकते। कम ज्ञानवान लोगों का स्वराज्य एक बड़े पिछड़े प्रकार के लोगों का स्वराज्य होगा। हमको हिन्दी का नारा लगाने के बदले ज्ञान का नारा लगाना चाहिए। यह ज्ञान हिन्दी या हिन्दुस्तान की किसी भाषा के द्वारा कदापि प्राप्त नहीं हो सकता। मामूली ज्ञान के लिए हिन्दी या मातृभाषा और उच्च ज्ञान के लिए अंग्रेज़ी—इसी बात को समझ लेने में और इसे क्रमबद्ध रूप में कार्यान्वित करने में ही हमारा कल्याण है। जैसे राजनीति में उग्र वामपक्ष (leftism)

घातक और भयानक है इसी प्रकार हिन्दी के मामले में भी उग्र वामपक्ष (leftism) देश को बल्कि स्वयं हिन्दी को मिटाकर रख देगा। मैंने एक शे'र कहा था :

देख रफ़्तार-ए-इन्क़लाब[1] फ़िराक़,
कितनी आहिस्ता और कितनी तेज़।

भाषाई इन्क़लाब पर भी मेरा यह शे'र लागू होता है।

14.3.1967

शौक़ : भारत के विभिन्न भागों में विभिन्न भाषाएँ बोली जाती हैं। ये विभिन्न भाषाएँ बोलने वाले आपस में विचार-विनिमय के लिए कौन-सी भाषा को अपनाएँ ?

फ़िराक़ : बहुत बड़ी हद तक तो हमारे सामूहिक जीवन और हमारे इतिहास ने इस प्रश्न का जवाब दे रखा है। हिन्दुस्तानी भाषा जिन प्रान्तों में नहीं बोली जा रही है उन प्रान्तों के बड़े-बड़े नगरों में अपनी मातृभाषाओं के अलावा अनुमानतः 20 प्रतिशत लोग टूटी-फूटी हिन्दुस्तानी भी बोल लेते हैं और समझ भी लेते हैं। यह विशेषता भारत की किसी और भाषा को प्राप्त नहीं है। मैंने 'हिन्दुस्तानी' क्यों कहा, उर्दू या हिन्दी क्यों नहीं कहा ? ऐसा मैंने इसलिए कहा कि पश्चिमी उत्तर प्रदेश में हिन्दी और फ़ारसी शब्दों से हिन्दुस्तानी भाषा बनी है। आगरा कमिशनरी, झाँसी कमिशनरी, मेरठ और बरेली की कमिशनरी से आरम्भ होकर दिल्ली, राजस्थान और पंजाब की हिन्दुस्तानी हिन्दी-फ़ारसी मिश्रित है और यही स्थिति है पूरे उत्तर प्रदेश की। किन्तु पूर्वी उत्तर प्रदेश में हिन्दी शब्दों के साथ यदि 15 प्रतिशत शब्द फ़ारसी के काम में लाए जाते हैं तो तीन चार प्रतिशत संस्कृत शब्द भी कुछ लोगों की ज़बान पर हैं। बिहार, मध्य प्रदेश, बंगाल, असम तथा दक्षिणी भारत में अनुमानतः दस प्रतिशत संस्कृत शब्द हिन्दी शब्दों के साथ मिलाकर बोले जाते हैं। आमतौर से हिन्दुस्तानी का उर्दू रूप पश्चिमी और मध्य भारत में प्रचलित है और हिन्दुस्तानी की हिन्दी शैली पूर्वी और दक्षिणी भारत में प्रचलित है। इसलिए मैंने हिन्दुस्तानी शब्द का प्रयोग किया जो कभी उर्दू, कभी हिन्दी का रूप भारत के विभिन्न प्रान्तों में अख़्तियार कर लेती है। अब चूँकि भारत स्वतन्त्र हो चुका है और प्रत्येक प्रान्त में चूँकि लाखों की संख्या में अन्य प्रान्तों के लोग आ बसे हैं, इसलिए हिन्दी या उर्दूनुमा हिन्दुस्तानी की शिक्षा गाँवों में तो नहीं, लेकिन नगरों में और क़स्बों में आमतौर से प्रचलित होनी चाहिए। गाँवों के निवासियों के लिए

1. क्रान्ति की गति।

उनकी मातृभाषाएँ शिक्षा के लिए काफ़ी हैं। आमतौर पर आपस में काम चलाने के लिए तो हिन्दुस्तानी भाषा सारे भारत के लिए काफ़ी है। लेकिन कुछ खास काम भी हैं, जैसे पार्लियामेन्ट, हाईकोर्ट, विश्वविद्यालयों, रेलवे, डाक व तार, इन्जीनियरी, सेना और पुलिस के अखिल भारतीय विभागों, अन्तर्राष्ट्रीय व्यापार, उच्च ज्ञान के ग्रन्थों की भाषा। अर्थात, इन तमाम चीजों से सम्बन्धित कोई एक अखिल भारतीय भाषा अभी तक तो अंग्रेज़ी ही है।

शौक़ : क्या हम हिन्दी को इन ख़ास कामों के लिए अंग्रेज़ी का स्थान नहीं दे सकते ?

फ़िराक़ : अगले सौ-दो सौ वर्षों तक तो ऐसा होता दिखाई नहीं देता। बात यह है कि भारतवर्ष में लोग मातृभाषा के अलावा उच्च बौद्धिक कार्यों के लिए या उच्च ज्ञान सम्बन्धी कार्यों के लिए वही भाषा सीखना चाहेंगे जो ज्ञान के विषयों और विचारों की दृष्टि से तथा अभिव्यक्ति की क्षमता की दृष्टि से भारत की सभी भाषाओं से अधिक मालामाल हो। विज्ञान और उसकी सैकड़ों शाखाएँ, विश्व इतिहास, राष्ट्रीय और अन्तर्राष्ट्रीय क़ानून, अर्थशास्त्र, राजनीति, विज्ञान, इन्जीनियरी और प्रौद्योगिकी, दर्शनशास्त्र तथा अन्य विद्याओं की पुस्तकें भारत की किसी भाषा में इतनी बड़ी संख्या में और इस स्तर की अब तक उपलब्ध नहीं हैं जैसी अंग्रेज़ी में हैं। इसलिए उच्च वर्ग और उच्च पदों से सम्बन्धित लगभग एक करोड़ व्यक्तियों के लिए अंग्रेज़ी सीखना ज़रूरी है। बंगाल, असम, गुजरात, महाराष्ट्र और दक्षिण भारत के लोग अधिक से अधिक परिश्रम करके अगर हिन्दी सीख लें तो हिन्दी में हज़ारों की संख्या में उच्च ज्ञान की पुस्तकें कहाँ से पाएँगे ? अंग्रेज़ी की भूमि उपजाऊ है। ख़ास लोग परिश्रम करके बहुत-सा रुपया खर्च करके और आयु का काफ़ी बड़ा भाग लगाकर वही भाषा सीखना चाहेंगे, जो ज्ञान और विद्या की पुस्तकों से मालामाल हो, तो ऐसी भाषा अंग्रेज़ी ही होगी।

शौक़ : तो हिन्दी या भारत की अन्य मातृभाषाएँ किस तरह मालामाल बनाई जा सकती हैं ताकि कभी तो जिस तरह सैकड़ों वर्षों से आज तक सामान्य स्तर पर हिन्दुस्तानी एक अखिल भारतीय भाषा बन चुकी है इसी तरह उच्च स्तर पर भी हिन्दुस्तानी एक अखिल भारतीय भाषा बन जाए ?

फ़िराक़ : जैसा कि मैं बता चुका हूँ, इसके लिए लगभग दो सौ वर्षों का समय चाहिए। हज़ारों की संख्या में उच्चतम ज्ञान की पुस्तकों की रचना और उनका प्रकाशन दो सौ वर्षों का समय चाहता है। जब हिन्दी अंग्रेज़ी के बराबर बुलन्द और मालामाल हो जाए तो यह सोचा जा सकता है कि हम अंग्रेज़ी का स्थान हिन्दी को दे दें। हिन्दी हो या भारत की कोई अन्य भाषा हो, सबमें उच्च स्तरीय ज्ञान की पुस्तकें बड़ी संख्या में वही लोग लिख सकते हैं जो अपनी मातृभाषा में तो पुस्तकें लिखें, किन्तु ज्ञान प्राप्त करें अंग्रेज़ी के माध्यम से। बहुत पढ़े-लिखे अंग्रेज़ी

के ज्ञाता लोग ही भारत की मातृभाषाओं को ऐसा साहित्य दे सकेंगे कि ये भाषाएँ ज्ञान के भण्डारों से मालामाल हो जाएँ और योरोप की भाषाओं के साहित्य की तरह भरपूर हो जाएँ। यह काम लगातार कोशिश से ही लगभग दो सौ वर्षों के अन्दर सम्पन्न हो सकता है। सवाल यह हरगिज़ नहीं है कि उच्च शिक्षा हिन्दी के माध्यम से प्राप्त की जाए बल्कि सवाल यह है कि पहले हिन्दी को ऐसा माध्यम बनाया जाए पुस्तकें लिखकर और लिखवाकर। हमें यह नहीं भूलना चाहिए कि उच्च उद्देश्यों के लिए भारत के हज़ारों वर्षों के इतिहास में कोई भी जनभाषा अखिल भारतीय भाषा होने का गौरव अब तक प्राप्त नहीं कर सकी। संस्कृत, फ़ारसी, अंग्रेज़ी जन-भाषाएँ नहीं हैं, किन्तु समस्त जन-भाषाओं से इनका साहित्य अपने-अपने समय में उच्चतर रहा है। हमारी जन-मातृभाषाओं को अभी हज़ारों गुणा उन्नति करनी है। इसके बाद सोचा जा सकता है कि हम अपने तमाम काम भारत की किसी एक जनभाषा में करें। आज भारत की किसी भाषा में अंग्रेज़ी न जानने वाला कोई काम की चीज़ नहीं लिख रहा है। आज भी भारत की समस्त भाषाओं के साहित्य की रचना अंग्रेज़ी के ज्ञाता भारतीय ही कर रहे हैं। अभी इस काम को बहुत बढ़ाना है और ऊपर चढ़ाना है। इसे बहुत व्यापक और उच्च बनाना है। अरबों-खरबों रुपया खर्च करना है।

जब भारत की विभिन्न भाषाएँ भरपूर साहित्य से मालामाल हो जाएँगी, उस वक़्त यह सवाल उठ खड़ा होगा कि जिन लोगों की भाषा हिन्दी नहीं है वे अखिल भारतीय उद्देश्यों के लिए अपनी भाषा को नहीं बल्कि हिन्दी को अखिल भारतीय भाषा स्वीकार कर लें। बलपूर्वक या दबाव डालने से या लोकसभा में तज़वीज़ पास करने से या विधान का सहारा लेने से हम अहिन्दी भाषियों को हिन्दी सीखने पर और हिन्दी में अखिल भारतीय काम-काज करने पर मजबूर नहीं कर सकते। हाँ, जैसा कि मैं कह चुका हूँ कि मामूली कामों के लिए तो अब भी हिन्दी या हिन्दुस्तानी एक अखिल भारतीय हिन्दी भाषा बन चुकी है। ऐसा इसलिए हो सका है कि भारत के कई भागों की भाषा हिन्दी है। इन्हीं भागों में लगभग सभी तीर्थ स्थान हैं। हिन्दी लगभग 18-20 करोड़ भारतीयों की मातृभाषा है। इतनी बड़ी संख्या भारत की किसी अन्य भाषा को प्राप्त नहीं। लोकसभा और आधे से अधिक भारत के क्षेत्र की भाषा हिन्दी, उर्दू या हिन्दुस्तानी है। मैं तो उर्दू को भी हिन्दी ही कहता हूँ। भारत के प्रत्येक भाग में कारोबार अधिकतर मारवाड़ियों के हाथों में है। दक्षिण भारत को छोड़कर सब जगह मारवाड़ी अखिल भारतीय उद्देश्यों के लिए हिन्दी ही बोलते हैं। इस प्रकार हिन्दी को एक वरीयता प्राप्त है और इसे एक अखिल भारतीय जनभाषा का दर्जा प्राप्त है जो भारत की अन्य किसी भाषा को प्राप्त नहीं।

एक बात और है। नागरी लिपि, रोमन लिपि की तुलना में बहुत अधिक

समय, जगह और श्रम चाहती है। हम नागरी लिपि को हरगिज़ मिटने नहीं देंगे। लेकिन वह समय दूर नहीं है जब अन्तर्राष्ट्रीय उद्देश्यों के लिए रोमन लिपि दुनिया भर में प्रचलित हो जाए। किन्तु हिन्दी भाषा को लोग रोमन लिपि के द्वारा सीख सकें, इसमें बड़ी बाधाएँ हैं, फिर भी, यह स्वप्न बहुत से लोग देखते रहेंगे। प्रसिद्ध भाषा वैज्ञानिक डॉ. सुनीति कुमार चैटर्जी उम्र भर रोमन लिपि का समर्थन करते रहे हैं। नेताजी सुभाष चन्द्र बोस ने अखिल भारतीय कांग्रेस के अध्यक्ष की हैसियत से रोमन लिपि का समर्थन किया है। मुस्तफा कमाल पाशा ने तुर्की के लिए रोमन लिपि का ही सुझाव दिया था। बर्नार्ड शॉ ने भी विश्व भर के लिए रोमन लिपि को ही उपयुक्त माना है। इसी प्रकार करोड़ों लोग भारत में इस बात का भारी अनुभव कर रहे हैं कि रोमन लिपि, दफ्तरों के काम के लिए और बहुत से दूसरे कामों के लिए किसी भी दूसरी लिपि से अधिक उपयुक्त है। लिखाई और छपाई की सुविधाओं की दृष्टि से तो कोई अन्य लिपि रोमन लिपि से मुक़ाबला कर ही नहीं सकती।

शौक़ : अगर हम रोमन लिपि को अपना लें, तो क्या इससे नागरी लिपि के मिट जाने की आशंका नहीं है ?

फ़िराक़ : हरगिज़ नहीं। क्योंकि भारत भर में दो-तीन प्रतिशत लोगों को संस्कृत साहित्य और भाषा की जानकारी रखना ज़रूरी है। संस्कृत के लिए रोमन लिपि मुनासिब नहीं। इसी प्रकार गाँवों के लोगों के लिए नागरी लिपि उपयुक्त होगी। रोमन से न नागरी लिपि को खतरा है और न हिन्दी भाषा को। हमारा देश बहुत बड़ा और रंगारंग देश है। हमारी संस्कृति बड़ी जीवन्त और सुदृढ़ है। हमारे संस्कार आसानी से मिटाए नहीं जा सकते। इसलिए हमें अंग्रेज़ी, उर्दू या रोमन लिपि, किसी से भी डरने की ज़रूरत नहीं।

10.3.1973

शौक़ : क्या भारत के बौद्धिक और मानसिक जीवन में अंग्रेज़ी का ज्ञान कोई भूमिका निभाएगा ?

फ़िराक़ : अवश्य ! अंग्रेज़ी भारत की अन्य सभी भाषाओं के ज्ञान से कहीं अधिक भूमिका निभाएगी। अंग्रेज़ी भाषा और साहित्य तथा अंग्रेज़ी की ज्ञान विषयक पुस्तकें, हमारे होनहार और बुलन्दतरीन दिमाग़ों को युवा पोषण और ऊर्जा प्रदान कर सकती हैं। खुद अंग्रेज़ी अदब को, जब वह अपने निर्माण और सृजन के आरम्भिक मंज़िल पर था इन अंग्रेज़ों ने उन्नति के शिखर पर चढ़ाया जो लैटिन

यूनानी और योरोप की अन्य भाषाओं के विशेषज्ञ थे। इंग्लैण्ड में ही क्यों, आज दुनिया के किसी भी उन्नत देश में कोई व्यक्ति तब तक उच्च शिक्षा की उपाधि प्राप्त कर नहीं सकता जब तक वह मातृभाषा या देशी भाषा के अतिरिक्त किसी विदेशी भाषा में कामयाबी की सनद हासिल न कर ले। पं. जवाहर लाल नेहरू जब फ्रान्स की संसद में बोले, तो फ्रैन्च में ही बोले थे। आमतौर से प्रत्येक देश की संसद के सदस्य अपनी मातृभाषा के अलावा कम-से-कम एक अन्य भाषा में डिग्री प्राप्त किए हुए होते हैं। पिछली एक शती के अन्दर भारत की सभी भाषाओं में इन्हीं लोगों ने उच्च साहित्य की रचना की जो अंग्रेज़ी के महिर थे। भारत में स्वतन्त्रता संग्राम के जितने कर्णधार हुए हैं और जिन्होंने इस संग्राम को सफल बनाने में अपना योगदान दिया है वे सभी अंग्रेज़ी के माहिर थे। अंग्रेज़ी न जानने वाला भारतीय, भारत के बौद्धिक जीवन तक पहुँच ही नहीं सकता।

शौक़ : तो क्या अंग्रेज़ी न जानने वाला भारतीय राजनीतिक समानता के बावजूद दूसरे वर्ग और दूसरे दर्जे का नागरिक रहेगा ?

फ़िराक़ : यह एक अजीब सवाल है ? संस्कृत जानने वालों में हज़ारों में एक आध को छोड़ कर सभी मामूली दिल और दिमाग़ के आदमी थे। तो क्या विद्या के देश में ये मामूली संस्कृत ज्ञाता, कालिदास या गीता, उपनिषद्, मनुस्मृति के रचयिताओं और छह दर्शनों के प्रणेताओं के बराबर कें संस्कृत ज्ञाता माने जा सकते हैं ? क्या संस्कृत जानने वाले सामान्य लोगों को इन बड़े रचनाकारों के मुक़ाबले में या इन उच्च प्रतिभावान लोगों के मुक़ाबले में दूसरा दर्जा प्राप्त नहीं है ? अगर हिन्दी और केवल हिन्दी सारे भारत की भाषा हो जाए, तो क्या हिन्दी का प्रत्येक ज्ञाता गोखले, तिलक, लाजपत राय, गान्धी जी, चितरंजन दास, अरविन्द घोष, रामानुजन, जगदीश चन्द्र बोस और कई हज़ार दूसरे उच्च प्रतिभावान भारतीयों के बराबर हो जाएगा ? क्या हर रूसी, रूस के महान चिन्तकों के समान है ? हम मामूली या दूसरे दर्जे का व्यक्ति होने से क्यों डरें ? दूसरे दर्जे का आदमी होना कोई गाली नहीं है। हमारे इन्जीनियर, प्रौद्योगिकीविद् बड़े-बड़े विधिवेत्ता, सर्जन, डॉक्टर, कहने का तात्पर्य यह कि जीवन के प्रत्येक क्षेत्र और विभाग की महान विभूतियाँ, अन्तर्राष्ट्रीय जीवन में अपना प्रभाव छोड़ने वाली विभूतियाँ यदि अंग्रेज़ी न जानती होतीं, तो इस प्रतिष्ठा को प्राप्त न करतीं। अंग्रेज़ी के बिना किसी अन्य भाषा में हमारे प्रान्तों की एकता स्थापित नहीं रह सकती। यदि हमारे भारत में अंग्रेज़ी न पढ़ाई गई होती, तो हम भारत की स्वतन्त्रता के लिए नहीं लड़ते। अलग-अलग टोलियाँ बनाकर बंगाल, गुजरात, महाराष्ट्र, दिल्ली और उत्तर प्रदेश की आज़ादी के लिए लड़ते। अंग्रेज़ी ने भारत को एक देश बनाया है और सत्रह भाषा-भाषियों को एक रिश्ते में जोड़ दिया है। अंग्रेज़ी के बिना गान्धी जी गुजराती बोलते, जिसे नेहरूजी नहीं समझते, और नेहरूजी हिन्दी बोलते जिसे गान्धी जी नहीं

समझते और राजगोपालाचार्य तमिल बोलते, देशबन्धु चितरंजनदास बंगला बोलते—मतलब यह है कि भारत बाबुल की मीनार बन जाता।

मुझसे महापण्डित राहुल सांकृत्यायन ने कहा था कि किसी ऐसे भविष्य में, जिसकी हम सजीव कल्पना कर सकें, भारत का काम बिना अंग्रेज़ी के नहीं चल सकेगा। रिज़र्व बैंक ऑफ इण्डिया ने केन्द्रीय सरकार को साफ़-साफ़ बता दिया है कि यदि हम बैंक की भाषा हिन्दी कर दें तो सारे भारत में फैले हुए इस बैंक का काम ठप्प हो जाएगा। भारत के विभिन्न राज्य अंग्रेज़ी भाषा के अतिरिक्त किसी अन्य भाषा में परस्पर सम्बन्ध स्थापित ही नहीं कर सकेंगे। इन बातों को मानना और उन्हें कार्यान्वित करना हिन्दी या भारत की किसी भाषा को लाभ ही पहुँचाएगा कोई हानि नहीं। भारत तो भारत, रूस जैसे देश को बहुत गहरा आघात लगेगा यदि वहाँ लगभग एक करोड़ अंग्रेज़ी जानने वाले रूसी अंग्रेज़ी भूल जाएँ। हमारे देश की वर्तमान जनसंख्या में कम-से-कम एक करोड़ व्यक्ति अंग्रेज़ी अवश्य जानें। इसके अतिरिक्त भारत की प्रत्येक भाषा के लोगों में चार पांच प्रतिशत लोग, अंग्रेज़ी अवश्य जानें नहीं तो भारत की बौद्धिक मृत्यु हो जाएगी। रहे 95 प्रतिशत लोग इनके गले के नीचे ज़बरदस्ती अंग्रेज़ी नहीं उतारनी चाहिए। हिन्दीतर क्षेत्रों में चार-पाँच प्रतिशत को छोड़ कर शेष 95 प्रतिशत लोगों के गले के नीचे हिन्दी भी नहीं उतारनी चाहिए। हमने हिन्दी को राष्ट्रभाषा बना कर स्वयं हिन्दी को हानि पहुँचाई है।

25.1.1962

शौक़ : क्या उर्दू भाषा और साहित्य हिन्दू संस्कृति की अभिव्यक्ति प्रभावपूर्ण और सफल ढंग से कर सके हैं, या कर सकते हैं ?

फ़िराक़ : यह काम प्रथम तो स्वयं उर्दू के हिन्दू साहित्यकारों का है और बाद को उन मुस्लिम साहित्यकारों का है, जिनका विवेक और ज्ञान हिन्दू सभ्यता की उच्च परम्पराओं से आलोकित है। बहुत बड़ी संख्या में हिन्दी के मुस्लिम साहित्यकारों ने अपने समय की हिन्दी सभ्यता की सफल और प्रभावपूर्ण अभिव्यक्ति की है। मलिक मोहम्मद जायसी ने इस्लामी तसव्वुफ़ को पद्मावत की कहानी में हिन्दू-सभ्यता और संस्कृति की पृष्ठभूमि में बयान किया है। रहीम, रसख़ान और आलम ने तो मध्ययुग की हिन्दू मान्यता को चार चाँद लगा दिए हैं। लेकिन इन सबको हिन्दुओं के साहित्यिक जीवन, उनकी उपलब्धियों और हिन्दू लोकगीतों से बड़ा सहारा मिला है। रही बात उर्दू की, तो उर्दू के हिन्दू साहित्यकार

सामान्यतः उन मुस्लिम साहित्यकारों के अनुयायी और नक़लची बन गए जिनकी रचनाएँ फ़ारसी काव्य और इस्लामी परम्पराओं पर आधारित थीं। हमें यह भी नहीं भूलना चाहिए कि साहित्य और काव्य मात्र हिन्दू या मुस्लिम नहीं होते। हज़ारों शेरों में विश्वजनीनता और सर्वप्रियता होती है। यदि कोई व्यक्ति आलोचनात्मक दृष्टि से मीर, दर्द, सौदा, मुसहफ़ी और अन्य कवियों के सैकड़ों शेरों का अवलोकन करे तो आन्तरिक रूप में उसे इन शेरों में वही नरमी, वही कोमलता, वही शालीनता, वही मांगलिकता, धरती की वही सुगन्ध और भारतीय स्वभाव की वही अभिव्यक्ति मिलेगी, जिसे हम हिन्दू संस्कृति का सार या तत्त्व कह सकते हैं।

प्रेमचन्द की कहानियाँ और उपन्यास आरम्भ में कोई मुसलमान नहीं लिख सकता था। बाद में, अवश्य प्रेमचन्द से प्रभावित होकर कुछ मुसलमानों ने हिन्दू संस्कृति की बेजोड़ व्याख्या की। स्वयं मैंने इस बात की कोशिश की है कि मेरी शायरी में हिन्दू समाज के दिल की धड़कनें सुनाई दें। कुछ लोगों का ख़याल है कि जब तक अरबी-फ़ारसी के शब्दों के बदले संस्कृत के शब्द साहित्य और कविता में नहीं लाए जाएँगे, हिन्दू संस्कृति की प्रभावपूर्ण अभिव्यक्ति नहीं हो सकेगी। यह बात बहुत कम लोगों को मालूम है कि हिन्दी भाषा, भारत की अन्य भाषाओं की तुलना में संस्कृत शब्दों से बहुत अधिक मुक्त है। सूरदास और तुलसीदास के 90 प्रतिशत काव्य में यही नहीं कि फ़ारसी-अरबी के शब्द नहीं आने पाए हैं, बल्कि हू-ब-हू संस्कृत शब्द भी बहुत कम आने पाए हैं। फिर भी, वह समय आ रहा था कि उर्दू शायरी में दो-चार हज़ार कोमल और मधुर संस्कृत शब्द नगीने की भाँति जड़े जा सकते थे, किन्तु इसका अवसर नहीं आने पाया।

भारत आज़ाद हो गया और उर्दू की शिक्षा और उसके विकास में सैकड़ों रुकावटें डाल दी गईं। पिछले 50 वर्षों से हिन्दी के कई कवि अन्धाधुन्ध तरीक़े से हिन्दी में संस्कृत के शब्द बहुलता से भरने लगे हैं, लेकिन अपने साहित्य को वे सफल नहीं बना सके। संस्कृत शब्दावली का 96-97 प्रतिशत भाग हिन्दी ध्वनि विज्ञान और हिन्दी शब्दावली के अन्तर्गत नहीं लाया जा सकता। सूरदास और तुलसीदास तथा हिन्दी के अन्य सफल कवियों की रचनाएँ इस बात की साक्षी हैं। फिर भी हज़ारों संस्कृत शब्द उर्दू साहित्य में लाए जा सकते हैं और अगर उर्दू जीवित रह गई तो लाए जाएँगे।

हिन्दू संस्कृति केवल संस्कृत शब्दों पर आधारित नहीं है, यद्यपि कुछ विशिष्ट संस्कृत शब्दों का इस संस्कृति की अभिव्यक्ति में बड़ा महत्त्व है। हिन्दू विचारधारा हिन्दू रीति-रिवाज, हिन्दू स्वभाव और हिन्दू भावनाओं तथा अनुभूतियों का समस्त भण्डार उर्दू साहित्य में लाया जा सकेगा और बहुत कुछ लाया भी गया है। समय बदल रहा है। हिन्दू जीवन प्रणाली पर पश्चात्य जीवन और वर्तमान काल का गहरा प्रभाव पड़ रहा है। कृष्ण चन्दर, ख़्वाजा अहमद अब्बास, इस्मत चुग़ताई, राजिन्दर

सिंह बेदी, कुर्तुल-एन-हैदर और भारत तथा पाकिस्तान के अनेक हिन्दू और मुस्लिम साहित्यकार एक ऐसा शानदार अदब पैदा कर रहे हैं, जो हिन्दू ज़िन्दगी और हिन्दू मुस्लिम सम्मिलित जीवन की सफल तस्वीर खींच रहा है और उन गहरे प्रभावों की झलक भी दिखा रहा है, जो पाश्चात्य सभ्यता और वर्तमान काल ने हमारे ऊपर छोड़े हैं। इस साहित्य को 'विदेशी' या इस्लामी नहीं कहा जा सकता।

शौक़ : आपने कहा कि यदि उर्दू जीवित रह गई, तो बहुत कुछ महत्त्वपूर्ण काम हो सकेंगे। भारत में उर्दू जीवित रह जाएगी इसके सम्बन्ध में आपका क्या खयाल है ?

फ़िराक़ : हिन्दी के कट्टर समर्थक इस धोखे में हैं कि वे हिन्दी वालों और उर्दू वालों, दोनों ही से, और दोनों की आने वाली पीढ़ियों से, पुस्तकों के द्वारा आए दिन के जीवन में हजारों संस्कृत शब्द बुलवाएँगे। संस्कृत के सैकड़ों शब्द तो हमारी ज़ुबानों पर चढ़ जाएँगे, लेकिन हज़ारों संस्कृत शब्द हमारी ज़ुबानों पर चढ़ पाएँगे, इसकी प्रलय तक कोई सम्भावना नहीं है। आज लगभग ढाई हज़ार अरबी-फ़ारसी शब्द आम लोगों की ज़ुबानों पर चढ़े हुए हैं। वे केवल इसलिए कि हिन्दी शब्दावली से, बातचीत के ढंग से और हिन्दी ध्वनि विज्ञान की दृष्टि से ये अरबी-फ़ारसी शब्द तालमेल खाते हैं और प्रायः समान स्वर के हैं। संस्कृत शब्द इतनी बड़ी संख्या में हमारी ज़ुबानों पर नहीं चढ़ सकेंगे। ऐसा न गुजराती में हो सका है, न मराठी में, न बंगला में और न दक्षिण भारत की ही भाषाओं में। एम. ए. कक्षा का भी संस्कृत का विद्यार्थी ढाई हज़ार संस्कृत के शब्द नहीं जानता। पुस्तकों में हम संस्कृत के शब्द ठूँस भी दें, किन्तु बोली में हम बहुत अधिक संस्कृत शब्द खपा नहीं सकते। हम खेल-कूद में भी बच्चों की बातें सुनते हैं तो उनमें हिन्दी के शब्दों के साथ फ़ारसी और अरबी के शब्द ही सुनाई देते हैं। समाज की बोली को कोई कैसे बदल देगा ? अगर उर्दू में शिक्षा बन्द भी कर दी गई, तो भी करोड़ों व्यक्तियों की बोली-ठोली को कैसे बदला जा सकता है ? आज जो लोग हिन्दी कविता कर रहे हैं, वे संस्कृत शब्दों का प्रयोग बड़ी तेज़ी से छोड़ रहे हैं और उर्दू शायरी का अनुसरण कर रहे हैं। हिन्दी में शिक्षा जब सौ प्रतिशत हो जाएगी, तो एक नई उर्दूनुमा कविता अस्तित्त्व में आएगी। और गद्य में एक उर्दूनुमा साहित्य का जन्म होगा। उर्दू लिपि को मिटा भी दिया जाए, तो भी ये बातें हो कर रहेंगी। बात यह है कि जिस खड़ी बोली को उर्दू ने अपना रखा था और हिन्दी ने भी अपना रखा है, उसका मिज़ाज ही उर्दूनुमा है। आज हिन्दी का बोलबाला है। लेकिन इस बोलबाला होने का नतीजा क्या हुआ ? देवनागरी में छप कर मीर के समय से लेकर आज तक की उर्दू शायरी की पुस्तकें लगभग एक करोड़ रुपए की बिक चुकीं हैं। इसकी तुलना में खड़ी बोली के हिन्दी कवियों की रचनाएँ बिल्कुल नहीं बिक सकी हैं। कुछ हिन्दी क़वियों का गुज़ारा सिर्फ़ इसलिए हो जाता है कि उनकी पुस्तकें

पाठ्यक्रमों में शामिल कर दी गई हैं। यह नाव बहुत दिनों तक नहीं चलेगी। धाँधली और जबरदस्ती से उर्दू को मिटाया नहीं जा सकता। खड़ी बोली हिन्दी का वह सैलाब आने वाला है, जो उर्दू भाषा के लिए पुनर्जागरण का युग होगा।

हिन्दी शब्द सागर और बाल शब्द सागर में दसियों हज़ार हू-ब-हू संस्कृत शब्द मौजूद हैं। लेकिन कोई इनको इस्तेमाल नहीं करता। इसके विपरीत चार-पाँच हज़ार या इससे भी अधिक अरबी-फ़ारसी के शब्द भी इन शब्दकोशों में हैं और ये लोगों की ज़ुबानों पर चढ़े हुए हैं। साहित्य में भी इनका प्रयोग हो रहा है। हिन्दी का बोलबाला है, लेकिन हिन्दी के कट्टर समर्थक उपयुक्त वास्तविकताओं को महसूस करके मन में डर गए हैं और उनका ख़ौफ़ बढ़ता जा रहा है कि देवनागरी लिपि के प्रचलन ने तो उर्दू लिखने-पढ़ने वालों की संख्या को तेज़ी से बढ़ा दिया है और बढ़ाता चला जाएगा। जिसे हिन्दी की सफलता समझा जाता है उसी से उस हिन्दी की मौत होगी बल्कि होने लगी है जिसे हिन्दी के कट्टर समर्थक प्रचलित करना चाहते थे। सुन्दर और सौष्ठवपूर्ण उर्दू न सही, एक मोटी और मटियाली उर्दू ज़ोर पकड़ती जाएगी। ऐसी उर्दू में हिन्दी कवियों ने भी ग़ज़लें, क़तए, रुबाइयाँ, उपन्यास और नाटक लिखना शुरू कर दिया है। जब करोड़ों की संख्या में लोग खड़ी बोली पढ़ेंगे और सीखेंगे तो आगे चल कर ऐसे सौ-पचास लिखने वाले भी निकल आएँगे जो मोटी और मटियाली उर्दू को जानदार बना देंगे और इस प्रकार उर्दू को एक नया जन्म मिलेगा।

ज्ञान के विषयों की पुस्तकों में ज्ञान की परिभाषाएँ बहुत हद तक संस्कृत पर आधारित होंगी लेकिन ये परिभाषाएँ धीरे-धीरे नरम और सरल बनाई जाएँगी। केवल परिभाषाओं के बलबूते पर ही कोई ज़बान नहीं बनती। योरोप की अनेक भाषाओं में यूनानी और लैटिन की सैकड़ों परिभाषाएँ ज्यों-की-त्यों मौजूद हैं, लेकिन ये भाषाएँ न यूनानी हो गईं और न लैटिन। संस्कृत परिभाषाओं समेत खड़ी बोली, हिन्दी-उर्दू ही रहेगी। इसलिए उर्दू मर जाएगी, इसका कोई डर नहीं, बल्कि उर्दू नया जन्म लेगी, क्योंकि खड़ी बोली हिन्दी, उर्दू के साँचे में ढली हुई है। इतिहास के देवता के यहाँ देर है अन्धेर नहीं।

हिन्दी वाले सरल खड़ी बोली हिन्दी से डरते हैं क्योंकि वह उर्दू जैसी होती है। इसका एक उदाहरण यहाँ प्रस्तुत करता हूँ। मैंने एक हिन्दी उपन्यास में यह वाक्य पढ़ा, "किसी ने उसके वाक्य को मध्य से खण्डित करते हुए कहा"। लिखने वाला इस शैली से डर गया कि "किसी ने उसकी बात को बीच से काटते हुए कहा" क्योंकि यह उर्दू हो जाती है। हिन्दी वाले हिन्दी शब्द, हिन्दी मुहावरों, हिन्दी वाक्यों से डरने लगे हैं, क्योंकि ये सब उर्दू के साँचे में ढल चुके हैं। यह युग हमारी भाषा और साहित्य के लिए अस्त-व्यस्तता का युग है जो सदा नहीं रहेगा। उर्दू को बिगाड़ा जा रहा है, लेकिन यारों को इसका पता नहीं कि बिगड़ कर उर्दू फिर

बनेगी या जो भी भाषा बनेगी वह उर्दू ही होगी। आखिर, उर्दू है क्या ? खड़ी बोली हिन्दी का मुहावरेदार और सरल प्रयोग। जिस हिन्दी को कट्टर हिन्दी वालों ने जीवन में नहीं बल्कि काग़ज़ में पृष्ठों पर जन्म दिया है, वह अपने आप से डरी हुई है और वह मुहावरेदार और स्वाभाविक खड़ी बोली हिन्दी अर्थात उर्दू की परछाईं से डरती है। हिन्दी के लाखों छात्र प्राथमिक कक्षाओं से लेकर एम. ए. तक उस खड़ी बोली से परेशान हैं, जिसे बिगाड़ कर पाठ्य पुस्तकों में शामिल कर दिया गया है। वे लहक-लहक कर उर्दू शायरी सुनते हैं और गुनगुनाते हैं। चाहे वह फिल्म ही की शायरी क्यों न हो।

30.3.1963

शौक़ : भारत की प्रायः सभी भाषाओं में संस्कृत शब्द बड़ी संख्या में बिखरे हुए हैं। उर्दू में ऐसा क्यों नहीं ?

फ़िराक़ : भाषा विज्ञान एवं संस्कृति दोनों ही दृष्टि से अब से कई हज़ार वर्ष पहले से उत्तरी भारत का वह भाग जिसका धड़ गंगा का मैदान है, अपना एक विशिष्ट स्थान रखता है और शिक्षा का प्रमुख केन्द्र रहा है। दुनिया को पहले-पहल व्याकरण और भाषाशास्त्र प्रदान करने वाला चिन्तक पाणिनी था। पाणिनी ने तो यहाँ तक कह दिया है कि उत्तरी भारत के इस भाग के बाहर केवल शूद्र और गँवार बसते हैं। आर्य और द्रविड़ तथा अन्य ग़ैर-आर्य सभ्यताओं का संगम भारत के इसी भाग में हुआ। गंगा और यमुना का संगम केवल दो नदियों का संगम नहीं बल्कि भारत की विभिन्न सभ्यताओं का संगम है। यहाँ तक कि हिन्दी और इस्लामी सभ्यताओं का भी संगम है।

उत्तरी भारत की इस भाग की जनभाषा जिसे आज उर्दू, हिन्दी या हिन्दुस्तानी कह सकते हैं, भाषाई विकास की कई ऐसी मंज़िलें तय कर चुकी है जहाँ तक भारत की अन्य भाषाएँ नहीं पहुँच सकी हैं। इस विकास का एक विशिष्ट और स्पष्ट प्रभाव इस रूप में पड़ा कि इस भाग की भाषा में संस्कृत शब्द अपनी असल शक्ल के बदले जिस बड़ी संख्या में और जिस कर्णप्रिय ध्वनि से बदल कर जनभाषा के साँचे में ढल गए, इतनी बड़ी संख्या में और उस ढंग से भारत की अन्य जन-भाषाओं में संस्कृत के शब्द नहीं बदल सके। यह भी एक हद तक धोखा है। जैसे बंगला भाषा को ले लीजिए जिसमें काग़ज़ पर तो संस्कृत शब्दों की भरमार दिखाई देगी, लेकिन जब कोई बंगाली किसी बंगला लेख को पढ़ेगा या बोलेगा तो थोड़े से लेकिन स्पष्ट परिवर्तन के साथ संस्कृत शब्द बंगला बोली के साँचे में ढलते हुए

सुनाई देंगे।

बात यह है कि उत्तरी भारत का यह भाग सांस्कृतिक जीवन का केन्द्र रहा है। नगरों से बाहर के ग्रामीण क्षेत्र भाषाई, सांस्कृतिक, राजनीतिक और अन्य दृष्टियों से इतने भरपूर नहीं थे बल्कि कमज़ोर ही थे। इन ग्रामीण या बाहरी क्षेत्रों का ऐतिहासिक जीवन अपेक्षाकृत निर्बल था। हिन्दी, उर्दू या हिन्दुस्तानी के अलावा भारत की अन्य लोकभाषओं पर ग्रामीणता या क़स्बाईपन ही छाया रहा है और इन्हीं की प्रधानता रही है। भाषाई क्षेत्र में शोध और अनुसन्धान उत्तरी भारत के इस भाग में जिस ठाट-बाट और आन-बान से होता रहा है, उसका उदाहरण भारत की अन्य लोकभाषाओं में नहीं मिलता। इसे मैं एक उदाहरण द्वारा समझाना चाहता हूँ। लैटिन भाषा को, एक कमज़ोर संस्कृति बदल कम सकेगी और बिगाड़ ज़्यादा सकेगी। लेकिन इंग्लैण्ड ने लैटिन भाषा के शब्दों को बदल कर अंग्रेज़ी साँचे में ढाल दिया है।

उर्दू ही की क्यूँ, चर्चा कीजिए मलिक मुहम्मद जायसी, कबीर, तुलसीदास, सूरदास, रहीम, रसखान, मीराबाई बल्कि समस्त प्राचीन हिन्दी साहित्य में यद्यपि फ़ारसी, अरबी के शब्द न होने के बराबर हैं, लेकिन अपने मूल रूप में संस्कृत शब्द भी न होने के बराबर हैं। संस्कृत को हिन्दी वालों ने जिस संख्या में और जितने अच्छे ढंग से ग्रहण कर लिया है उसका उदाहरण बंगला या अन्य भाषाओं में नहीं मिलेगा।

प्रायः 90 प्रतिशत संस्कृत शब्दों की बनावट और ध्वनि हिन्दी शब्दों की बनावट और ध्वनि से भिन्न ही नहीं, बल्कि विपरीत हैं जैसे, लैटिन भाषा के शब्दों की बनावट और ध्वनिशास्त्र अंग्रेज़ी भाषा की बनावट और ध्वनिशास्त्र से भिन्न और विपरीत हैं। हालाँकि बहुत बड़ी संख्या में लैटिन शब्द अपने रूप और प्रकृति को बदल कर अंग्रेज़ी भाषा में शामिल हो चुके हैं।

अब रही फ़ारसी-अरबी शब्दों की बात, जो अच्छी-खासी संख्या में उर्दू में घुल-मिल गए हैं। इस वास्तविकता को पं. मदन मोहन मालवीय, पं. शिव कुमार शास्त्री, पं. बाल कृष्ण भट्ट और पं. पद्‌म सिंह शर्मा अपनी रचनाओं में स्वीकार कर चुके हैं कि हिन्दी शब्दों के साथ जिस प्रकार हज़ारों अरबी-फ़ारसी शब्द घुल-मिल जाते हैं उसी प्रकार संस्कृत शब्द हिन्दी शब्दों के साथ नहीं रचते-पचते। पं. मदन मोहन मालवीय ने तो बनारस की वह हिन्दी सुनकर जिसमें संस्कृत शब्द ज़बरदस्ती ठूँसे गए थे, यहाँ तक कह दिया कि यह हिन्दी 'तेलही हिन्दी' है अर्थात, जिस प्रकार तेल और पानी मिलाए नहीं जा सकते, उसी प्रकार स्वाभाविक हिन्दी में संस्कृत शब्द अपने असली रूप में घुलाए-मिलाए नहीं जा सकते।

पिछले पन्द्रह-बीस वर्षों के अन्दर, विशेषकर स्वतन्त्रता प्राप्ति के बाद हिन्दी गद्य के लाखों पृष्ठ प्रकाशित किए गए हैं। इस गद्य की भाषा मुहावरेदार बिल्कुल

नहीं। यह गद्य अटक-अटक कर भौंडी चाल से आगे बढ़ता है क्योंकि इसके पाँव में संस्कृत शब्दों के ढेले बाँध दिए गए हैं। लेकिन ख़ैर, कुछ विशेष प्रकार के गद्य में झक मार के किसी तरह काम चला लिया गया है। फिर भी उपन्यास और कहानियों के गद्य में, नाटकों के गद्य में, तथा घरेलू जीवन, सामाजिक जीवन और हल्की-फुल्की बातों के गद्य में संस्कृत शब्द एक घुटन पैदा कर देते हैं, जिससे हिन्दी टेढ़ी-मेढ़ी हो जाती है।

क़लई खुलती है शायरी में। सौ वर्ष से खड़ी बोली हिन्दी के कवि झक मार रहे हैं। कुछ हिन्दी कवियों को मार-मार के ज़बरदस्ती बड़ा बनाया गया है। कुछ ये महानुभाव संस्कृत और हिन्दी का मिज़ाज समझे बिना हज़ार-दो हज़ार संस्कृत शब्द अपनी हिन्दी कविता में घसीट लाए। यह बिल्कुल ऐसा ही कार्य था जैसा कई सौ वर्ष पहले मुहम्मद तुग़लक ने मार-मार कर और हाँक कर उत्तरी भारत के निवासियों को दक्षिण में दौलताबाद जाने पर मजबूर किया। यह मूर्खतापूर्ण कार्य फलीभूत न हो सका। मैथिलीशरण गुप्त, जयशंकर प्रसाद, सुमित्रानन्दन पन्त, निराला, महादेवी वर्मा, और उनके सैकड़ों अनुयाइयों ने खड़ी बोली हिन्दी में संस्कृत शब्दों की ठूँस-ठाँस की, जिससे संस्कृत भी बिगड़ गई और हिन्दी भी बर्बाद हो गई। हमारे प्रान्त में उर्दू की शिक्षा का गला घोंट दिया गया है। मार-मार के सबको हिन्दी पढ़ाई जा रही है, लेकिन खड़ी बोली हिन्दी की पन्द्रह-बीस पंक्तियाँ भी किसी की ज़ुबान पर चढ़ नहीं सकीं।

इसमें शक नहीं, उर्दू लिखने-पढ़ने वाले मुसलमानों का एक ख़ास मिज़ाज रहा है, जिसमें हिन्दू बौद्धिकता और हिन्दू साहित्य और संस्कृति की परम्पराएँ एवं तत्त्व बड़े आकर्षक ढंग से व्यक्त नहीं हो सके थे। लोग एक बात भूल जाते हैं। उर्दू भाषा, मुसलमानों की उर्दू की अपेक्षा कहीं बड़ी व्यापक वास्तविकता है। असग़र के कथनानुसार :

> ऐ शेख़ वो बसीत[1] हक़ीक़त[2] थी कुफ़्र[3] की
> कुछ क़ैदो-बन्द ने जिसे ईमाँ बना दिया।

अगर हम ईमान के स्थान पर मुसलमानों की उर्दू शैली पर ध्यान दें तो हमारी समझ में वास्तविकता आ जाएगी कि हमारे मुसलमान भाई अपने देशवासी हिन्दुओं के जीवन की बहुत-सी उपयोगी बातों से अब तक वंचित रहे हैं। प्रेमचन्द ने, दुर्गा सहाय सुरूर ने, चकबस्त ने, स्वयं मैंने उर्दू दर्पण को तनिक भी ठेस लगाए बिना अन्दर से उर्दू ज़बान को इस तरह बदल दिया है कि यह काम आरम्भ में किसी मुसलमान के लिए असम्भव था। और ऐसे हिन्दू के लिए भी असम्भव था जिसकी प्रवृत्ति मुसलमानों की उर्दू की भाँति केवल अनुकरणात्मक या कृतज्ञतात्मक हो।

---

1. व्यापक, 2. वास्तविकता, 3. परमात्मा को न मानना। अधर्म।

संस्कृत शब्दों के बिना भी और अरबी-फ़ारसी शब्दों सहित भी तथा बिना किसी पक्षपात या संकीर्णता के उर्दू के मिज़ाज को कालिदास और संस्कृत के अन्य प्रतिनिधियों का मिज़ाज दिया जा सकता है। हाँ, संस्कृत और ठेठ हिन्दी के सैकड़ों शब्द जो उर्दू में रच-बस गए हैं उन्हें सलीक़े से उर्दू में दाखिल किया जा सकता है। उर्दू को बदला तो जा सकता है, लेकिन उसे बिगाड़ के अगर बदला जाएगा तो सारा खेल बिगड़ जाएगा। अगर मुझ जैसे या प्रेमचन्द जैसे दर्जन भर उर्दू प्रेमी उर्दू की सेवा कर पाते और यदि ऐसी रचनाएँ देश के लाखों-करोड़ों नवयुवकों की शिक्षा-दीक्षा, साहित्यिक अध्ययन और सांस्कृतिक विषयों में प्रयुक्त होतीं तो आज नहीं तो कल और कल नहीं तो परसों, उर्दू बेहतरीन लेखकों के मिज़ाज को अपने मिज़ाज में दाख़िल करके दिखा देती। याद रहे कि हिन्दी के जिन रचनाकारों के नाम मैंने अभी गिनवाए हैं, वे हिन्दू स्वभाव, हिन्दू साहित्यिक परम्पराओं और हिन्दू संस्कृति का प्रतिनिधित्व नहीं कर सके हैं। खड़ी बोली का सबसे सम्वेदनशील और ज़िन्दा रूप उर्दू है। केवल वह उर्दू नहीं जो मुसलमानों की लेखनी से निकली है बल्कि वह उर्दू जिसकी सम्भावनाएँ मुसलमानों की उर्दू से ज़्यादा गहरी और व्यापक हैं। आज तो वह समय आ गया था, जब भारत और पाकिस्तान के मुसलमान उर्दू के बड़े हिन्दू लेखकों का सहर्ष अनुसरण करते। जैसे कई मुसलमान कथाकारों ने प्रेमचन्द का अनुसरण किया और अत्यन्त आकर्षक शैली में हिन्दू मिज़ाज की अभिव्यक्ति की। लेकिन धर्म गुरुओं ने उर्दू को गंगा-यमुना का अजस्र प्रवाह स्रोत बनने नहीं दिया। यह हमारी संस्कृति की बहुत बड़ी त्रासदी रही है।

25.1.65

शौक़ : ज़िन्दगी के मूल्य स्थायी होते हैं या बदलते रहते हैं ?

फ़िराक़ : इस सवाल में स्थायी शब्द विचारणीय है। अगर इसका अर्थ स्थायी काल या शाश्वतता लिया जाए तो सूर्य, सौरमंडल और सृष्टि कोई भी चीज़ स्थायी नहीं मानी जाती। सिर्फ़ भौतिक तत्त्व के विषय में कहा जाता है कि यह स्थायी है, लेकिन भौतिक तत्त्व से बनी कोई भी चीज़ स्थायी नहीं है। यूँ तो डॉ. इक़बाल ने भी कहा है :

सबात[1] एक तग़य्युर[2] को है ज़माने में।

तो इस सवाल को हम यूँ क्यों न पेश करें कि ज़िन्दगी के मूल्य के बदले

---

1. स्थायित्व, 2. परिवर्तन।

हुए रूप ज्यों के त्यों सैकड़ों वर्षों तक स्थापित रहते हैं या एक युग के बाद दूसरे युग में बदलते रहते हैं। युग-युग से अभिप्रायः समाज के विकास की मंज़िलें या ऐतिहासिक काल लिया जाए। दुनिया भर के सभ्य राष्ट्रों का यह सिद्धान्त है कि कुछ मौलिक मूल्य उस समय तक नहीं मिट सकते जब तक सभ्यता और संस्कृति दुनिया में क़ायम है जैसे, दूसरों के साथ सहानुभूति और बराबरी की भावना, सृष्टि से मुहब्बत और तालमेल की भावना, स्त्री और पुरुष के बीच पवित्र प्रेम की भावना, बच्चों में स्नेह और प्यार की भावनाओं पर जो मूल्य आधारित हैं, ज्ञान और वास्तविकता की खोज से जो मूल्य बन चुके हैं, सौन्दर्यानुभूति, प्रकृति और उसकी छटा से, धरती से, पशु-पक्षियों से, मानव-प्रेम और सौहार्द तथा मौलिक रूप में एकता की भावना से सम्बन्धित जो मूल्य हैं, वे तो उस वक़्त तक क़ायम रहेंगे और उन्हें क़ायम रहना चाहिए, जब तक संसार और मानव सभ्यता एवं संस्कृति जीवित है। किन्तु मानव व्यवस्था में परिवर्तन होते रहे हैं और होते रहेंगे। इस कार्य में भी शायद अब से कुछ शताब्दियों के बाद मानव संस्कृति और व्यवस्था उस मंज़िल पर पहुँच जाएँगी जिसके बाद मानव व्यवस्था में किसी बड़े परिवर्तन की कोई बात सोची भी नहीं जा सकती।

शौक़ : तो क्या इन्सान का बदलता हुआ इतिहास एक मंज़िल पर आकर ठहर जाएगा और उसके बाद जब तक दुनिया मिट न जाए, मानव समाज एक ही स्थिति में पड़ा रहेगा ?

फ़िराक़ : बाह्य रूप में मैं जीवन व्यवस्था के सदा बदलते रहने के सिद्धान्त को स्वीकार नहीं करता। हाँ, आन्तरिक रूप में विकास और परिवर्तन की क्रिया उस समय तक चलती रहेगी, जब तक दुनिया क़ायम है। एक उदाहरण से अपना आशय प्रकट कर दूँ। मेरी या आपकी भौतिक और बाह्य ज़िन्दगी किशोर अवस्था से मौतों तक बिल्कुल एक-सी रह सकती है। लेकिन हमारे विचार, हमारी भावनाएँ, अनुभव, विवेक, घटनाओं से उत्पन्न हमारी मनःस्थति, अध्ययन और मनन-निरीक्षण के परिणामस्वरूप हमारी आन्तरिक दुनिया बदलती रहती है। इन्हें शायद हम मूल्यों का बदलना नहीं कह सकते बल्कि माने जाते हुए मूल्यों के प्रभावाधीन हम अपने व्यक्तिगत विकास से इस परिवर्तन का निर्माण कर सकते हैं।

शौक़ : आप साहित्य और अन्य ललित कलाओं में परिवर्तन को मानते हैं या नहीं ?

फ़िराक़ : रचनात्मक कार्य के विकास को तो मैं मानता हूँ किन्तु इस विकास को मैं मूल्य परिवर्तन कदापि नहीं कहूँगा। अगर मैंने चालीस और पचास वर्ष की उमर के दरम्यान कुछ काव्यात्मक या साहित्यिक रचनाओं को पेश किया और पचास वर्ष की उमर के बाद से एक चौथाई सदी तक इन कारनामों में वृद्धि करता रहा या नई चीज़ें पेश करता रहा तो इसे और जो कुछ भी कहा जाए, ये मूल्यों में

परिवर्तन नहीं, बल्कि यह विकास की रचनात्मक क्रिया है। परिवर्तन का यह भाव मुझे बिल्कुल नापसन्द है कि कल तक जो हुआ वह आज सब रद्द कर दिया जाए। या आज सब बेकार हो गया या रद्दी की टोकरी में डालने योग्य हो गया। जैसा शेक्सपियर ने कहा है : "Ripeness is all"। अर्थात निरन्तर परिपक्वता प्राप्त करते रहने की क्रिया ही ज़िन्दगी का मक़सद है।

शौक़ : ये बातें बड़ी गहरी हैं। लेकिन क्या परिपक्वता की प्रक्रिया या उसके सोपान किसी मंज़िल पर आकर एकदम रुक नहीं जाएँगे ?

फ़िराक़ : मैं अपनी सहज बुद्धि के बल पर यह कहता हूँ कि परिपक्वता एक मंज़िल या स्तर पर पहुँच कर भी अपनी विविधता, अपनी नवीनता और अपनी उर्वरता नहीं खोती। सौन्दर्यबोध के मूल्य यदि तार्किक दृष्टि से न भी बदलें या स्थिर रहें तो भी असंख्य रूपों में ये मूल्य अपनी अभिव्यक्ति की स्थितियाँ पैदा करते रहेंगे। जैसे, ग़ालिब से जो मूल्य ग़ज़लें कहलवाते थे उनमें कोई परिवर्तन नहीं आया, लेकिन ग़ालिब की हर ग़ज़ल एक नया सौन्दर्य जगत पेश करती है। रूप परिवर्तन, मूल्य परिवर्तन नहीं है। जिन मूल्यों को मैं मानता हूँ वे सम्भवतः वही मूल्य हैं जिन्हें अन्य बहुत से दूसरे लोग भी मानते हैं। मेरे यहाँ यही मूल्य मेरी शायरी की शक्ल अख़्तियार करते हैं। प्रेमचन्द के यहाँ प्रेमचन्द के अफ़सानों की शक्ल अख़्तियार करते हैं, टैगोर के यहाँ टैगोर की कृतियों की शक्ल अख़्तियार करते हैं। ये ही मूल्य जवाहर लाल नेहरू के कारनामों की शक्ल अख़्तियार करते हैं। और ये ही मूल्य उर्दू तथा अन्य भाषाओं के बहुरंगी पद्य और गद्य का निर्माण करते हैं। जिसे हम विविधता या बहुरंगीनी कहते हैं वह एक ही प्रकार के मूल्यों की उपज है। एकरूपता विविधता की दुश्मन नहीं है, बल्कि विविधता की जान है : "हम जान गए उसको वो जिस रंग में आए"। सवाल मूल्यों के बदलने या न बदलने का नहीं है, बल्कि मूल्यों को धीरे-धीरे हज़म करने का है और उन्हें हज़म करते हुए रंगारंग रचनात्मक क्रिया को क़ायम रखने का है। मूल्यों के बदलते रहने पर हमारे कम्युनिस्ट या साम्यवादी मित्र मेरी राय में ज़रूरत से ज़्यादा ज़ोर दे दिया करते हैं। मालूम होता है "रद्द कर दो" और "तब्दीली" के शब्द उनके माशूक़ हैं। परिवर्तन, क्रान्ति, रद्दी की टोकरी में डालना, ठुकरा देना, मिटा देना, अतीत पर थूक देना, इन कल्पनाओं से यारों की बाछें खिल जाती हैं और ऐसा क्यों न हो, सभ्यता के आरम्भ से अब तक या रूस की क्रान्ति तक जो कुछ हुआ है उसकी महानता का अनुभव किए बिना बेमन से इसका समर्थन करके ये महानुभाव बहुत खुश हो जाते हैं। समर्थन ठीक है, लेकिन क्या ये हज़रात माज़ी के कारनामों को इसी तरह से समझ भी सके हैं, जिस तरह प्रसिद्ध विद्वानों, कला और साहित्य के पारखियों ने माज़ी को समझा है ?

मुझे तो दुनिया भर में कोई ऐसा कम्युनिस्ट आलोचक किसी भाषा में नहीं

मिला जिसका नाम हम कला और साहित्य के प्रख्यात आलोचकों के साथ गुस्ताखी किए बग़ैर ले सकें। किसी कलाकार के चेतन या अवचेतन, सामाजिक या राजनीतिक सिद्धान्तों की व्याख्या या मूल्यांकन साहित्य की आलोचना ही में है और हम इसे साहित्यिक मूल्यों का समझना नहीं कह सकते हैं। हाँ, इसे झक मारना कह सकते हैं।

शौक़ : भारत की प्रत्येक भाषा और उसके साहित्य से आपको दिलचस्पी रही है। इनसे उर्दू की तुलना आप किस प्रकार करेंगे ?

फ़िराक़ : मैंने बंगला बोलचाल को अपने कानों से सुना है और जो साहित्य मुझे पढ़कर सुनाया गया, उसे भी सुना है। इसी प्रकार कुछ-न-कुछ मराठी, गुजराती, सिन्धी, तमिल, तेलुगू तथा अन्य भाषाओं की ध्वनियों को अपने कानों से सुना है और मैं इस नतीजे पर पहुँचा हूँ कि हिन्दुस्तान की कोई भी ज़बान अपने सभी सौन्दर्य के बावजूद निम्नलिखित बातों में उर्दू की बराबरी सम्पूर्णतया नहीं कर सकती :

1. ध्वन्यात्मक गुण।

2. मुहावराबन्दी और दैनिक़ बोलचाल की भाषा शैली।

3. ठेठ-से-ठेठ और मामूली से मामूली सामान्य शब्द में प्रभाव उत्पन्न कर देना अर्थात, अत्यन्त सरलता के साथ भावाभिव्यक्ति।

4. लालित्य और सुरुचिपूर्णता में भी उर्दू की बराबरी भारत की शायद ही कोई दूसरी भाषा कर सके।

तथापि, अंग्रेज़ी भाषा उपर्युक्त सभी दृष्टियों से और कुल मिलाकर उर्दू से आगे है। उर्दू ही के ढाँचे पर, खड़ी बोली हिन्दी या आधुनिक हिन्दी को उर्दू से भिन्न बनाने की कोशिश की जा रही है लेकिन जो बातें मैंने अभी गिनवाई हैं, उन्हें सामने रखते हुए मैं आधुनिक खड़ी बोली हिन्दी को उर्दू का सफल समकक्षी नहीं समझता।

प्रेमचन्द के उर्दू गद्य का मुक़ाबला स्वयं प्रेमचन्द का हिन्दी गद्य नहीं कर पाया। एक और उल्लेखनीय तथ्य है शैली की विविधता, रंगारंगी और उनके स्तरों में विभिन्नता जितनी उर्दू में मिलती है वह आधुनिक हिन्दी में हमें नहीं मिलती। और विशेषता यह है कि ये सारी वर्णन शैलियाँ समस्त उर्दू जगत में समान रूप से लोकप्रिय हैं। अगर मैं अपनी नाचीज़ कोशिशों का ज़िक्र करूँ तो यह कहूँगा कि मेरी ग़ज़लों, रुबाइयों और नज़्मों में विभिन्न वर्णन शैलियों का प्रयोग हुआ है। मैंने आधुनिक हिन्दी के उन लेखकों की पुस्तकों के भी पृष्ठ उल्टे हैं जिन्हें साहित्य अकादमी पुरस्कार या अन्य पुरस्कार दिए जा चुके हैं। उन्हें पढ़कर मुझे भारी असन्तोष हुआ है। जहाँ तक आधुनिक हिन्दी का प्रश्न है, मुझे इस बात का रोना है कि आधुनिक हिन्दी उन लोगों के हाथों नहीं बन रही जिन्हें खड़ी बोली पर

पूरा-पूरा अधिकार हो या जो खड़ी बोली के साथ खेल सकें या खड़ी बोली का जादू जगा सकें या वर्णन शैली में जो मीर, सौदा, ग़ालिब, ज़ौक, नज़ीर अकबराबादी, आतिश, नसीम, अनीस, इक़बाल, अकबर इलाहाबादी, चकबस्त, हाली, सरशार और भाषा एवं शैली के सैकड़ों अन्य विशेषज्ञों का मुक़ाबला कर सकें। मेरे हिन्दी भक्त या हिन्दी प्रेमी मित्र मुझसे बहुधा कहते हैं कि अभी तो हिन्दी का आरम्भ है। ये महानुभाव इस बात को नहीं जानते कि मीर के काव्य में भी उर्दू का प्रारम्भ था। चौसर (CHAUCER) भी अंग्रेज़ी के प्रारम्भ के उदाहरणों को पेश करता है। मलिक मुहम्मद जायसी के यहाँ भी अवधी भाषा का प्रारम्भ है। मैं हिन्दी प्रेमियों से कहूँगा कि आधुनिक हिन्दी का प्रारम्भ ही तो आधुनिक हिन्दी के भविष्य के लिए एक ख़तरा है। यह ऐसा प्रारम्भ है जिसके कारण हिन्दी की गाड़ी रुक जाएगी। बल्कि रुक गई है। एक ग़लत या दूषित वर्तमान सही या अच्छे भविष्य को जन्म नहीं दे सकता। एक बच्चा अपने जन्मदिन से ही अपने भविष्य का दिशानिर्देश कर लेता है :

होनहार बिरवान के चिकने-चिकने पात।

दूसरा रोना मुझे इस बात का रहा है कि बिना अंग्रेज़ी की उच्च शिक्षा के हिन्दी साहित्यकार बड़ा साहित्यकार नहीं बन सकता और न ही इतना बड़ा मस्तिष्क उसे मिल सकता जितना बड़ा मस्तिष्क ज़िन्दगी के अन्य क्षेत्रों में गोखले, तिलक, जवाहर लाल नेहरू, जगदीश चन्द्र बोस, लाजपत राय और भारत के अन्य प्रसिद्ध लोगों का था। छोटा दिमाग़ बड़ा अदब पैदा नहीं कर सकता।

उर्दू का प्रत्येक समर्पित प्रेमी हृदय से इस बात को मानता है कि यद्यपि उर्दू में भाषा एवं शैली के दोष बिल्कुल नहीं हैं और इसमें बहुत से गुण हैं, फिर भी उर्दू को अंग्रेज़ी साहित्य के समकक्ष खड़ा होना है। उर्दू में जो विशेषताएँ हैं उन्हीं के आधार पर मालवीय जी, ला. लाजपत राय, स्वामी रामानन्द तीर्थ, सर तेज बहादुर सप्रू, सर अब्दुल क़ादिर, जवाहर लाल नेहरू उर्दू की क़दर करते थे। लेकिन इन महापुरुषों के बराबर का दिमाग़ रखने वाला भारत का कोई प्रसद्धि व्यक्ति आधुनिक हिन्दी के तथाकथित प्रख्यात साहित्यकार की रचनाओं का प्रशंसक नहीं होता। आधुनिक हिन्दी जब तक बड़े दिमाग़ वालों को अपना प्रशंसक या प्रेमी नहीं बनाएगी तब तक वह हमारी ज़िन्दगी में कोई स्थान नहीं प्राप्त कर सकती। जनसामान्य ही को इसने कहाँ अपना प्रेमी बनाया है ? लोगों को यदि प्रेम है तो हिन्दी के नाम से है, हिन्दी की चीज़ों से नहीं। एक बार कलकत्ते में उर्दू मुशायरा हुआ। हज़ारों की संख्या में बंगाली, जो उर्दू का एक अक्षर नहीं समझते, रात भर मुशायरा सुनते रहे। उन्होंने कहा कि वे उर्दू शायरी समझ नहीं सके। लेकिन उन पर केवल कविता के ध्वनि-सौष्ठव से इस बात का स्थायी प्रभाव पड़ा कि यह भाषा उनकी मातृभाषा से कहीं अधिक सुसंस्कृत और उन्नत है।

यह सब कुछ कहने का मेरा मतलब सिर्फ़ यही है कि हिन्दी को उर्दू के बहुत क़रीब आना है। पहले उर्दू को हिन्दी अपनाए। इसके बाद इसमें ऐसे परिवर्तन और परिवर्द्धन करे और ऐसी नई-नई चीज़ें लाए जो इसके ढाँचे को आघात न पहुँचाए। ख़िदमत तो खड़ी बोली की करनी है किन्तु रहना खड़ी बोली ही से बिल्कुल अनजान। यह एक विचित्र गड़बड़ झाला है। आज हिन्दी के प्रायः सभी नए लेखक उर्दू के क़रीब आने की कोशिश कर रहे हैं। हमें उन्हें प्रोत्साहन देना चाहिए और जहाँ-जहाँ उनकी लेखनी चूके, उनका संशोधन भी करना चाहिए। देवनागरी लिपि में उर्दू अदब को पेश करके हिन्दी की बहुत बड़ी सेवा की जा रही है। मैं यह नहीं कहता कि उर्दू साहित्य में कोई कमी नहीं या कभी-कभी इसमें अनुचित प्रवृत्तियाँ काम नहीं करती रहीं, लेकिन इसका यह अर्थ नहीं कि कुछ परिवर्तनों और संशोधनों की ख़ातिर हम उर्दू को ही जड़ से उखाड़ कर फेंक दें। यह शुभ शकुन है कि आज के हिन्दी प्रेमी नवयुवक उर्दू के प्रख्यात साहित्यकारों को अपना पथ-प्रदर्शक और गुरु मान रहे हैं। यदि यह क्रम जारी रहा तो हिन्दी और उर्दू का वह संगम शीघ्र ही पैदा हो जाएगा जिसका स्वप्न हमारा इतिहास देख रहा है।

फ़िराक़ साहब, (1965)

स्वर्गीय फ़िराक़ साहब भारत के तत्कालीन राष्ट्रपति फ़खरुद्दीन अली अहमद के साथ राष्ट्रपति भवन में 1969 में लेखक राष्ट्रपति के दाहिनी ओर।

आभार : फोटो टैक्निका

ग़ालिब और उनकी शायरी

26.1.1969

शौक़ : हिन्दुस्तान, पाकिस्तान और दुनिया के कई बड़े मुल्कों में ग़ालिब की 100वीं बरसी फरवरी 1969 ई. में मनाई जा रही है। आपके विचार में ग़ालिब की इस विश्व प्रसिद्धि के क्या कारण हैं ?

फ़िराक़ : अगर हम केवल भारत तक ही अपने विचारों को सीमित करके देखें तो भी कुछ ऐसे नाम सहसा उभर कर हमारे मस्तिष्क में आएँगे जिनका महत्त्व किसी भी प्रकार ग़ालिब से कम नहीं है जैसे कालिदास, तुलसीदास, अमीर खुसरो, कबीर और मीर तक़ी मीर। यह सूची और भी लम्बी हो सकती है। लेकिन अभी भारत के अन्तर्राष्ट्रीय ख्याति के कवियों को मरे हुए या तो सौ वर्ष नहीं हुए हैं या उनकी मृत्यु की तिथि का हमें ठीक-ठीक ज्ञान नहीं है। ग़ालिब ने स्वयं उर्फ़ी, मिर्ज़ा बेदिल और मीर तक़ी मीर के प्रति अपनी श्रद्धा व्यक्त की है।

ग़ालिब के नाम का दीप भी दूसरे नामों के दीपों से प्रज्वलित हुआ। फिर भी यदि हम विचार करें तो ग़ालिब को अन्तर्राष्ट्रीय स्तर पर श्रद्धांजलि करने के कुछ लक्ष्य हमारी समझ में आ जाएँगे। ग़ालिब की भाषा एवं अभिव्यक्ति शैली आज हिन्दुस्तान की सबसे जानदार और जीवन्त भाषा एवं अभिव्यक्ति शैली है। वैसे तो ग़ालिब की भाषा मूल रूप में वही है, जो आज के हर हिन्दी और उर्दू शायर की भाषा है। यह आज से सौ वर्ष पहले से रही है, लेकिन इस भाषा का सबसे जीता-जागता उदाहरण सिर्फ़ ग़ालिब की भाषा रही है। ग़ालिब ने हमारी बोली और हमारी भाषा को ज़िन्दा से ज़िन्दा शक्ल में बरता है। ग़ालिब का उर्दू दीवान (काव्य संकलन) यद्यपि संक्षिप्त है लेकिन इस संक्षिप्त काव्य संग्रह के जितने शे'र आज लाखों लोगों की जुबान पर हैं, इतने शे'र किसी और ऐसे कवि के हर छोटे-बड़े की जुबान पर नहीं हैं, जिनके दीवान, दिवान-ए-ग़ालिब से कई गुणा बड़े हैं। किसी और शायर की रचनाएँ और वर्णन शैली इतनी लोकप्रियता प्राप्त नहीं

कर सकी जितनी ग़ालिब की रचनाओं और भाषा शैली ने की है। ग़ालिब ने हमारी बोलचाल की सबसे अधिक सम्वेदनशील रग को छू लिया था। क्या ग़ालिब के अतिरिक्त किसी अन्य शायर के शे'र वास्तविक अर्थों में हमारी बोली के उदाहरण प्रस्तुत कर सके हैं ?

क्या बने बात जहाँ बात बनाए न बने
हाथ आए तो उन्हें हाथ लगाए न बने
कि लगाए न लगे और बुझाए न बने

नींद उसकी है, दिमाग़ उसका है, रातें उसकी हैं
तेरी ज़ुल्फ़ें जिसके बाज़ू पर परीशाँ हो गईं।

महबूब के मिलन से जो संतुष्टि और तसल्ली प्राप्त होती है उसकी इतनी सहज, स्वाभाविक और चमत्कारपूर्ण अभिव्यक्ति हमें कहीं और नहीं मिलती। एक और उदाहरण लीजिए :

दिल से तेरि निगाह जिगर तक उतर गई
दोनों को इक अदा में रज़ामन्द कर गई।

कुछ और भी उदाहरण द्रष्टव्य हैं :

वो आए घर में हमारे ख़ुदा की क़ुदरत है
कभी हम उनको, कभी अपने घर को देखते हैं।
नज़र लगे न कहीं उसके दस्त-ओ-बाज़ू को
ये लोग क्यों मेरे ज़ख़्म-ए-जिगर को देखते हैं।
दिल ही तो है न संग[1]-ओ-ख़िश्त[2] दर्द से भर न आए क्यों
रोएँगे हम हज़ार बार कोई हमें सताए क्यों।
हाँ वह नहीं ख़ुदापरस्त[3] जाओ वो बेवफ़ा सही
जिसको हो दीन-ओ-दिल अज़ीज़ उसकी गली में जाएँ क्यों।
ये फ़ितना[4] आदमी की ख़ाना-वीरानी को क्या कम है
हुए तुम दोस्त जिसके उसका दुश्मन आसमाँ क्यों हो।
वफ़ा कैसी कहाँ का इश्क़ जब सर फोड़ना ठहरा
तो फिर ए संग-दिल[5] तेरा ही संग-ए-आस्ताँ[6] क्यों हो।
बेनियाज़ी[7] हद से गुज़री बन्दा-परवर[8] कब तलक
हम कहेंगे हाल-ए-दिल और आप फ़रमाएँगे क्या।
ज़िन्दगी अपनी जब इस तरह से गुज़री ग़ालिब
हम भी क्या याद करेंगे कि ख़ुदा रखते थे।

---

1. पत्थर, 2. ईंट, 3. ईश्वर को पूजने वाला, 4. झगड़ा, उपद्रव, 5. पत्थर दिल, 6. चौखट, 7. बे-परवाही, 8. लोगों का पालन करने वाला।

कोई उम्मीद बर[1] नहीं आती
कोई सूरत नज़र नहीं आती।
जानता हूँ सवाब[2]-ए-ताअत[3]-ओ-ज़ुहद[4]
पर तबीयत इधर नहीं आती।
करने गए थे उनसे तग़ाफुल[5] का हम गिला[6]
की एक ही निगाह कि बस ख़ाक हो गए।
मरते हैं आरज़ू[7] में मरने की
मौत आती है पर नहीं आती।
आह को चाहिए एक उम्र असर होने तक
कौन जीता है तेरी जुल्फ़ के सर होने तक।
हज़ारों ख़्वाहिशें ऐसी कि हर ख़्वाहिश पै दम निकले
बहुत निकले मेरे अरमान, लेकिन फिर भी कम निकले।
हम उसके हैं, हमारा पूछना क्या।

ग़ालिब के संक्षिप्त दीवान से मैंने सिर्फ़ कुछ ऐसे उदाहरण प्रस्तुत किए हैं जिनकी टक्कर के शे'र हमें किसी और शायर के उन दीवानों में भी नहीं मिलते जो दीवान-ए-ग़ालिब से कई गुणा भारी-भरकम हैं। ग़ालिब की समझ और विवेक हमारी भाषा के दूसरे शायरों के लिए एक सबक़ है। सिर्फ़ एक और शे'र पर ग़ौर कीजिए। यह नाटकीय गुण भला हमको दाग़ जैसे चोंचलेबाज़ शायर के पूरे काव्य में भी कहाँ मिलेगा ? कहीं नहीं :

जौर[8] से बाज़ आएँ पर बाज़ आएँ क्या
कहते हैं हम तुझ को मुँह दिखलाएँ क्या।

कुछ और उदाहरण लीजिए :

गदा[9] समझ के वो चुप था, मेरी जो शामत आई,
उठा और उठ के क़दम मैंने पासबाँ[10] के लिए।
उनके आने से जो आ जाती है मुँह पर रौनक़
वह समझते हैं कि बीमार का हाल अच्छा है।

लोग ग़ालिब की नई बात निकालने की प्रशंसा करते हैं। किन्तु वास्तविकता यह है कि ग़ालिब नई बात निकालने की अपेक्षा नए विषयों की खोज अधिक करता है। वह ऐसे विषयों को ढूँढ़ निकालता है, जिनका सम्बन्ध आए दिन की घटनाओं से है। इन विषयों को वह स्वयं से सम्बन्धित होने और न होने के रूप में इस खूबी के साथ प्रस्तुत करता है जिसका उदाहरण गीत काव्य में अन्यत्र दुर्लभ है। ग़ालिब और मीर में कौन बड़ा है, इस पर काफ़ी वाद-विवाद रहा है। लेकिन इस

---

1. पूरा होना, सफल होना, 2. पुण्य, 3. पूजा, बन्दगी, 4. परहेजगार, संयम रखने वाला, 5. उपेक्षा, जानबूझकर अनजान बनना, 6. शिकायत, 7. इच्छा, 8. सताना, 9. भिखारी, 10. चौकीदार, रखवाला।

तथ्य पर ग़ालिब या मीर के प्रशंसकों ने बहुत कम रोशनी डाली है कि मीर अपनी समस्त असंदिग्ध महानताओं के बावजूद स्वयं अपने व्यक्तित्व और अपने बहुत बड़े व्यक्तित्व के दास हैं।

ग़ालिब अपनी असीम वैयक्तिकता के बावजूद एक ऐसे स्वतन्त्र व्यक्तित्व का प्रमाण देता है जो आप अपने से विरक्त है। समाज अहम की भावना से युक्त बड़े लोगों से अपने आप को इतना समीप नहीं कर पाता जितना अहम की भावना से मुक्त व्यक्तियों से। लेकिन मुझे यह कहने में तनिक भी झिझक नहीं कि मीर ने अपने आप को अपने व्यक्तित्व, अपनी वैयक्तिकता, अपने गुणों या अपनी 'मीरयत' का शिकार रहते हुए ऐसे शे'र कह दिए हैं, जिन पर ग़ालिब और ग़ालिब की रचनाओं को भी ईर्ष्या हो सकती है। किन्तु उस कवि-सुलभ स्वार्थहीनता में जिसके उदाहरण हमें ग़ालिब की रचनाओं में मिलते हैं, एक ऐसी अपील और एकाग्रता (concentration) होती है जो हमें मीर के व्यक्तिवादी उत्कर्ष में नहीं मिलती। मीर को मीर के सिवा कुछ और बनना नसीब नहीं हुआ। लोग ग़ालिब की स्वाभिमानता का तो ज़िक्र करते हैं लेकिन ग़ालिब की अस्वाभिमानता और सर्वमान्यता की ओर ध्यान नहीं देते। मीर बहुत बड़े 'मीर' थे लेकिन ग़ालिब बहुत बड़ा "हम, आप" है। मीर का "मैं" और ग़ालिब का "हम" समालोचना का एक अत्यन्त रोचक विषय है। ग़ालिब का बा-हमागी[1] और बे-हमागी[2] या लिप्तता और निर्लिप्तता, सब में शामिल और सबसे अलग, यही उसकी सार्वभौमिकता का रहस्य है :

बाज़ीच[3]-ए-अतफ़ाल[4] है दुनिया मेरे आगे
होता है शबो-रोज़[5] तमाशा मेरे आगे।

लेकिन फिर भी, मैं ग़ालिब का प्रशंसक होते हुए भी मीर की ओर क्यूँ झुक जाता हूँ ? यह इसलिए कि मीर अपनी व्यक्तिवादी और अहंवादी प्रकृति के बावजूद अपने अहम और अपनी वैयक्तिकता से बहुत ऊँचा है। और यही कारण था कि ग़ालिब ने स्वयं स्वीकार किया :

रेख़्ता[6] के तुम्ही उस्ताद नहीं हो ग़ालिब
कहते हैं अगले ज़माने में कोई मीर भी था।

हम ग़ालिब समारोह तो मना रहे हैं, लेकिन सिर्फ़ इसलिए कि ग़ालिब हमीं जैसा, हमसे बहुत बड़ा एक व्यक्ति था। हम मीर का समारोह नहीं मना रहे हैं और यह सिर्फ़ इसलिए कि मीर एक बहुत बड़ी सृष्टि है। किन्तु इस सृष्टि का नाम भी 'मीर' ही है। मीर अपने व्यक्तित्व और वैयक्तिकता की मुहर सृष्टि पर भी लगा देता है।

---

1. उसके पास सब कुछ है, 2. उसके पास कुछ भी नहीं है, 3. खेल, 4. बच्चे, 5. रात-दिन, 6. मिली-जुली भाषा, उर्दू का पहला नाम।

लेकिन ग़ालिब सृष्टि पर सृष्टि की मुहर लगाता है। अब मीर और ग़ालिब में आप किसको वरीयता देते हैं या वरीयता के पचड़े में नहीं पड़ना चाहते, इसका निर्णय आप स्वयं कीजिए। जीवन में ऐसे अवसर आते ही रहते हैं कि हम केवल श्रद्धा और सम्मान व्यक्त करें और वरीयता या प्राथमिकता के झगड़े में न पड़ें। हमें इस बात का अधिकार है कि हम कभी अपने को मीर भक्त पाएँ या बनाएँ और कभी ग़ालिब-प्रेमी बनें। अब इसको क्या किया जाए कि हम इन उच्च कार्यों और प्रवृत्तियों का साहस न रखते हुए, स्वयं को इक़बाल भक्त बना लेते हैं। चलो, यही सही। कुछ लोगों को उनका इक़बाल प्रेम मुबारक। लेकिन ठण्डे दिल से विचार करने पर यह प्रश्न सदा हमारे सामने रहेगा कि इक़बाल ने "तर्जुमान-ए-हक़ीक़त, में ऐसी किन वास्तविकताओं की व्याख्या की है जिन पर मीर, ग़ालिब या टैगोर की दृष्टि नहीं पड़ी थी। क्या इक़बाल के अस्तित्त्व का तसव्वुर मीर और ग़ालिब के अस्तित्त्व और तसव्वुर से ज़्यादा गहरा या ज़्यादा बुलन्द है ? क्या उनकी मस्जिद-ए-कुरतबा मीर और ग़ालिब की मस्जिद-ए-कायनात से बड़ी है ?

यूँ तो दृष्टि को धोखा देने के लिए बातों का भरम-जाल हम जितना चाहें बना लें। बात यह है कि वास्तविकता या सत्य के प्रति निष्ठा और मत अथवा सम्प्रदाय के प्रति निष्ठा में बड़ा अन्तर है। निर्लज्जता की हद हो गई। मानवता पहले भी कहाँ से कहाँ पहुँच गई थी और आज भी कहाँ से कहाँ पहुँच गई है। लेकिन हमारी मिल्लत की व्याख्या हमसे सिर्फ़ यही कहलवा रही है कि मिल्लत, मिल्लत, मिल्लत। मानवता का धर्म प्रलय तक भी "मज़हब-ए-मिल्लत" (सम्प्रदाय का धर्म) नहीं हो सकता :

हम मुवह्हिद हैं हमारा केश है तरक-ए-रसूम
मिल्लतें जब मिट गईं अजज़ाए–ईमाँ हो गईं।

ग़ालिब ने हिन्दू समाज और हिन्दू धर्म के कई मूल्यों को बड़े ध्यान और गहराई के साथ बहुत अच्छी तरह समझा था। वे अपने हिन्दू और मुसलमान मित्रों, प्रियजनों में कोई अन्तर कर ही नहीं सकते। बनारस शहर पर फ़ारसी में जो वे अपनी अमर मसनवी कह गए हैं उसे सारे भारत में बी. ए. के फ़ारसी पाठ्यक्रम में शामिल किया जाना चाहिए। हिन्दू ज़िन्दगी के बहुत से पहलू फ़ारसी ज़ुबान के कई कवियों और साहित्यकारों को बहुत अधिक प्रभावित कर चुके थे। ग़ालिब इन्हीं उदार-चेता व्यक्तियों में से थे। हाली ने लिखा है कि ग़ालिब को देखने और उनसे मिलने से पहले वे मुसलमानों के अलावा समस्त मानवता को काफ़िर या नारकीय समझते थे। उनका यह अज्ञान और भ्रम ग़ालिब के व्यक्तित्व के प्रभाव से दूर हो गया। ग़ालिब अपने समय में मानव धर्म के बड़े से बड़े प्रतिनिधि थे। हिन्दुओं में यह मानवता धर्म या मानव धर्म (HUMANISM) हमें राजा राममोहन राय के यहाँ मिलता है।

ग़ालिब उर्दू के महान साहित्यकारों में से पहले व्यक्ति थे, जिन्होंने अंग्रेज़ों के हाथों किए जाने वाले अत्याचारों को अपनी आँखों से देखा था। इसके बावजूद ग़ालिब ने यह महसूस कर लिया था कि अंग्रेज़ों के हाथों भावी भारत की नींव पड़ रही है। भारत के इतिहास में इस्लाम की भूमिका समाप्त हो चुकी थी। इस वास्तविकता का अनुभव ग़ालिब को भली-भाँति हो चुका था। इसलिए तो ग़ालिब ने सर सैयद के इस आग्रह को ठुकरा दिया था कि "आईन-ए-अकबरी" के नए संस्करण की भूमिका ग़ालिब लिखें। "आईन-ए-अकबरी" की ऐतिहासिक स्थिति निर्विवाद है, लेकिन ग़ालिब ने यह भी महसूस कर लिया था कि अकबर की महानता सामन्ती युग और सामन्ती शासन (FEUDAL ADMINISTRATION) से मेल खाती है। अब भारत के बदलते हुए इतिहास के लिए "आईन-ए-अकबरी" कोई मार्गदर्शन नहीं कर सकती।

ग़ालिब की ग़ज़लों में परम्परागत और प्राचीन विषयों का एक जीता-जागता विवेक मिलता है। इसे हम नए भारत का विवेक कह सकते हैं। ग़ालिब के बाद के उर्दू साहित्य के उत्कृष्ट उदाहरण उन दीपों के समान हैं जिन्हें उस दीप से ही प्रज्वलित किया गया हो जिसका नाम ग़ालिब की शायरी है। ग़ालिब ने ऐतिहासिक हिन्दुस्तान के मिटते हुए युग का चित्रण यूँ किया है :

दाग़-ए-फ़िराक़[1]-ए-सोहबत-ए-शब की जली हुई
इक शम्मा[2] रह गई है सो वो भी ख़मोश है।

भारत के जिस नए प्रभात की किरणें फूटते हुए ग़ालिब ने देखी थीं उसकी ओर संकेत करते हुए ग़ालिब ने कहा था :

शम्मा कुशतन्द-ओ बखुरशीद-ए-निशान-ए दादन्द

अर्थात, शमा को बुझा दिया गया और उसकी जगह सूरज ने ले ली। यह नए भारत का सूर्य था, जिसे उदय होते हुए ग़ालिब ने देख लिया था। ग़ालिब ने जिस नए हिन्दुस्तान का स्वागत किया वह हिन्दू या मुस्लिम सम्प्रदायवादियों का हिन्दुस्तान नहीं था और उसी संयुक्त हिन्दुस्तान के प्रतिनिधि थे हकीम अजमल खाँ, शिबली, मौलाना मदनी, महात्मा गान्धी, मौलाना आज़ाद, पं. जवाहर लाल नेहरू और उनके करोड़ों अनुयायी। यूँ तो भारत की लगभग साठ करोड़ जनसंख्या में प्रत्यक्ष रूप में ग़ालिब के विचारों से बहुत थोड़े लोग ही परिचित हैं, लेकिन हक़ीक़त अपने आपको अनजाने रूप में पूरे समाज से मनवा लेती है। ग़ालिब के भविष्यद्रष्टा होने और भारत के इतिहास की नब्ज को पहचानने का अचेतन अहसास भारत के सभी पढ़े-लिखे और समझदार लोगों को हो चुका है। ग़ालिब की हैसियत एक ऐसे भविष्यवक्ता की है जिसे समय सच्चा सिद्ध करने वाला था ग़ालिब ने कलकत्ता

1. रात्रि के मिलन की जुदाई का दाग़, 2. मोमबत्ती

जाकर नई सभ्यता के सूत्रपात को देख लिया था। विज्ञान और मशीनी युग जिस हिन्दुस्तान का निर्माण करने वाला था, उसे ग़ालिब ने भाँप लिया था। उन्होंने अपने कई फ़ारसी शेरों में मशीनी युग के चमत्कारों और आश्चर्यजनक कारनामों की ओर संकेत किए हैं।

ग़ालिब की ग़ज़लों में अभिव्यक्ति शैली की अविच्छिन्नता, काव्य के अपेक्षित अनिवार्य तत्त्व, केन्द्रीयता औ. अन्य काव्यात्मक गुणों के सजीव उदाहरण मौजूद हैं। ग़ालिब की हर बात उस तीर की भाँति है, जो ठीक निशाने पर बैठ जाए। ग़ालिब की रचना कौशल का श्रेय भी इन्हीं गुणों को जाता है। उर्दू के किसी अन्य कवि की रचनाओं में अभिव्यक्ति के तत्त्व इतने उत्प्रेरक और सम्वेदनशील नहीं हैं, जितने ग़ालिब के शेरों में दिखाई पड़ते हैं।

कई दृष्टियों से ग़ालिब का ज़माना दुःख-दर्द, नैराश्य और अराजकता का ज़माना था। ग़ालिब यूँ तो असहाय और विवशता के शिकार थे, लेकिन उन्होंने अपनी इस हैसियत को एक बेपरवा और निश्चिन्त द्रष्टा की हैसियत दे रखी थी। ग़ालिब की संसार से इस निर्लिप्तता और लिप्तता, सरोकारी और बेसरोकारी ने उसे इस बात का अवसर दिया कि वह अराजकता की उड़ती हुई धूल के बादलों के पीछे एक घुड़सवार को देख ले और वह घुड़सवार था नया भारत। मैं केवल दो शे'र इस सम्बन्ध में प्रस्तुत करूँगा :

मिसाल[1] यह मिरी कोशिश की है कि मुर्ग़-ए-असीर[2]
करे क़फ़स[3] में फराहम[4] ख़स[5] आशियाँ[6] के लिए

और यह शे'र भी क्यों न पेश कर दूँ :

सफ़ीना[7] जबकि किनारे पे आ लगा ग़ालिब
खुदा से क्या सितम-ओ जौर-ए-नाखुदा[8] कहिए।

ग़ालिब का स्थान विश्व के और प्रत्येक भाषा के पत्र लेखकों में सबसे बड़ा है। ग़ालिब के ख़त पत्राचार साहित्य के क्षेत्र में संसार का उत्कृष्ट उदाहरण है। उर्दू गद्य कितना बेतकल्लुफ़ हो सकता है और साथ ही साथ कितना जादू भरा हो सकता है, इसकी मिसाल हमें ग़ालिब के पत्रों में मिलती है। ग़ालिब को भुलाकर हम पूरी एक शताब्दी के उर्दू साहित्य की कल्पना भी नहीं कर सकते।

---

1. उदाहरण, 2. क़ैदी पक्षी, 3. पिंजरा, 4. उपलब्ध 5. तिनके-तिनके 6. घोंसला, 7. नाव, 8. मल्लाह।

इक़बाल की शायरी

16.3.1965

शौक़ : आप कृपया इक़बाल की शायरी के सम्बन्ध में अपने विचार तर्कपूर्ण ढंग से सविस्तार व्यक्त करने का कष्ट करें।

फ़िराक़ : जब इक़बाल ने अपनी शायरी से उर्दू दुनिया को पहले-पहल अपनी ओर आकर्षित और प्रभावित करना शुरू किया तो यह ज़माना वर्तमान सदी का पहला और दूसरा दशक था। यह वह ज़माना था जबकि उर्दू दुनिया के 90 प्रतिशत भाग पर अमीर, दाग़, जलाल, तस्लीम, रियाज़, जलील और उनके सैकड़ों अनुयायियों की शायरी छाई हुई थी। शायरी के अलावा इस ज़माने में सामान्य और विशिष्ट सभी प्रकार के लोग दास्तानों (आख्यानों) और उपन्यासों का आनन्द ले रहे थे। उर्दू दुनिया के शायद 10 प्रतिशत लोग ही ऐसे होंगे, जिनकी रुचि उस साहित्य की ओर हो, जिसका सूत्रपात सर सैयद, शिबली, डिप्टी नज़ीर अहमद, मुहम्मद हुसैन आज़ाद, हाली और उनके सहयोगियों ने किया था। हाली के अलावा, उस ज़माने में परिशोधित और विशुद्ध गीतात्मक काव्य या ग़ज़लगोई शाद अज़ीमाबादी और आसी ग़ाज़ीपुरी से आरम्भ होकर लखनऊ की 'खदंग-ए-नज़र' पत्रिका के शायरों के गीतों तक आ पहुँची थी और बाद में हसरत, फ़ानी, यास यगाना चंगेज़ी, असग़र, और जिगर की शायरी के ज़रिए नई मंज़िलें तय कर रही थी।

यह ज़माना भारत के नव जागरण का ज़माना था। भारत में एक नई जागृति और आत्मज्ञान उत्पन्न हो चला था, जिसके अगुआ उर्दू दुनिया के लोग तो कम थे, दूसरे लोग ज़्यादा थे। इक़बाल की शायरी शुरू से ही एक ऐसी शानदार बौद्धिकता और व्यक्तित्व का सबूत दे रही थी जिसे हम अंग्रेज़ी में split personality (विभक्त व्यक्तित्व) कहते हैं, अर्थात एक ऐसा व्यक्तित्व जो दो भागों में बँट गया हो। वे दोनों भाग एक-दूसरे के उलट थे और उनमें परस्पर विरोध और टकराव था। इस व्यक्तित्व का एक भाग हिन्दुस्तान प्रेमी था और दूसरा भाग

इस्लाम का समर्थक या साम्प्रदायिक। इक़बाल अपने व्यक्तित्व के अन्तर्द्वन्द्व से काफ़ी परेशान दिखाई देते हैं। इस व्यक्तित्व का भारत प्रेमी भाग तो उनसे ऐसे बयानात दिलवाता है :

सारे जहाँ से अच्छा हिन्दोस्ताँ हमारा

और दूसरा, साम्प्रदायिक निष्ठा रखने वाला भाग यह कहलाता है :

मुस्लिम हैं हम, वतन है सारा जहाँ हमारा।

मानों ग़ैर-मुस्लिम सारे विश्व को अपना देश समझ ही नहीं सकते। वे अपने देशानुरागी भाग की रागनी तो कभी-कभी अलाप जाते हैं, लेकिन इस देश-प्रेम से वे कोई गहरे या दूरगामी अथवा मानवीय निष्कर्ष प्राप्त नहीं कर पाते। बहुत से महत्त्वपूर्ण यथार्थ जो कदापि मात्र इस्लामी यथार्थ नहीं हैं, उन्हें वे केवल इस्लामी यथार्थ मानने और मनवाने का निष्फल प्रयास उम्र भर करते रहे। अब इक़बाल की शायरी वर्तमान शताब्दी के तीसरे और चौथे दशकों में क़दम रखती है। भारत के नव जागरण का दोपहर का सूर्य इस ज़माने में अपनी पूरी ऊँचाई पर है और इस नई जागृति से इक़बाल प्रभावित भी हैं और साथ ही भयभीत भी। वे इस ज़माने को अपनाना भी चाहते हैं और यह भी अनुभव करते जाते हैं कि यह ज़माना हिन्दुस्तान से बाहर कहीं भी इस्लामी ज़माना नहीं है और न ही इस्लामी विचारधारा की बुलन्दी का ज़माना है। यह बात सोच कर इक़बाल एक स्थायी झल्लाहट और कचकचाहट के शिकार हो जाते हैं। यहीं से उनकी शायरी एक दाँत पीसती हुई शायरी दिखाई पड़ती है। इस ज़माने के तसव्वुर से बेहद परेशान होकर इक़बाल अपने आपको या अपनी साम्प्रदायिक निष्ठा को भाँति-भाँति के बहलावे देते नज़र आते हैं। देशप्रेमी इक़बाल का इस ज़माने में देहान्त हो चुका है और इक़बाल इसे अपने हाथों दफ़ना चुके हैं। इस दौरान में इक़बाल ने अपने साम्प्रदायिक प्रेम के औचित्य में ख़ुदी और बेख़ुदी के दर्शन का एक अविष्कृत प्रकार का आडम्बर रचा। इस ज़माने में उन्होंने उर्दू शायरी को स्थगित कर दिया था और फ़ारसी ज़बान की शायरी शुरू कर दी थी। ख़ुदी[1] और बेख़ुदी[2] के तथाकथित दार्शनिक सिद्धान्तों को व्यापकता देने में वे अपने सभी हथकण्डे अपनाते थे। इस शायरी में बहुत से ऐसे टुकड़े मिलते हैं जिनसे व्यक्ति किसी धर्म और सम्प्रदाय के भेदभाव के बिना प्रभावित और प्रेरित हो सकता है। वे इन अच्छे टुकड़ों से ख़ुदी के दर्शन के मूल रूप से ग़लत तसव्वुर को सजाते हैं। अर्थात तर्क तो बहुधा ख़ूबसूरत है, लेकिन नतीजे की तान इस्लामी साम्प्रदायिक वरीयता पर टूटती है।

मालूम नहीं, इस सवाल का जवाब इक़बाल क्या देते कि दुनिया भर की ग़ैर-मुस्लिम आबादी ख़ुदी के दर्शन को मानने वाले हिन्दू, बौद्ध, ईसाई, यहूदी तथा

---

1. स्वः अहम्, 2. निःस्वार्थता।

खुदी के बौद्धिक और वैज्ञानिक दर्शन के समर्थक भी उसके बताए हुए मार्ग पर चलें तो खुदी के इस्लामी दर्शन का क्या हाल होगा। और दुनिया की भी क्या स्थिति होगी ? इक़बाल ने यह बताने की कोशिश में एड़ी-चोटी का ज़ोर लगा दिया है कि ग़ैर-इस्लामी तमाम सम्प्रदायों और पाश्चात्य दर्शन में मानवता की भलाई के लिए कुछ भी नहीं है। इस सम्बन्ध में कुछ सवाल आप से आप उठ जाते हैं। जिनका कोई उत्तर उन्होंने नहीं दिया है। पहला सवाल तो यह उठता है कि एक इस्लामी देश तुर्किस्तान जो मिस्र, सूडान और पूरे अरब प्रायद्वीप पर लम्बे समय से हावी होकर 'खिलाफ़त' के बीमार और भयानक दृष्टिकोण की मिसाल पेश कर रहा था और इस्लामी दुनिया को अपमान के गहरे गड्ढे में गिरा चुका था तो ऐसी स्थिति में हिन्दुस्तान के बाहर की इस्लामी दुनिया में किसी ऐसे "मर्द-ए-मुजाहिद" (धर्म यौद्धा) को क्यों नहीं पैदा किया, किसी ऐसे शायर, साहित्यकार या चिन्तक को क्यों नहीं जन्म दिया जो इस्लामी और इस मिल्लत की एकता का नारा बुलन्द करता। केवल अफ़ग़ानिस्तान में एक व्यक्ति (जमालुद्दीन अफ़ग़ानी) ऐसा उठा था अवश्य। लेकिन उस व्यक्ति के लेखों में इतनी परस्पर विरोधी बातें थीं कि उसकी पूरी कोशिश शब-ए-बरांत का पटाखा हो कर फटी और धुँआ बन कर रह गई। इक़बाल यह सोच कर कि एक हिन्दुस्तानी मुसलमान का देश-प्रेम, हिन्दुओं से सौहार्द की भावना रखे बिना कोई अर्थ नहीं रखता, स्वदेश प्रेम के तसव्वुर ही से बग़ावत कर बैठे और स्वदेश की भावना को उन्होंने एक शैतानी भावना की संज्ञा दे डाली।

दूसरा सवाल यह उठता है कि ईरान, अफ़ग़ानिस्तान, तुर्किस्तान, मिस्र जैसे इस्लामी देश और अन्य अरब देश इस्लामी मिल्लत के नारों से जागृत हुए हैं या देश-प्रेम की प्रेरणाओं से ? निश्चय ही, वे देश-प्रेम की प्रेरणाओं से जागृत हुए हैं। तो क्या यह जागृति किसी शैतानी प्रेरणा का प्रतिफल है ? क्या इस जागृति में मुस्लिम को ग़ैर-मुस्लिम से टकरा देने का, ग़ैर-मुस्लिम को निगल जाने या उसे मिटा देने या उसे स्थायी शत्रु बना लेने और उस पर बराबर झपट्टा मारते रहने का उक़ाब[1] या शाहीन[2] जैसे शिकारी पक्षियों का अनुकरण कारगर है ? क्या आज का जागृत इस्लामी जगत दुनिया भर को कबूतर समझ कर खुद को गिद्ध या चील बनाकर उस पर बार-बार हमला करने, झपटने और उसका खून पीने या टपकाने को अपना लक्ष्य बना चुका है ?

तीसरा सवाल कई सवालों को अपने दामन में लिए हुए है। इक़बाल अपनी शायरी को कर्म और गतिशीलता का सन्देश बताते हैं। क्या उन्हें इस सच्चाई से इन्कार होगा कि हिन्दुस्तान का ग़ैर-मुस्लिम भाग कर्म और गतिशीलता की जागृति में मुसलमानों से किसी प्रकार भी कम या पीछे है ? क्या उनकी शायरी ने

---

1. गिद्ध, 2. तीव्र दृष्टि वाला शिकारी पक्षी।

मुसलमानों में कोई ऐसी योग्यता, विवेक या जागृति पैदा कर दी, जिससे हिन्दू समाज वंचित है ? क्या समस्त इस्लामी जगत की जागृति इक़बाल की रचनाओं की ऋणी है ? इक़बाल यह समझ ही नहीं सकते थे कि देश की जागृति उस ज़माने में शायरी के द्वारा पैदा की ही नहीं जा सकती थी और न ही देश की जागृति के पुरोधा, शायरी से प्रभावित होकर कर्मभूमि में उतरते थे। शायरी और अदब का उद्देश्य वही बन चुका है, जिसका पता हमें इक़बाल के अलावा दुनिया के बड़े-बड़े साहित्यकारों की रचनाओं से चलता है। मैं यह नहीं कहता कि राष्ट्र या देश की जागृति में अदब और शायरी का कोई योगदान ही नहीं। लेकिन जागृति, गतिशीलता और कर्म के आकर्षक नारों या दो शब्दों वाले नारों से कोई बड़ा साहित्यकार देश या राष्ट्र में जागृति नहीं पैदा किया करता। आज दुनिया के बड़े अदब ने जिस जागृति को पैदा किया है, वह इक़बाल के प्रकार का साहित्य नहीं है और न ख़ुदी के दर्शन वाला साहित्य ही है।

चौथा सवाल : इक़बाल अपनी शायरी के मद में डूब कर संसार में मर्द-ए-मोमिन[1] का निराधार तसव्वुर प्रस्तुत करते हुए कहते हैं :

निगाह-ए-मर्द-मोमिन से बदल जाती है तक़दीरें।

जहाँ तक हिन्दुस्तान का सम्बन्ध है यह पूछने को जी चाहता है कि इक़बाल मर्दे मोमिन किसको ठहराते हैं, सर सैयद को ? अपने आपको ? मुस्लिम लीग के लीडरों को ? क़ायद-ए-आज़म को ? महात्मा गान्धी को ? नेहरू को ? भारत से बाहर इक़बाल मर्द-ए-मोमिन किसको ठहराएँगे ? मार्क्स को, लेनिन को ? इंग्लैण्ड के नेताओं को ? बिस्मार्क को ? हिटलर को ? मुसोलिनी को ? कमाल अतातुर्क को ? इब्राहीम लिंकन को ? नेपोलियन को ? चंगेज़ खाँ को ? चीन की क्रान्ति के लीडरों को ? जापान के लीडरों को ? कर्नल नासर को या किसको ? इन सबने तक़दीरें बदल देने का काम किया। पिछली एक या डेढ़ शताब्दी के अन्दर दुनिया में ऐसे बहुत से साहित्यकार हुए हैं, जिनकी रचनाओं से विभिन्न राष्ट्रों के जीवन में और उनके कार्य-कलापों में बड़े-बड़े परिवर्तन हुए। बहुत-सी खराबियाँ हुईं। अनेक सुधार हुए। राष्ट्रों का मिज़ाज बदल गया और बहुत बड़ी हद तक उनके भाग्य भी बदल गए। इक़बाल बताएँ कि ये सभी साहित्यकार क्या मर्द-ए-मोमिन थे ? फिर भी, अपने ऊपर एक नशा बनाए रखने के लिए मर्द-ए-मोमिन मिसरा बहुत उपयोगी है :

लेकिन ग़ालिब के शब्दों में :

दिल के बहलाने को ग़ालिब ये ख़याल अच्छा है।

पाँचवाँ सवाल : इक़बाल दूसरे गुमराह भारतीय मुसलमानों की तरह इस्लामी

---

1. इस्लामी निष्ठा का पुरुष।

विजयों और ग़ैर-इस्लामी देशों में इस्लाम के प्रचार और प्रसार के पुराने अफ़सानों से खुशी से झूम उठते हैं और फिर उसी दुनिया को वापस लाने या उसी रूप में इस्लाम को जीवित रखने का स्वप्न देख-देख कर आत्मविभोर हो जाते हैं। अब इनसे कौन पूछे कि प्रथम तो इस्लाम के प्रवर्तक के बाद ही मुसलमानों में जो परस्पर रक्तपात का बाज़ार गर्म रहा और मिल्लत मिल्लत के हाथों घायल हुई, एक मुसलमान क़ौम ने दूसरी मुसलमान क़ौम को गुलाम बनाया, इसके सम्बन्ध में इक़बाल का क्या विचार है ? फिर ग़ैर-मुस्लिम चंगेज़ खाँ के हाथों जब मुसलमानों की खोपड़ियों के टीले और ढेर लगाए गए, उस समय यह खुदाई वादा कहाँ चला गया था कि एक-एक मुसलमान 70-70 ग़ैर-मुसलमानों पर भारी है। जब फ्रान्सीसी, डच और अंग्रेज़ विजेता मुस्लिम राज्यों को निहायत कामयाबी से ख़ाक में मिला रहे थे, उस वक़्त इस्लाम की विजयों का पता कहाँ था ? जब जिन्ना साहब की भेजी हुई सेना और उनके भेजे हुए सीमाई कबीलों के लोग कश्मीर से भगाए गए तो क्या यह घटना भी इस्लाम की विजयों में शामिल है। जब जाटों, मराठों और सिखों ने मुसलमानों से बड़े-बड़े इलाक़े छीन लिए उस समय इस्लामी मिल्लत की श्रेष्ठता कहाँ सो रही थी ? जब यूनान और स्पेन से मुसलमानों को निकाला गया तो इसके सम्बन्ध में यथार्थ के हमारे तर्जुमाने हक़ीक़त क्या फरमाते हैं ? क्या इक़बाल जिन्होंने बीसवीं शती में आँखें खोलीं थी सच्चे दिल से इस वास्तविकता को स्वीकार करते थे कि कम-से-कम इस ज़माने में ग़ैर-मुस्लिम देशों पर मुस्लिम शासन या मुस्लिम आधिपत्य एक बड़ा गुनाह है ? क्या इस्लाम की विजयों का ज़िक्र करके वज्द[1] करना ऐसा नहीं है कि अंग्रेज़, फ्रान्सीसी, हिटलर, मुसोलिनी, चंगेज़ खाँ या सिकन्दर महान दूसरों को गुलाम बनाने पर वज्द करें ? इस्लामी विजयों का रहस्य इस्लाम की वरीयता हरगिज़ नहीं बल्कि इतिहास और समय के संयोग से ग़ैर-मुस्लिम राष्ट्रों की आकस्मिक उपेक्षा और कमज़ोरी है। इसलिए इक़बाल का यह दावा :

बहर-ए-ज़ुल्मात[2] में दौड़ा दिए घोड़े हमने

एक अत्यन्त हास्यास्पद दावा है। उस समय यह दावा और भी हास्यास्पद हो जाता है जब इसे खुदाए-दो आलम के दरबार में इस उद्देश्य और इरादे से पेश किया जाता है कि हमें फिर इस क़ाबिल कर दे कि तौहीद[3] के नाम पर हम फिर ग़ैर-मुसलमानों को खत्म कर दें। इस दावे की सच्चाई को प्रकट करता है :

काट कर रख दिए कुफ़्फ़ार[4] के लश्कर हमने।

इक़बाल के कलाम का सिर्फ़ एक असर पैदा हो सकता है। बड़े ऊँचे स्वर में और

1. आनन्दातिरेक की स्थिति में अपने को भूल जाना, 2. अन्धेरों का समन्दर, 3. भगवान एक है, 4. काफ़िर का बहुवचन, खुदा को न मानने वाला।

बड़ी शालीनता के साथ प्रस्तुत अनेक तर्कों में इक़बाल ने सिर्फ़ इस बात की कोशिश की है कि उनकी शायरी से जो मुसलमान प्रभावित हों, वे दुनिया की ग़ैर-मुस्लिम आबादी से सदा-सदा के लिए अपने आप को अलग समझें और उन्हें अपना स्थायी शत्रु बना लें। क्या यह मुसलमानों को गुमराह करना नहीं है ? इक़बाल पर जितनी किताबें अब तक लिखी गई हैं उनमें किसी एक किताब में भी यह बात बताई नहीं गई और न इन किताबों के लिखने वालों को यह बात बताने का साहस हुआ कि इक़बाल का विश्व व्यवस्था के मामले में और विश्व राजनीति के मामले में क्या दृष्टिकोण था ? कोई यह बात बताता भी कैसे, जब इक़बाल खुद फ़रमा चुके हैं–

शमशीर-ओ-सिनाँ अव्वल ताऊस-ओ-रबाब आख़िर

(तलवार और भाले की नोक पहले, संगीत और नृत्य बाद में)

इक़बाल का कोई भी प्रशंसक यह नहीं बताता कि क्या सारी दुनिया मुसलमान हुए बिना अपनी भलाई और सुरक्षा की क्षमता रखती है और ज़िन्दगी में उच्च लक्ष्यों को प्राप्त कर सकती है ?

ये ऐसे कुछ सवाल हैं जिनसे छुटकारा पाना असम्भव है। साहित्य की अदालत इक़बाल और उनके अनुयायियों को उस वक़्त तक बरी नहीं कर सकती जब तक वे इन सवालों का साफ़-साफ़ जवाब न दें। समझ ही में नहीं आता कि इक़बाल कैसी चुस्ती चाहते हैं ? कैसी क्रिया, कैसी गतिशीलता, कैसी दुनिया, कैसी 'खुदी' और किसकी खुदी ? अगर उनकी तालीम का कोई उद्देश्य है तो क्या यह उद्देश्य भगवत गीता, मसनवी रूमी, टैगोर के साहित्य और योरोप के प्रसिद्ध साहित्यकारों की रचनाओं से पूरा नहीं किया जा सकता ?

रही बात साहित्यिक और कलात्मक सौन्दर्य की। यहाँ भी मीर, ग़ालिब और अनीस में साहित्यिक सौन्दर्य इक़बाल से कहीं अधिक है। क्या इक़बाल की भाषा और अभिव्यक्ति शैली में जो विशेषताएँ मिलती हैं, वे शेक्सपियर, मिल्टन, वर्ड्सवर्थ, कीट्स, शैले, होमर, वर्जिल, दाँते, गोयटे, टाल्सटाय, बर्क, बेकन और कालिदास के काव्य में मिलने वाली विशेषताओं से कुल मिलाकर कम नहीं हैं ? हाँ, पिछली एक शताब्दी से उर्दू अदब की अल्प समृद्धि को देखते हुए अपेक्षाकृत विचारणीय अवश्य है। लेकिन विश्व साहित्य से परिचित कोई भी विद्यार्थी इक़बाल के कलात्मक सौन्दर्य से भी प्रभावित नहीं हो सकता।

पाकिस्तान और इस्लामी दुनिया

28.8.1965

शौक़ : मैं चाहता हूँ कि आज के इन्टरव्यू में पाकिस्तान के बनने पर आप अपने विचार व्यक्त करें।

फ़िराक़ : अंग्रेज़ी शासन, इंग्लैण्ड के बाहर जिन देशों में स्थापित हुआ और एक लम्बे समय तक स्थापित रहा, वहाँ बहुसंख्यक और अल्पसंख्यक का सवाल उठ खड़ा हुआ। बहुसंख्यकों के अन्दर देश-प्रेम और सच्ची आज़ादी की भावना ज़ोर पकड़ती गई और यही बहुसंख्यकों का ईमान बन गया। अल्पसंख्यक द्विधा में पड़ गए और स्पष्ट रूप से वे निश्चय नहीं कर पाते थे कि स्वतन्त्रता संग्राम का साथ दें या क्या करें ? भारत में सबसे बड़ा अल्पसंख्यक वर्ग मुसलमानों का था। मुसलमानों में इस ख़याल से बड़ी बेचैनी और खौफ़ पैदा हो जाता था कि आज़ादी के मायने हैं बहुसंख्यकों का राज। इसी सन्देह और द्विधा की अभिव्यक्ति अकबर इलाहाबादी ने इस प्रकार की है :

राज ब्रिटिश का होगा हिन्दू का
अब खुदा ही है भाई, सल्लू का

मुसलमान यह सोचने लगे कि आज़ादी के मायने हैं समस्त अधिकारों का हिन्दू बहुसंख्यकों के हाथों में चला जाना। उन्होंने लोकतान्त्रिक शासन प्रणाली की भारी सम्भावनाओं पर विचार नहीं किया। लोकतन्त्रीय शासन कभी भी बहुमत वालों का शासन नहीं होता और इसका निर्माण भी तत्काल या दस-पाँच वर्षों में नहीं होता। प्रजातन्त्र एक उगता हुआ, बदलता हुआ और क्रमिक रूप में फलता-फूलता हुआ शासन है, जिसमें बहुमत और अल्पमत के अधिकारों और हितों के टकराव धीरे-धीरे मिटते चले जाते हैं। अगर आज़ादी के मायने मुसलमानों ने भारत का शासक न समझा होता, बल्कि भारत का सेवक समझा होता, तो ये वास्तविकताएँ, जो मैं कहने जा रहा हूँ, उनके सामने सही रूप में स्पष्ट हो जातीं।

स्वतन्त्र भारत अगर 80 से 85 प्रतिशत हिन्दुओं को समृद्ध बनाएगा तो 15 से 20 प्रतिशत मुसलमान भी इस समृद्धि से वंचित नहीं रखे जा सकते। कृषि, उद्योग, व्यापार, शिक्षा और देश के प्रशासन से सम्बन्धित सभी क्षेत्रों में तरक़्क़ी हिन्दू या मुस्लिम तरक़्क़ी होकर नहीं रह सकती। जिस तरह मौसम या जलवायु को हिन्दुओं या मुसलमानों में नहीं बाँटा जा सकता, उसी तरह सामूहिक तरक़्क़ी को सिर्फ़ हिन्दू तरक़्क़ी नहीं बनाया जा सकता। हाँ, स्थायी रूप से कुछ विभागों और कुछ मामलों में किसी पक्ष के साथ अन्तरिम रूप में कुछ भेद-भाव हो सकता है, लेकिन ऐसे लाभ और अस्थायी अन्याय बहुत दिनों तक नहीं चल सकते। स्वयं पाकिस्तान में अस्थायी रूप में पूर्वी पाकिस्तान के अधिकारों का हनन हो रहा है। उत्तर-पश्चिम सीमाप्रान्त वालों के अधिकारों का हनन हो रहा है, ब्लोचिस्तान वालों के भी अधिकारों का हनन हो रहा है। शियों, सुन्नियों और क़ादियानियों की समस्याएँ भी उठ खड़ी हुई हैं और आम जनता के अधिकारों की रक्षा नहीं हो रही। तो क्या ये अनुचित बातें सदा-सदा होती रहेंगी ? अगर मुसलमानों ने भारत-विभाजन की माँग न की होती, तो पाकिस्तान के मुसलमान भारतीय गणराज्य के सजीव और महत्त्वपूर्ण अंग होकर इससे कहीं अच्छी स्थिति में रहते, जिस स्थिति में वे अपने आपको पाकिस्तान में पा रहे हैं। इस्लामी समाज, हिन्दू समाज पर संयुक्त भारत में अधिक प्रभावी होता और मुसलमानों के सम्मान को तनिक भी ठेस न लगती। मुसलमानों ने बहुत ग़लत हिसाब लगाया और इसी ग़लत हिसाब-किताब ने हिन्दुस्तान और पाकिस्तान वालों को इतनी कठिनाइयों का सामना कराया है।

स्वतन्त्र भारत में शासन के वे अर्थ ही न होते और न हैं जो अंग्रेज़ी शासन के काल में शासन का अर्थ था। शासन स्वतन्त्रता के ज़माने में सेवा में बदल जाता, निर्माण कार्यों में बदल जाता, पूरे देश के कुछ बनने और कुछ होने के आदर्शों में बदल जाता, लेकिन मुसलमान इतना सोच नहीं सके। देश की एकता और देशवासियों की एकता का बँटवारा एक अविभाज्य ज़िन्दा इकाई का बँटवारा है। पाकिस्तान बनने से हिन्दुस्तान को जो हानि हुई है उससे कहीं अधिक हानि स्वयं पाकिस्तान को हुई है। यह कहने से काम नहीं चलेगा कि संसार के कई अन्य इस्लामी या ग़ैर-इस्लामी देशों से पाकिस्तान क्षेत्रफल और जनसंख्या की दृष्टि से बड़ा है। अगर एक बरगद की मोटी से मोटी डाल को वृक्ष से काट दिया जाए तो वह डाल सूखनी आरम्भ हो जाएगी। भारत का तो केवल एक हाथ काट दिया गया है। उसका हृदय, फेफड़ा मस्तिष्क सब सुरक्षित रह गए हैं। लेकिन इस कटे हुए हाथ का न कोई हृदय है, न फेफड़ा और न कोई मस्तिष्क। पाकिस्तान में ज़िन्दगी के जितने चिह्नों को हम जीवन-चिह्न समझेंगे, वे वस्तुतः मृत्यु के चिह्न हैं। पाकिस्तान का बनना इतिहास से लड़ना है। सामूहिक जीवन के अटल नियमों

से लड़ना है और उसके निवासियों को मौत का निमन्त्रण देना है। पाकिस्तान में न कोयला है न लोहा है, न पेट्रोल है, न अन्य खनिज पदार्थ हैं और न कोई ऐसी चीज़ है जो इस दौर में उसे वर्तमान दौर के अनुकूल एक सम्पूर्ण देश बना सके। पटसन और अन्न के बलबूते पाकिस्तान एक आत्मनिर्भर देश कभी नहीं बन सकता और न विदेशी सहायता से कभी भी निश्चिन्त हो सकता है।

भारत की 45 करोड़ जनता काफ़ी कष्ट में है। शासन या वर्तमान प्रशासन की बहुत-सी कमियों से उसे भारी असन्तोष है। लेकिन साथ ही पंचवर्षीय योजनाओं और अन्य कई महान कार्यों से उसे अवश्य गर्व है। सभी खराबियों और बुराइयों के बावजूद वह यह महसूस कर रही है कि भारत बन रहा है और बनता जा रहा है। असन्तोष और शिकायतों के साथ-साथ आशाओं की नई किरणें उसे दिखाई पड़ रही हैं और वह एक उज्ज्वल भविष्य का अहसास कर रही है। यह बात पाकिस्तान की जनता के सम्बन्ध में कदापि नहीं कही जा सकती और न प्रलय काल तक भी कही जा सकेगी। कोई बिस्मार्क, कोई रूजवेल्ट, कोई स्टालिन, कोई गान्धी या जवाहर लाल नेहरू पाकिस्तान को एक सुसंस्कृत देश बना नहीं सकता। पाकिस्तान ने इस शर्त पर उत्पन्न होना स्वीकार किया कि वह माँ का दूध नहीं पीएगा और पाकिस्तान में यह क्षमता क़यामत तक भी पैदा नहीं होगी कि वह माँ के दूध के बदले बोतल का दूध या कोई अन्य पोषाहार अपने लिए उपलब्ध करा सके जो उसके विकास में सहायक हो।

शौक़ : विश्व के भावी इतिहास में इस्लाम और मुसलमानों की क्या भूमिका होगी ?

फ़िराक़ : दुनिया के 95 प्रतिशत मुसलमान इस्लामी देशों में रहते हैं और शेष ग़ैर-इस्लामी देशों, जैसे रूस, चीन, जापान और भारत में रहते हैं। ग़ैर-इस्लामी देशों के मुसलमान, मुसलमान बन कर दुनिया के इतिहास पर अपना प्रभाव नहीं डाल सकते, बल्कि रूसी, चीनी, जापानी या हिन्दुस्तानी बन कर या अफ्रीकी बन कर ग़ैर-मुसलमानों के साथ सहयोग से उन्नति करेंगे। उस उन्नति में उनकी महत्त्वपूर्ण भूमिका अपने ग़ैर-मुस्लिम देशवासियों के साथ सहयोग के रूप में होगी।

अब रहे इस्लामी देशों के मुसलमान। डॉ. इक़बाल जो कुछ लिख गए हैं, विश्व का भविष्य एक उज्ज्वल भविष्य होगा, लेकिन वह इस्लामी भविष्य नहीं होगा। अगर इस्लाम के पास कुछ सार्वभौमिक मूल्य हों तो दुनिया इस्लाम की मिल्लत में शामिल हुए बग़ैर ही, इन मूल्यों को अपने इतिहास और अपनी ज़िन्दगी में शामिल कर लेगी। लेकिन इन मूल्यों के अलावा धर्म या देश की परिधि से ऊपर उठकर भी कुछ मूल्य हैं, जिनका सम्बन्ध नए राजनीतिक, सामाजिक, सांस्कृतिक, शैक्षिक, वैज्ञानिक, कलात्मक और विवेकात्मक कार्यों से है। इस व्यापक या अदृश्यमान क्षेत्र में इसाइयत, रूढ़िवादी हिन्दू धर्म, इस्लाम या धर्म-अधर्म का

बिल्कुल दखल नहीं है। इस्लामी देशों को इस्लामी देश नहीं होना है बल्कि वर्तमान इंग्लैण्ड, अमेरिका, जर्मनी, जापान और रूस के समान होना है और कुछ विशेष उद्देश्यों को कार्यान्वित करना है जैसे :

1. ग़रीबी और बेरोज़गारी को दूर करना।

2. उत्तम शिक्षा-दीक्षा और मानव निर्माण की अच्छी से अच्छी विधियों को अपनाकर सम्पूर्ण मानव समाज के जीवन के स्तर को ऊँचा करना।

3. बौद्धिक और आर्थिक प्रगति के साथ-साथ सौन्दर्यपरक मूल्यों की अनुभूति को आम बनाना अर्थात भौतिक और मानसिक उन्नति के साथ-साथ सौन्दर्यबोधक, विवेकात्मक और आध्यात्मिक मूल्यों से मानवता को मालामाल करना।

हिन्दू दृष्टिकोण से यह तसव्वुर अच्छा है क्योंकि हिन्दू धर्म और हिन्दू सभ्यता, तौहीद[1], पैग़म्बरवाद, इल्हाम[2], अवतार, तीर्थ और अन्य औपचारिक स्थानीय और अस्थायी अवधारणाओं से ऊँची है। हिन्दू सभ्यता का ध्येय धर्म और मान्यताओं से परे और मुक्त रह कर भलाई, सज्जनता, विचारों की स्वतन्त्रता, विचार वैविध्यता, विवेकात्मक विभूतियों तथा आध्यात्मिकता पर ज़ोर देना है। हिन्दू धर्म उम्मत[3] और मिल्लत[4] पैदा करने के लिए दुनिया में नहीं आया था। सारी मानवता के लिए हिन्दू धर्म का सन्देश स्वर्ग और नर्क, गुण और अवगुण, आस्तिक और नास्तिक, एकेश्वरवाद और अनेकेश्वरवाद के भेदभाव को मिटाना है। यह सन्देश मानवता के लिए शुभ सन्देश है। धर्म और सम्प्रदायिकता के नवजागरण का युग अब समाप्त हो चुका है। आज दुनिया की महान हस्तियाँ किसी ख़ास धर्म या सम्प्रदाय को अपनाने से इन्कार कर चुकी हैं। अगर दुनिया के मुसलमानों को कुछ करना-धरना या होना है तो वो हिजाज़ियत[5] या इस्लाम का प्रचार-प्रसार पर हरगिज़ नहीं बल्कि एक सभ्य, पाकीज़ा आध्यात्मिकता से परिपूर्ण और रची हुई धर्मनिरपेक्षता का साथ देना है। जिन ख़यालात को मैंने व्यक्त किया है, उनसे तथाकथित रूप में सैकड़ों मुसलमान कवियों और विचारकों की रचनाएँ भरी पड़ी हैं।

शौक़ : हिन्दू समाज और एशिया में आप कौन-सी प्रमुख बातों की कमी महसूस करते हैं ?

फ़िराक़ : सबसे बड़ी कमी तो कृषि, उद्योग, शिक्षा और नैतिक क्षेत्रों में है। लगभग पिछली तीन शताब्दियों के दौरान समस्त भूमण्डल पर सबसे मूल्यवान विचारों, अनुसन्धानों, ज्ञान और विज्ञान के कारनामों, मानव कल्याण की संस्थाओं

---

1. परमात्मा के एक होने पर विश्वास करना, 2. ईश्वर की ओर से दिल में आई हुई बात, 3. समुदाय, 4. सम्प्रदाय 5. हज करने जाने अर्थात अरब से प्रेरणा लेने।

का पश्चिम ही विकास क्षेत्र रहा है। इतने लेखक, राजनीतिज्ञ और सामाजिक जीवन को ऊँचा उठाने वाले लोग एशिया और अफ्रीका में उत्पन्न नहीं हुए, जितने योरोप में हुए हैं। हिन्दू समाज और पूरे एशिया को सबसे बड़ी ज़रूरत इस बात की है कि एशिया की भाषाओं में ऐसे लेखक पैदा किए जाएँ, एशिया के विश्वविद्यालयों और एशियाई समाज में ऐसी ही विभूतियाँ जन्म लें, जैसी विभूतियों ने पश्चिम की ज़िन्दगी को बनाया है। हिन्दू समाज और पूरे एशिया के समाज में सबसे बड़ी कमी विचारकों और चिन्तकों की है। मैं मौजूदा पाश्चात्य सभ्यता को सभ्यता का अन्तिम बिन्दु या आख़िरी मंज़िल नहीं समझता लेकिन सभ्यता का आधार विज्ञान, समाज-शास्त्र, ज्ञान के अन्य विषय और दौलत पैदा करने के उन्नत साधनों पर है। पाश्चात्य सभ्यता रहे या मिटे, लेकिन पाश्चात्य सभ्यता ने बाह्य रूप में सभ्यता के जो उपर्युक्त आधार स्थापित किए हैं उनके बिना कोई ग़ैर-पाश्चात्य सभ्यता भी न ज़िन्दा रह सकती है और न तरक़्क़ी कर सकती है। मैं कभी-कभी यह सोचा करता हूँ कि जब हम पश्चिम की भाँति उन्नत हो चुकेंगे तो क्या हम पाश्चात्य सभ्यता की कुछ ग़लतियों को सुधार सकेंगे या उसकी कुछ कमियों को पूरा कर सकेंगे ? पश्चिम मालामाल होते हुए भी कुछ बातों में ग़रीब है या साधनहीन है। इन बातों में धर्म या आचरण हरगिज़ शामिल नहीं है। भारतीय सभ्यता और संस्कृति का एक ख़ास मिज़ाज, एक अन्तर्बोध और खूबसूरती का एक अहसास रहा है। शान्ति और सन्तोष की प्राप्ति उसका ध्येय रहा है। नरमी और सन्तुलन उसके विशिष्ट गुण रहे हैं, जीवन और सृष्टि के प्रति उसकी अपनी एक विशेष अनुभूति रही है। इन्हीं मूल्यों को हम 'शान्ति' की संज्ञा देते रहे हैं। अगर हमारा भावी सहित्य, संगीत तथा हमारी ललित कलाएँ और जिन बातों का अभी मैंने ज़िक्र किया है, उन्हें ज़िन्दा रखने वाली विभिन्न प्रेरणाएँ तथा प्रवृत्तियाँ हम पश्चिम को दे सकें, तो हिन्दू संस्कृति इस प्रकार पश्चिम की सबसे बड़ी ख़िदमत कर सकेगी। पश्चिम हमारी इन देनों के लिए और इनका स्वागत करने के लिए तैयार है।

पश्चिम के साम्राज्यवाद का दौर बहुत-कुछ ख़त्म हो चुका है और जो कुछ बचा-खुचा रह गया है, वह जल्द खतम होने वाला है। जब एशिया और अफ्रीका, पश्चिम के दबाव में नहीं रहेंगे, उस वक़्त भारतीय संस्कृति के रहस्यों के लोकप्रिय होने का ज़माना आएगा, लेकिन उससे पहले खुद हिन्दुस्तान को हिन्दुस्तान और हिन्दू समाज को ग़ैर-हिन्दू समाज का बड़ा भाई होने के क़ाबिल अपने आप को बनाना है। पाश्चात्य जीवन अनेक दृष्टियों से ईर्ष्या योग्य होते हुए भी एक नीरस, उजाड़ और खोखला जीवन है। भविष्य में सबसे बड़ा सवाल यह होगा कि समृद्धि तो दुनिया भर की हासिल हो चुकी, ज्ञान भी सबको मिल गया, राष्ट्रों और वर्गों की गुलामियाँ भी मिट चुकीं, 24 घण्टे के दिन में लगभग 22 घण्टे के परिश्रम से हम बच गए, अब हम इन 22 घण्टों का क्या करें ? बिना कार्य के समय काटने

की कला बहुत कोमल कला है। ऐसा न हो कि फ़ुर्सत के लमहे हमें फाड़ खाएँ।

'बैठे रहें तसव्वुर-ए-जानाँ[1] किए हुए' भी अव्यवहार्य है। अव्यवस्था की इस स्थिति में ज़िन्दगी का साज़ कहीं बिखर कर न रह जाए या गलत राग न अलापने लगे ? ये होंगी भविष्य की समस्याएँ। बच्चों से खेलना और उन्हें खिलाना, घर वालों और पड़ोसियों के साथ मनोरंजन और दिल बहलाना, प्रकृति के दृश्यों से मानव जीवन में तालमेल का अहसास और भौतिक जीवन में आध्यात्मिकता का और ज़िन्दगी की रंगारंगी तथा बहुरूपता का एक ज़िन्दा केन्द्र बनाने और उस केन्द्र पर सन्तुलन रखने का नाज़ुक काम, घबराहट और ऊबने से बचने का काम, स्तरीय और अवांछनीय आनन्द का शिकार न होते हुए मशीन को मानव जीवन पर वरीयता न देने का काम, जीवन को एक मशीनी या यान्त्रिक चीज़ बनाने के बदले एक स्वतन्त्र और रचनात्मक शक्ति बनाने का काम, अपने खोए हुए भोलेपन को फिर से हासिल करने का काम, भावी सभ्यता की ज़िम्मेदारियाँ और इस महत्त्वपूर्ण काम में हिन्दू संस्कृति के बहुमूल्य रत्न भारत और दुनिया भर की सबसे अधिक सेवा कर सकते हैं। हाँ, अगर पश्चिम में पूँजीवाद और साम्यवाद की शक्तियाँ एक-दूसरे को मिटा देने वाली जंग लड़ेंगी तो इस जंग का नतीजा एशिया और अफ़्रीका का भी मिट जाना होगा। ऐसी हालत में मानवता और मानव सभ्यता का सूर्य अस्त हो जाएगा। भारतीय सभ्यता पाश्चात्य सभ्यता को आत्मघात करने से रोक नहीं सकती। यह काम खुद पश्चिमी सभ्यता का है। पश्चिमी सभ्यता का एक काम यह भी है कि वह एशिया और अफ़्रीका को भौतिक और ज्ञान के क्षेत्र में अपना समकक्ष होने दे। इसमें पाश्चात्य सभ्यता का कोई नुक़सान नहीं, कोई घाटा भी नहीं। अगर ऐसा हो सका तो भारत समझदारी के साथ अपनी सभ्यता के सदाबहार फूल संसार की गोद में डाल सकेगा।

17.3.1973

शौक़ : पाकिस्तान के निकट भविष्य के बारे में आपका क्या ख़याल है ?

फ़िराक़ : जिन लोगों को जंग के ख़तरों का ज्ञान और अनुमान है और जो लोग भारत के वास्तविक हितों को महत्त्व देते हैं, वे दिल से यही चाहेंगे कि बचा-खुचा पाकिस्तान अब और टुकड़े-टुकड़े न हो बल्कि एक लोकतन्त्रीय शासन के अधीन तरक़्क़ी करे। अगर हम भारत के शुभचिन्तक हैं, तो पाकिस्तान या दूसरे

---

1. प्रेमिका की कल्पना।

पड़ोसी देशों का बुरा चाहने वाले कभी नहीं हो सकते। सवाल यह है कि पाकिस्तान के शान्तिपूर्ण और संगठित रहने की क्या सम्भावनाएँ हैं ? पाकिस्तान की एकता और अखण्डता को जितने गम्भीर खतरे हैं उतने भारत की एकता और अखण्डता को नहीं हैं। ब्लोचिस्तान, पाकिस्तान अधिकृत कश्मीर, सिन्ध, उत्तर पश्चिमी सीमाप्रान्त और पंजाब के लोग एक संयुक्त पाकिस्तान की भावना अपने दिल में इस तरह नहीं रखते जिस तरह भारत के विभिन्न राज्यों के लोग भारत की एकता की भावना अपने अन्दर रखते हैं। इस्लामी देशों के दुर्भाग्य को हमें सहानुभूतिपूर्ण ढंग से समझना चाहिए। अरब की एकता और अखण्डता टूट चुकी है। पाकिस्तान की अखण्डता, जैसा कि मैं निवेदन कर चुका हूँ, ख़तरे में है और वह हमारे लिए भी खतरनाक है। राजनीति का कोई भी भविष्यवक्ता विश्वास के साथ पाकिस्तान के भविष्य के बारे में कुछ नहीं कह सकता :

आगे-आगे देखिए होता है क्या !

चाहे कोई भी कारण हो, अमेरिका, चीन और रूस भी कदापि यह नहीं चाहेंगे कि पाकिस्तान के और टुकड़े हो जाएँ। एक ख़तरा दूसरे ख़तरों को जन्म देता है, जैसे पाकिस्तान के विभिन्न प्रान्तों की परस्पर ईर्ष्या का खतरा, जिसका परिणाम यह निकला है कि वहाँ के संविधान में प्रधानमन्त्री को लगभग एक तानाशाह का दर्जा दे दिया गया है। विधानसभा के कई प्रमुख सदस्यों ने त्यागपत्र दे दिया है। मामला बहुत कठिन है। देखना यह है कि ऊँट किस करवट बैठता है ?

शौक़ : क्या भारत से सम्बन्धित कुछ ख़तरे आपके मन में हैं ?

फ़िराक़ : मेरे मस्तिष्क में ऐसे खतरे या खतरनाक आशंकाएँ नहीं हैं कि पाकिस्तान हमसे जंग करके हमारे देश का कोई भाग हमसे छीन सकेगा। चीन भी ऐसा नहीं कर सकेगा। प्रत्यक्ष रूप से अमेरिका भी ऐसा नहीं कर सकेगा। इसका एक बड़ा कारण तो यह है कि हमारा राजनीतिक विवेक जागृत हो चुका है और हमारी सैनिक शक्ति हमारी रक्षा के लिए सर्वथा पर्याप्त बनती जा रही है। हमारे लिए सैनिक खतरे सोवियत संघ के लिए अत्यन्त खतरनाक होंगे। 1971 ई. के भारत-सोवियत समझौते ने इतिहास को स्थायी रूप में एक नया मोड़ दे दिया है। फिर भी, भारत के लिए नए खतरे हैं, जैसे जनसंख्या में तेज़ी से वृद्धि, ऊर्जा की कमी, इस्पात और अन्य महत्त्वपूर्ण आवश्यकताओं का नाकाफ़ी होना, बेरोज़गारी, दोषपूर्ण शिक्षा-प्रणाली, काला धन, मुद्रा स्फीति, बढ़ती हुई क़ीमतें, नाकाफ़ी जल, जीवन के हर क्षेत्र में भ्रष्टाचार, अनुत्तरदायी राजनीतिज्ञ और अधिकारी वर्ग। इनके अतिरिक्त और भी खतरे हैं, जिन्हें मैंने गिनवा दिया है वही क्या कम हैं :

ये फ़ितने[1] आदमी की ख़ाना-बर्बादी[2] को क्या कम हैं।

---

1. उपद्रव, दंगा, 2. घर को नष्ट करना।

इन खतरों को दूर करने के लिए हिमालयाई स्तर पर कोशिशों की ज़रूरत है, जिसे सोच कर कमज़ोर दिल-ओ-दिमाग़ हिम्मत हार सकते हैं। इन बुराइयों और ख़तरों पर काबू पाने में काफ़ी वक़्त लगेगा। मगर मुझे अपने देश की जनता पर पूरा भरोसा है। वर्तमान शताब्दी की समाप्ति में जितने वर्ष शेष रह गए हैं, उनके अन्दर-अन्दर हमारे जीवन की बहुत सारी कठिनाइयाँ दूर हो सकेंगी। आज हमारी खराबियों का ढेर हमारी खूबियों और हमारी ज़िन्दगी की अच्छी सम्भावनाओं को एक धुंधलके में डाले हुए है। किसी देश के लिए खतरे जनता से कम पैदा होते हैं बल्कि सत्तारूढ़ अल्पसंख्यक वर्ग से अधिक पैदा होते हैं। इन अल्पसंख्यक सत्ताधारी लोगों पर 60 करोड़ की सामान्य जनता का दबाव बहुत कुछ कर सकता है। और यह दबाव बढ़ता जा रहा है।

मैं अपनी पूरी उम्र भर शिक्षा से सम्बन्धित रहा हूँ। दोषपूर्ण शिक्षा का ख़तरा भारत के लिए ज़िन्दगी और मौत का सवाल पैदा कर देता है। कहीं ऐसा न हो :

घर जला सामने और हम से बुझाया न गया।

हिन्दी जुबान को जिस प्रकार तोड़-मरोड़ कर, नाकामयाबी के साथ प्रचलित किया जा रहा है, वह हमारी ज़ुबान के लिए नहीं हमारी ज़िन्दगी के लिए भी खतरनाक है। इस प्रकार की ज़ुबान हमारी संस्कृति और सभ्यता के लिए कैन्सर का असाध्य रोग सिद्ध हो रही है। हमें मौलवियों की उर्दू नहीं चाहिए, मगर वह ज़ुबान ज़रूर चाहिए जो देवकीनन्दन खत्री, प्रेमचन्द, बालमुकन्द गुप्त, पं. मदन मोहन मालवीय, गणेशशंकर विद्यार्थी, माखन लाल चतुर्वेदी, स्वामी श्रद्धानन्द, इन्द्रदेव विद्यालंकार और इन जैसे सैकड़ों उचित हिन्दी लिखने वालों की हिन्दी में मिलती है। ऐसी हिन्दी से हमारा काम तो भलीभाँति चल जाएगा, लेकिन उर्दू के बिना उच्च साहित्य पैदा होना मुझे नामुमकिन मालूम होता है। खुद मेरी नाचीज़ शायरी और उर्दू के पचासों हज़ार शे'र जो दूसरों की रचनाएँ हैं, हिन्दी वालों में जितने लोकप्रिय हो चुके हैं उतने खड़ी बोली हिन्दी के किसी कवि के दो चार पृष्ठ भी लोकप्रिय नहीं हो सके हैं। हिन्दी वाले उर्दू शायरों को दिन-प्रतिदिन अपनाते जा रहे हैं। किसी खड़ी बोली हिन्दी के कवि को उन्होंने नहीं अपनाया।

राष्ट्रीय एकता और अखण्डता

16-17.3.1962

शौक़ : राष्ट्रीय एकता और अखण्डता का विषय आज प्रधानमन्त्री से लेकर सभी प्रमुख नेताओं में चर्चा का विषय बना हुआ है। समाचार पत्रों में भी इसकी बड़ी चर्चा है। कृपया इस समस्या पर विस्तार से अपने विचार प्रकट करें।

फ़िराक़ : राष्ट्रीय अखण्डता की समस्या हमारे अन्तर्बोध में उसी ज़माने से रही है, जब से हम आज़ादी का ख़्वाब देखते रहे हैं। हज़ारों वर्षों से इस वास्तविकता को महसूस किया जाता रहा है कि भारतवासियों की एकता उनकी विविधता में निहित है। अब से आधी शताब्दी पूर्व राधा कुमुद मुखर्जी की किताब 'THE FUNDAMENTAL UNITY OF INDIA' अर्थात 'भारत की मूलभूत एकता' प्रकाशित हुई थी, जिसे मैंने अपने विद्यार्थी काल में ध्यानपूर्वक और रुचि के साथ पढ़ा। इसका स्थायी प्रभाव मेरे मन और मस्तिष्क पर पड़ा। भारत में स्वयं हिन्दू समाज जिसका इतना बड़ा बहुमत है, संगठित भी है और विभाजित भी। भाषा की दृष्टि से, खान-पान की दृष्टि से, रहन-सहन की दृष्टि से, मानसिक दृष्टि से, चरित्र की दृष्टि से, घरेलू और सामाजिक जीवन में आन्तरिक और बाह्य रूपों तथा क्रिया-कलापों की दृष्टि से, आचार-विचार, चाल-ढाल, शारीरिक विशेषताओं की दृष्टि से हिन्दू समाज कई छोटी-छोटी राष्ट्रीयताओं में बँटा हुआ है। शायद ही दुनिया में कोई ऐसा देश या समाज हो, जिसमें इतनी बड़ी संख्या में विभिन्न नस्लें और उनकी सन्तानें शामिल हों। हमारे इतिहास व सभ्यता की यह एक प्रशंसनीय उपलब्धि है कि इतने प्रकार के और विभिन्न प्रवृत्तियों के समूहों को कुछ बुनियादी मान्यताएँ और दृष्टिकोण देकर, संस्कृत साहित्य और उससे पैदा होने वाली जन-भाषाओं के साहित्य की साँझी विरासत देकर, ललित कलाओं जैसे--संगीत, नृत्य, मूर्तिकला, वास्तुकला, चित्रकला तथा रामायण और महाभारत की सर्वव्यापक परम्पराएँ देकर, अनेक सम्मिलित आचार-विचार और विशुद्ध भारतीय आदर्श देकर,

त्यौहारों, तीर्थस्थानों और बहुत बड़ी संख्या में सामान्य रीति-रिवाज देकर, सृष्टि और प्राकृतिक दृश्यों के साथ एक विशेष आन्तरिक और बाह्य सम्बन्ध स्थापित करके, हमारे इतिहास और हमारी संस्कृति एवं इतिहास ने विविधता में एकता उत्पन्न की है। इन सभी तत्त्वों का एक संगठित राष्ट्र के निर्माण में विशेष महत्त्व रहा है।

लेकिन जितनी मज़बूत, स्थायी और व्यापक ये ऐतिहासिक शक्तियाँ रही हैं, प्रायः उतनी ही और कभी-कभी उनसे भी अधिक शक्तिशाली इस देश की विभिन्न नस्लें, विभिन्न क्षेत्रीय या भौगोलिक स्थितियाँ, विभिन्न जात-पाँत और विभिन्न भाषाओं से पैदा होने वाली वे शक्तियाँ भी रही हैं, जो हमारी राष्ट्रीय एकता को टुकड़े-टुकड़े कर देने का खतरा बन कर हमारे इतिहास और समाज के लिए एक चुनौती का काम करती रही हैं। ये शक्तियाँ हमारे राष्ट्रीय एकता बोध में दरारें पैदा करके हमारी रचनात्मक प्रवृत्तियों के विरुद्ध विघटनकारी प्रवृत्तियों की भूमिका अदा करती रही हैं। हम 35-40 करोड़ हिन्दू अपने को हिन्दू कम और बंगाली, असमियाँ, उड़िया, बिहारी, पंजाबी, मराठी, गुजराती, सिन्धी, कन्नड़, तमिल और तेलुगू अधिक समझते रहे हैं। इसके अलावा समाज में वर्ग-भेद की प्रवृत्तियाँ हमें अपने आप को हिन्दू समझने के बजाय ब्राह्मण, क्षत्रिय, वैश्य, कायस्थ, भूमिहार और सैकड़ों अन्य जात-पाँत के व्यक्ति मानने और समझने पर मजबूर करती रही हैं। स्वतन्त्रता और लोकतन्त्र ने हम भारतीयों के लिए पदों और नौकरियों के हज़ारों नए अवसर खोल दिए हैं। आए दिन ऐसी बातों के चर्चे होते रहते हैं कि बंगाली बंगालियों को, पंजाबी पंजाबियों को, उत्तर भारत वाले उत्तर भारतीयों को, ब्राह्मण, ब्राह्मणों को, बनिये बनियों को, कायस्थ कायस्थों को और अन्य जाति वाले लोग अपनी अपनी जाति वालों को नौकरियाँ देते या दिलाते रहते हैं। इस बात पर बहुत अधिक हो-हल्ला मचाने की ज़रूरत नहीं है। यह लानत उसी वक़्त दूर होगी, जब शिक्षा, नौकरी और रोज़गार प्राप्त करने के अवसर प्रत्येक भारतीय के लिए पैदा हो जाएँगे। ग़रीबी और बेरोज़गारी जब तक इस देश में व्याप्त है और जब तक इतनी नौकरियाँ और रोज़गार के अवसर पैदा नहीं हो जाते कि प्रत्येक व्यक्ति को रोज़गार और काम-धन्धा मिल जाए, तब तक साम्प्रदायिकता, प्रान्तीयता और भाई-भतीजावाद की खेदजनक स्थिति को दूर करना सम्भव नहीं होगा। इसी को अंग्रेज़ी में "The Law of Uniform Development" अर्थात, एक समान विकास का नियम कहते हैं। हिन्दू-मुसलमान का मिल कर एक समाज बनना तो दूर रहा, खुद हिन्दुओं में परस्पर एकता, मेलजोल और समरसता, ग़रीबी और बेरोज़गारी के होते हुए पैदा नहीं हो सकेगी। केवल भावनाओं और नारेबाज़ी के आधार पर, हिन्दू सभ्यता और संस्कृति के आधार पर हिन्दुओं में एकता और समरसता पैदा नहीं हो सकती और न ही भारत को बार-बार एक राष्ट्र कहने से हिन्दू-मुसलमानों में एकता और समरसता उत्पन्न हो सकेगी। अगर भारत का हर घराना समृद्धिशाली

होता तो देश के दो टुकड़े कभी न होते और न ही प्रान्तों और राज्यों को बनाने में रक्तपात, घृणा, आक्रोष तथा लूटमार का खेदजनक दृश्य उत्पन्न होता जो अभी भी विद्यमान है। समृद्धि, मात्र भौतिक कल्याण के लिए आवश्यक नहीं है, बल्कि मानसिक तथा भावनात्मक एकता और सहिष्णुता के लिए भी आवश्यक है।

भारत के विभिन्न क्षेत्रों और भागों के खान-पान में भारी विभिन्नता है। कहीं चावल नहीं खाया जाता। सिर्फ़ रोटियाँ खाई जाती हैं, कहीं रोटियाँ नहीं खाई जातीं, सिर्फ़ चावल खाया जाता है। सब्जियाँ भी विभिन्न प्रकार से बनाई जाती हैं। हमारे खान-पान में कोई एकरूपता नहीं है। यह विभिन्नता पूर्णतः तो मिटाई नहीं जा सकती, लेकिन हर परिवार को यह शिक्षा अवश्य दी जा सकती है कि अगर दूसरे प्रान्तों या राज्यों से कोई मेहमान आए, तो इस बात की पूरी कोशिश की जाए कि एक-दो व्यंजन उसे ऐसे अवश्य मिल सकें, जो उसके सामान्य खान-पान में शामिल हों। इसी प्रकार पोशाक और पहनावे में भी पर्याप्त एकरूपता लाने की कोशिश होनी चाहिए।

देश में हम सबको स्कूल या कॉलेज की उच्चतम शिक्षा नहीं मिल सकती, लेकिन एक काम हो सकता है। वह यह कि लगभग अखिल भारतीय स्तर के एक सौ स्कूल और कॉलेज खोले जा सकते हैं जहाँ 10-11 वर्ष की उम्र से ही हर प्रान्त के प्रतिभाशाली छात्र साथ-साथ रहें और पढ़ें। उन्हें सरकारी छात्रवृत्तियाँ दी जाएँ, जिससे कि इन सौ केन्द्रों में छोटी कक्षाओं से लेकर बी. ए. और एम. ए. तक की कक्षाओं में भारत के विभिन्न भागों के बच्चे और युवक 12-13 वर्ष तक साथ रह कर शिक्षा ग्रहण करें और अंग्रेज़ी भाषा तथा भारतीय भाषाएँ, सभी सीख सकें। आहार और पोशाक में समानता पैदा करने के अवसर प्राप्त कर सकें। और जब शिक्षा-प्राप्ति के बाद भारत के किसी भाग में बसें तो वहाँ अपने आप को अजनबी महसूस न कर सकें।

हम भारत में रहते हैं। इससे कहीं अधिक ज़िन्दा और महत्त्वपूर्ण विशेषता यह होगी कि हम चालीस-पैंतालीस करोड़ भारतीयों के मन-मस्तिष्क में पूरा भारत बस जाए और रहने लगे। हमें भारत को अपने अन्दर बसाना है। जब भारत हमारे लहू में रच उठेगा तभी संगठित राष्ट्रीयता का हमारा स्वप्न साकार होगा। हमारी संगठित राष्ट्रीयता की मिट्टी जगह-जगह से चटख़ कर रह जाती हैं। इसी को अंग्रेज़ fissiparous tendencies अर्थात अपने को तोड़-फोड़ कर रख देने या यत्र-तत्र टूट-फूट कर रह जाने की प्रवृत्तियाँ बताते रहें हैं। हम एक हो कर कई एक हो जाते हैं। हिन्दू समाज के भावनात्मक या मानसिक अथवा व्यावहारिक रूप में संगठित होने के मार्ग में जातिवाद, विभिन्न नस्लें, भाषाएँ, जात-पाँत के भेदभाव और वर्णाश्रम की ऐसी शक्तियाँ प्रभावकारी रही हैं, जो किसी भी देश के निवासियों को सन्तोषजनक सीमा तक और स्थायी रूप में संगठित होने ही नहीं देंगी।

हमारी राष्ट्रीय एकता का दुश्मन हमारे अन्दर ही छिपा हुआ है। विभाजन, तोड़-फोड़ और अव्यवस्था पैदा करने वाली, बल्कि परस्पर टकराव और विद्वेष पैदा करने वाली, इन शक्तियों को मिटाना बहुत बड़ा काम है। पहले हिन्दू समाज में ऐसे ठोस और सुदृढ़ आन्दोलनों को प्रभावकारी बनाना है जो हिन्दू समाज को ज़िन्दा और व्यापक रूप से संगठित करें। ऐसी शक्तियों को कारगर बनाना है जो हिन्दू, मुस्लिम, सिक्ख (मैं सिक्खों को हिन्दू समझता हूँ), बौद्ध, ईसाई और धर्म-विहीन तथाा स्वतन्त्र विचारों के भारतीयों में एक साँझी और संगठित राष्ट्रीयता की अटल भावना उत्पन्न कर दें। यह भावना किसी पराए या दुश्मन से लड़ने के लिए नहीं, बल्कि आपस में संगठित होकर रहने के लिए हो।

शौक़ : इस काम को पूरा करने के लिए आपके क्या सुझाव हैं ?

फ़िराक़ : इस उद्देश्य की प्राप्ति और इसकी पूर्णता चरणबद्ध रूप में ही मुमकिन है। अगर हम भारत की जनसंख्या को अगले सौ वर्षों तक उतनी ही मान लें, जितनी आज है तो पहला काम तो यह होना चाहिए कि ग़रीबी को पूर्णतः मिटाया जाए। जब तक प्रत्येक परिवार समृद्ध नहीं होगा, राष्ट्रीय एकता सही अर्थों में पैदा नहीं हो सकेगी। केवल धर्म, भाषा, साहित्य, रीति-रिवाज की सहायता से राष्ट्रीय एकता की बुनियादें ठोस नहीं होंगी। आज की क़ीमतों के आधार पर प्रत्येक पाँच-छह पुरुष-स्त्री, बच्चे-बच्चियों वाले एक गृहस्थी के परिवार की आय अनुमानतः छह-सात सौ रुपए मासिक होनी चाहिए। हमारे समाज को बहुत हद तक एक प्रगतिशील और उन्नत समाजवादी समाज के ढाँचे में ढलना है। ग़रीबी, बेकारी, बेरोज़गारी, अशिक्षा और अज्ञानता, जीवन में रस और प्रेरणा का अभाव, उदासी और नैराश्य, आर्थिक चिन्ताएँ, शारीरिक निर्बलता और सैकड़ों रोग—इन सबको जड़ से उखाड़ना पड़ेगा। ऐसा हो जाने पर ही आध्यात्मिक मूल्यों, ज्ञान और साहित्य की दौलत, ललित कलाओं से प्राप्त होने वाली सुख-समृद्धि पूरे राष्ट्र के हाथ लगेगी और ये उपलब्धियाँ ही राष्ट्रीय एकता पैदा कर सकेंगी। शिक्षा और समृद्धि के साथ-साथ साहित्य और ललित कलाएँ भी राष्ट्रीय एकता को सुदृढ़ बनाने में बहुत बड़ा हिस्सा लेंगी। वैदिक काल से आरम्भ होकर हज़ारों वर्षों तक हमारे जीवन और इतिहास ने साहित्य के जो अमूल्य रत्न, कला और ज्ञान की धरोहर तथा जीवन के मूल्य हमें प्रदान किए हैं, उन्हें सभी हिन्दू और फिर समस्त हिन्दुओं, मुसलमानों और ग़ैर-हिन्दुओं की एक ज़िन्दा और साँझी विरासत बनाना है। इसके बाद, बौद्ध धर्म और उस युग की सांस्कृतिक विरासत को समस्त हिन्दुओं, मुसलमानों और अन्य ग़ैर-हिन्दुओं की सांस्कृतिक विरासत बनाना है। मुस्लिम काल और इस्लाम की सांस्कृतिक देन को तथा जीवन के मूल्यों में जो बदलाव और समावेश मुस्लिम काल ने किए उन्हें भी जीवित रूप में हिन्दू-मुसलमान और अन्य समस्त भारतीयों की सांस्कृतिक विरासत बनाना है। इसके बाद अंग्रेज़ों के यहाँ आने के पश्चात

योरोप और अमेरिका, जो कई दृष्टियों से दुनिया भर की नई सभ्यता और संस्कृति का प्रतिनिधित्व करते रहे हैं, उसे भी हमें अपनी सांस्कृतिक विरासत बना लेना है और दुनिया के साथ मिल कर हमें आगे बढ़ना है।

जब हम राष्ट्रीय जीवन की एकता, अखण्डता एवं समरसता की बात उठाते हैं तो, जैसा कि मैं पहले कह चुका हूँ, हमें इस बात को भली-भाँति समझ लेना चाहिए कि हम पहले आदमी तो बन लें। हम जिस प्रकार फटे-हाल जी रहे हैं, उस हालत को तो दूर कर लें। 95 प्रतिशत भारतीयों की ज़िन्दगी की न्यूनतम आवश्यकताओं को तो पूरा कर लें, भौतिक, मानसिक, भावनात्मक और चारित्रिक दृष्टि से हमारा जीवन भरपूर तो बन जाए। प्रत्येक भारतीय के व्यक्तिगत जीवन में एक अखण्डता एवं समरसता पैदा हो सके, तभी राष्ट्रीय अखण्डता की बारी आएगी। इस सम्बन्ध में 30-40 वर्षों से मेरा यह विश्वास रहा है कि देहात को समस्त भारत से मिटा देना है और उसके स्थान पर कृषि नगर और क़स्बे बसाना है। भारत के पाँच लाख गाँवों को तोड़ कर और मिला कर 80-90 हज़ार बल्कि केवल 50-60 हज़ार कृषि नगरों और क़स्बों में तब्दील कर देना है। हमें दूरियों को मिटाना है और ऐसी स्थिति पैदा कर देनी है कि भारत के किसी एक सिरे से दूसरे सिरे तक, किसी एक नगर या क़स्बे से किसी दूसरे नगर या क़स्बे तक, एक घर से भारत भर में बसे हुए और बिखरे हुए किसी दूसरे घर तक पहुँचने में आराम से यात्रा करके अधिक से अधिक 35-40 घण्टे से अधिक वक़्त नहीं लगना चाहिए।

भारत की प्रत्येक भाषा और उसके साहित्य को सुरक्षित बना कर तथा उसे उन्नति के पूरे अवसर देकर एक नरम और सरल हिन्दुस्तानी भाषा का विकास राष्ट्रीय एकता के लिए बहुत ज़रूरी है। यह हिन्दुतानी, उर्दू और हिन्दी का संगम हो, लेकिन हम इस देश के किसी उज्ज्वल भविष्य की कल्पना नहीं कर सकते जब तक कम-से-कम दो प्रतिशत मनुष्य सारे भारत में भली-भाँति अंग्रेज़ी भाषा की उचित शिक्षा ग्रहण न कर लें अर्थात जनसाधारण के स्तर पर राष्ट्रीय एकता और अखण्डता भारतीय भाषा द्वारा स्थापित होगी, जिसे हम चाहे तो हिन्दी कहें लेकिन ख़ास लोगों की सतह पर या उच्चतम शैक्षिक स्तर पर यह एकता अंग्रेज़ी भाषा के द्वारा हो सकती है।

हाँ, तो पहले हमें हिन्दू समाज में जो परस्पर अजनबीपन और भेदभाव की खाइयाँ बाधक रही हैं, उन्हें सब हिन्दुओं को सम्पन्न और शिक्षित बना कर पाटना है और उसके बाद बल्कि उसके साथ-साथ ही उन्हीं उपायों से उस खाई को भी पाटना है, जो हिन्दुओं और मुसलमानों और अन्य ग़ैर-हिन्दुओं के बीच बाधक रही है। हमारी दुखद स्थितियों ने ही धार्मिक विभिन्नताओं को हमारे लिए एक लानत बना दिया है। विभिन्न धर्मों और समुदायों ने हमारे समाज के इसलिए टुकड़े-टुकड़े नहीं कर रखे हैं, कि वे विभिन्न धर्म और समुदाय हैं बल्कि हमारे दुखद जीवन

के कारण :

रुकाओ खूब नहीं तबअ[1] की रवानी में
कि बू फ़िसाद की आती है बन्द पानी में।

इस रुकाओ को मिटाना है, जीवन के स्रोतों को आज़ादी से बहने देना है। इसी रुकाओ का नतीजा यह हुआ है कि विभिन्न धर्म और समुदाय के लोगों में और उनके जीवन में सैकड़ों अनावश्यक बाह्य और आन्तरिक ऐंठनें पैदा हो गई हैं। हमें एक साँझे साहित्य की ज़रूरत है। रामायण, महाभारत, गीता और संस्कृत साहित्य के अन्य अनेक अमूल्य रत्नों और महान कृतियों को प्रत्येक भारतीय की विरासत बना देना है। जहाँ तक मुसलमानों और अन्य ग़ैर-हिन्दुओं का सम्बन्ध है, उन्हें यह विश्वास दिला देना है कि संस्कृत साहित्य के अनुवादों और संस्कृत रचनाओं को अपनाने से उनका इस्लाम, उनका इसाई धर्म या जो कोई धर्म उन्होंने अपना रखा है, वह कमज़ोर नहीं पड़ेगा बल्कि और मालामाल हो जाएगा :

हसद[2] से दिल अगर अफ़सुर्द:[3] है गर्म-ए-तमाशा[4] हो
कि चश्म-ए-तंग[5] शायद कसरत-ए-नज़्ज़ारा[6] से वा[7] हो।

जिस तरह भारत की धरती, यहाँ की नदियाँ, पहाड़, यहाँ के मौसम, यहाँ के फल और अनाज, यहाँ का संगीत और यहाँ की अन्य सभी वस्तुओं पर मुसलमानों का और अन्य ग़ैर-हिन्दुओं का उतना ही अधिकार है, जितना कि हिन्दुओं का है उसी तरह यहाँ के साहित्य, ललित कलाओं और अन्य सभी सांस्कृतिक बपौती पर मुसलमानों और अन्य ग़ैर-हिन्दुओं का उतना ही अधिकार है जितना हिन्दुओं का। और इन वरदानों और मूल्यों का जो जितना जैसा अधिकार हिन्दुओं पर है, उन वरदानों और मूल्यों का वही, उतना और वैसा ही अधिकार मुसलमानों और अन्य ग़ैर-हिन्दुओं पर है। भारतीय होने के अर्थ बहुत बड़े हैं। एक भारतीय नागरिक के जो राजनीतिक और सामाजिक अधिकार हैं, उनसे कहीं अधिक बड़े अर्थ वास्तविक अर्थों में भारतीय होने के हैं।

अब वह ज़माना गुज़र चुका है कि हम उन सीमित और कई दृष्टियों से खतरनाक अर्थों में, एक राष्ट्र बनें, जिन अर्थों में अंग्रेज़, फ्रान्सीसी, जर्मन, अमेरिकी, जापानी और अन्य देशों के निवासी एक राष्ट्र कहलाते हैं। आज भारत या किसी अन्य देश में वास्तविक और स्वस्थ अर्थों में उस समय तक हम एक राष्ट्र नहीं बन सकते जब तक भूमण्डल पर बसी हुई मानवता की अखण्ड एकता का ज़िन्दा अहसास हमें न हो। महाकवि रवीन्द्रनाथ ठाकुर ने हमें इतनी अधिक और असंख्य बातें सिखाई हैं कि हम प्रायः यह भूल जाते हैं कि उनकी शिक्षा का सबसे महत्त्वपूर्ण

---

1. स्वभाव, 2. द्वेष, 3. उदास, 4. खेल देखने में व्यस्त होना, 5. संकीर्णता, तंगनज़री, 6. दृश्यों की अधिकता, 7. खुलना।

अंश वह है, जिसमें उन्होंने मानव की एकता की शिक्षा हमें दी है। लेकिन हमारी दुःखद स्थिति ने मानवता और उसकी इस अनिवार्य एकता के बोध को हमारे लिए नामुमकिन बना रखा है :

फ़ुर्सत किसे कि तेरी तमन्ना[1] करे कोई।

मैंने जिन बातों की तरफ़ इशारा किया है, उन्हें सुनहरे स्वप्नों से यर्थाथ में बदलने के लिए लगभग आधी सदी का समय चाहिए और आधी सदी के बाद भी यह स्वप्न उसी स्थिति में साकार हो सकेगा, जब अभी से व्यापक स्तर पर और योजनाबद्ध ढंग से राष्ट्रीय एकता और अखण्डता पैदा करने का काम शुरू कर दिया जाए और उसे सक्रियता तथा खुले विचारों के साथ जारी रखा जाए। किसी समस्या की जटिलता को समझ लेना, उसे सुलझाने के लिए ज़रूरी है। यह मामला, केवल यह मान कर कि हिन्दू तो संगठित हैं ही, केवल मुसलमानों में देश-प्रेम और एकता की भावना उत्पन्न कराके और हिन्दू संस्कृति के मूल्यों को उनसे मनवा कर पूर्णतः राष्ट्रीय एकता पैदा की जा सकती है, नहीं सुलझाया जा सकता। बहुमत या सरकार की ओर से आदेश जारी करके, ज़ोर, ज़बरदस्ती करके या दबाव डालकर हिन्दू-मुसलमानों में एकता पैदा नहीं की जा सकती। यह एक चरणबद्ध रूप से होने वाले विकास का मामला है, उसे कुन-फयकुन[2] अर्थात 'कहा और हो गया' का मामला नहीं समझ लेना चाहिए, बल्कि जैसा इक़बाल ने कहा है, 'यह कुन-फयकुन एक निरन्तर कुन-फ़यकुन है।' भारत को कायनात[3] समझ कर हम इक़बाल ही का यह शे'र दोहराएँगे :

ये कायनात अभी नातमाम[4] है शायद
कि आ रही है दमादम सदाए[5] कुन-फ़यकुन।

इसमें एक राष्ट्रीयता और राष्ट्रीय एकता एवं अखण्डता का जो दृष्टिकोण और उसका जो तसव्वुर पेश किया गया है, वह पिछली सदी-दो सदी के राष्ट्रीयता के दृष्टिकोण एवं कल्पना से बड़ा दृष्टिकोण एवं कल्पना है और साथ ही इससे कहीं अधिक आर्थिक समृद्धि का पोषक है। काश ! यहाँ के हिन्दू और मुसलमान इस बात को समझते कि राष्ट्रीयता के इसी दृष्टिकोण और इसी कल्पना को दुनिया भर में कामयाब बनाने के लिए हमारे प्रधानमन्त्री पं. जवाहर लाल नेहरू आज सबसे बड़े ऐतिहासिक कर्तव्य को पूरा कर रहे हैं। वे मानवता की कल्पना के बड़े ख़ाके में भारत की राष्ट्रीय एकता को एक ज़िन्दा हक़ीक़त बनाना चाहते हैं।

---

1. इच्छा, 2. हो जा, बस वह हो गया। परमात्मा ने जब सृष्टि रचनी चाही तो "कुन" कहा और "फ़य-कुन" हो गया, 3. सृष्टि, 4. अपूर्ण 5. आवाज़।

29.6.1962

शौक़ : हिन्दी भाषा के द्वारा भारत की विभिन्न भाषाएँ बोलने वालों को कहाँ तक संगठित किया जा सकता है ?

फ़िराक़ : हज़ारों वर्षों से सारे भारत का धड़कता हुआ दिल इस देश का वह भाग रहा है, जिसके एक सिरे पर पटना या पाटलिपुत्र है, और दूसरे सिरे पर दिल्ली है और जिसमें पूरा उत्तर प्रदेश शामिल है। इसी क्षेत्र की मातृभाषा आज हिन्दी या उर्दू है। सम्भवतः इसी क्षेत्र को आर्यावर्त कहा गया है। मुझे संस्कृत के एक बहुत बड़े विद्वान ने बताया कि महान चिन्तक पाणिनी ने इस क्षेत्र से बाहर रहने वाले भारतीयों को शूद्र अर्थात अनार्य कहा है। हमारी सांस्कृतिक परम्पराएँ और ज्ञान के क्षेत्र में कारनामे इसी क्षेत्र से सम्बन्धित हैं। महाभारत, रामायण हमारे तीर्थ स्थल और ऐतिहासिक महत्त्व की अन्य बहुत-सी चीज़ें इसी भाग से सम्बन्ध रखती हैं। यहीं की संस्कृत अर्थात गंगा-यमुना के मैदान की संस्कृत भाषा को प्रामाणिक माना गया है। इसी भाग को 'मध्य देश' कहा गया है। महात्मा बुद्ध ने भी यहीं की पालि अर्थात दिल्ली के समीप की पालि भाषा को प्रामाणिक माना है और अब यहीं की भाषा को, जिसे हिन्दी कहिए या उर्दू कहिए, राष्ट्रीय भाषा का पद प्रदान किया गया है। भारत के विभिन्न भागों से वर्ष-प्रतिवर्ष लोग तीर्थ यात्रा के लिए इसी भाग में आते रहे हैं। मुसलमानों के शासनकाल में भी राजधानी दिल्ली की भाषा का नगरों के बाहर गाँवों के मुसलमान अपनी भाषा मानते रहे हैं। इसी से आज भी हिन्दी, हिन्दुस्तानी या उर्दू, हिन्दुस्तान के सभी नगरों में न्यूनाधिक समझी और बोली जाती है अर्थात जिनकी भाषाएँ बंगला, उड़िया, गुजराती, मराठी, तमिल, तेलुगू, कन्नड़, मलयालम आदि हैं, उनमें भी लाखों आदमी सदियों से हिन्दी, उर्दू या हिन्दुस्तानी बोलने और समझने वाले पाए जाते हैं। लेकिन हिन्दी या उर्दू में ज्ञान के विभिन्न विषयों की उच्च स्तर की पुस्तकें नहीं हैं। जन-स्तर पर तो हिन्दी या उर्दू लोगों को न्यूनाधिक जोड़े हुए है। लेकिन उच्च ज्ञान के स्तर पर तो हिन्दी या उर्दू कभी पूरे भारत को संगठित नहीं कर सकी थी। पहले जो भाषा उच्च ज्ञान के स्तर पर सारे भारत को संगठित रख चुकी है वह संस्कृत भाषा थी। फिर, यह दर्जा फ़ारसी और अरबी को मिल गया। आज सवा सौ वर्षों से यह पद अंग्रेज़ी भाषा और केवल अंग्रेज़ी भाषा को ही प्राप्त है जो सर्वथा उचित ही है। मैं अधिक विस्तार में न जाकर यह कहे देता हूँ कि भारत के दूसरे भागों का तो क्या ज़िक्र, स्वयं हिन्दी या उर्दू का जो अपना घर है वहाँ के रहने वाले भी केवल हिन्दी या उर्दू के माध्यम से उच्च शिक्षा प्राप्त नहीं कर सकते। उनका उच्च मानसिक विकास भी उर्दू या हिन्दी द्वारा नहीं हो सकता। नतीजा यह निकला कि देशभर में हिन्दी या उर्दू का प्रचार केवल जन-सामान्य स्तर पर ही बहुत हद

तक सारे भारत को संगठित कर सकेगा, लेकिन ज्ञान के क्षेत्र में सदियों तक यह एकता और संगठन केवल अंग्रेज़ी के माध्यम से ही स्थापित किया जा सकता है। लोगों को इस बात का अहसास ही नहीं है कि आज विभिन्न विषयों का ज्ञान कहाँ से कहाँ पहुँच चुका है। उन्हें पूर्ण रूप में शताब्दियों तक हिन्दी या उर्दू में ढाला ही नहीं जा सकता। अंग्रेज़ी में चार-पाँच करोड़ पृष्ठों में उच्च ज्ञान और ठोस ज्ञान की पुस्तकें उपलब्ध हैं। उन्हें हिन्दी में ढालना पचास हज़ार ऐसे हिन्दी लेखकों का काम होगा जो अंग्रेज़ी पर भी उतना ही अधिकार रखते हों, जितना गोखले, रानाडे, जगदीशचन्द्र बोस, अरविन्द घोष, विनय कुमार सरकार, पी. सी. रे, जवाहर लाल नेहरू, लाला लाजपतराय, कृष्णा मैनन, अम्बेडकर और इन्हीं जैसे अंग्रेज़ी भाषा के सैकड़ों नहीं हज़ारों भारतीय विशेषज्ञों को प्राप्त था। अगर कम-से-कम चार-पाँच लाख भारतीय अधिक से अधिक रूप में अंग्रेज़ी से परिचित नहीं होंगे, तो उच्च स्तर पर भारत की एकता असम्भव होगी। और फलतः भारत का बौद्धिक जीवन बहुत कमज़ोर हो जाएगा। अगर ज्ञान का सम्मान करने पर हम मजबूर हों तो हमें मान लेना पड़ेगा कि सिर्फ़ हिन्दी जानने से भारत अज्ञानता का शिकार हो जाएगा। अगर हम हिन्दी को अपने दो पैर मान लें तो अंग्रेज़ी को वह शक्ति माननी पड़ेगी जिसके बलबूते पर हम चलते हैं या चल सकेंगे। हिन्दी और अंग्रेज़ी का मामला दो भाषाओं का मामला नहीं बल्कि अज्ञानता और ज्ञान का मामला है। अंग्रेज़ी ही के विशेषज्ञ 100-200 वर्षों में हिन्दी को किसी योग्य बना सकेंगे।

शौक़ : हिन्दी के कुछ समर्थकों का यह दावा है कि हिन्दी 26 करोड़ लोग बोलते हैं। आपका इस बारे में क्या ख़याल है ?

फ़िराक़ : जिस हिन्दी को 26 करोड़ तो कदापि नहीं, किन्तु 15-16 करोड़ हमारे देशवासी बोलते हैं, वह खड़ी बोली हिन्दी नहीं, अवधी, ब्रजभाषा, भोजपुरी और हिन्दी के अन्य स्थानीय रूप हैं। मान्यता प्राप्त खड़ी बोली हिन्दी स्वाभाविक रूप में हमारे केवल 5-6 करोड़ देशवासी बोलते हैं। किन्तु मुसीबत दूसरी है। वह यह कि गुजराती, मराठी, बंगला, तमिल, तेलुगू, पंजाबी, राजस्थानी अर्थात भारत की जितनी भाषाएँ हैं, सामान्यतः जनता उनका जिस प्रकार प्रयोग करती है और इन भाषाओं के गद्य और पद्य अर्थात, साहित्य में जिस प्रकार इन भाषाओं का प्रयोग किया जाता है, उसमें बहुत कम अन्तर है। केवल शब्दावली में ही नहीं बल्कि वाक्यों और पदों की बनावट में, मुहावरों में, दैनिक व्यवहार की भाषा में और टक्साली वर्णन शैली में भी है। गत वर्ष पं. जवाहर लाल नेहरू ने डंके की चोट पर यह बात कही थी कि हिन्दी बोलने वालों की बोली में और हिन्दी साहित्य के रचनाकारों की भाषा में भयानक खाई मौजूद है। बोली और साहित्य में इतनी बड़ी भिन्नता भारत भर की अन्य भाषाओं में और उनके साहित्य में ही नहीं बल्कि दुनिया भर की भाषाओं और उनके साहित्य में भी नहीं पायी जाती। अगर हिन्दी

का कोई पक्षधर यह दावा करता है कि हिन्दी साहित्य की भाषा 26 करोड़ या 52 करोड़ हिन्दी बोलने वालों की भाषा है या उनकी बोली पर आधारित है, तो वह बेहयाई से झूठ बोल रहा है। अगर करोड़ों की बोली हिन्दी है, तो आज के हिन्दी साहित्य की भाषा कदापि हिन्दी नहीं। हिन्दी बोलने वाले ही तो रेडियो में हिन्दी की ख़बरें सुनते हैं और ये ख़बरें सुनकर अपना मुँह पीट लेते हैं।

26.3.1966

शौक़ : आज के उर्दू के गद्य लेखकों और कवियों को भारत से असाधारण प्रेम है और आपको तो भारत से अथाह प्रेम है। इस देश-प्रेम के पीछे कौन-से तत्त्व काम कर रहे हैं ?

फ़िराक़ : ऐसा कौन-सा भारतीय है जिसे अपने देश से अत्यन्त प्रेम नहीं होगा ? इस प्रेम ने स्वतन्त्रता के बाद हर भारतीय के हृदय में एक नया जन्म लिया। चूँकि इस प्रेम को एक पढ़े-लिखे, सुविज्ञ और चिन्तनशील प्रेम होने की आवश्यकता है, इसलिए साहित्यकारों, कवियों और अन्य प्रबुद्ध लोगों के देश-प्रेम के तत्त्वों का महत्त्व बहुत बढ़ जाता हैं क्योंकि देश-प्रेम के साथ-साथ देश-बोध, देश-चेतना, देश-ज्ञान या देश-कल्पना की भी नितान्त आवश्यकता है। हमें सिर्फ़ दिल से देश-प्रेम नहीं करना है, बल्कि दिमाग़ से भी करना है।

इस चिन्तनात्मक देश-प्रेम के भी दो पहलू हैं—बाह्य या व्यावहारिक और आन्तरिक या आत्मिक। जहाँ तक बाह्य चिन्तनात्मक देश-प्रेम का सवाल है, इसका सम्बन्ध पंचवर्षीय योजनाओं और अन्य रचनात्मक कामों से है जैसे शिक्षा-प्रणाली, कृषि पद्धति और सैकड़ों सामाजिक, राजनीतिक, आर्थिक समस्याएँ। बाह्य देश-प्रेम प्रत्येक सभ्य देश का समान या प्रायः समान होता है। आन्तरिक चिन्तनात्मक या प्रवृत्यात्मक एवं आध्यात्मिक देश-प्रेम उर्दू के साहित्यकारों और शायरों की रचनाओं तथा उनकी शायरी में पैदा हो रहा है। इसका अहसास हमें उनके लेखों और मुशायरों से हो रहा है। यह देश-प्रेम उस सोच-विचार, चिन्तन-मनन तथा जिज्ञासात्मक अनुभूतियों की दृष्टि से कहीं अधिक गहरा है जो चकबस्त, शिबली या इक़बाल की कुछ नज़्मों से होता था। यह हमारी सोच की नई जागृति है। मुझे ऐसा महसूस हो रहा है कि उर्दू शायरों और साहित्यकारों के अचेतन और अवचेतन मन में धीरे-धीरे वह सृष्टिबोध और भारत के प्रति वह समझ फिर से जन्म ले रही है जो यहाँ के प्राचीन महात्माओं, ऋषियों, मुनियों तथा प्राचीन साहित्य और दर्शन में हमें नज़र आती है। इस नई चेतना का सबसे आशाजंनक पहलू यह है कि

पाश्चात्य कला एवं ज्ञान और नवीन सामाजिक आदर्शों से यह मेल खाती है। इस नई चेतना में प्राचीनतम भारत और नवीनतम विश्व का संगम मुझे दिखाई पड़ता है। मुझे यह अहसास विशेषकर पिछले तीन-चार वर्षों में उर्दू मुशायरों में शामिल होने से हुआ है। इन मुशायरों में युवक, अधेड़ और वयोवृद्ध कवि, सभी के अन्दर अवचेतन रूप में देश के प्रति एक दार्शनिक संज्ञान का अन्दाज़ा मुझे होता रहा है। प्रत्येक उर्दू शायर के दिलो-दिमाग़ में भारत की आत्मा धड़कती हुई दिखाई देती है। यह एक अदृश्य क्रिया है। इस नए भावबोध को हम किसी विशिष्ट या सीमित विचारधारा या विशिष्ट वाद (ism) से बँधा हुआ नहीं पाएँगे। यह भारत-कल्पना न तो सामन्ती व्यवस्था की पाबन्द है, न पूँजीवादी व्यवस्था की और न ही साम्यवादी व्यवस्था की। यह बोध तो व्यवस्थातीत है। यह दूसरी बात है कि जहाँ तक व्यवस्था का सम्बन्ध है, उर्दू साहित्यकार और शायर लोकतन्त्रीय समाजवाद को व्यावहारिक जगत में भारत के लिए उपयुक्त समझ रहे हों, लेकिन भारत की आत्मा किसी व्यवस्था विशेष के हाथों बिकी हुई नहीं है और न ही किसी धार्मिक विश्वास की शिकार है।

शौक़ : उर्दू साहित्यकारों, शायरों या देश-प्रेम की भावना रखने वाले हिन्दुस्तान के अन्य लोगों की जिस आध्यात्मिक या आन्तरिक चेतना के नव जागरण या देश के प्रति नई चेतना का आपने ज़िक्र किया है, उससे किस प्रकार से अधिक लोगों को अवगत कराया जाए ?

फ़िराक़ : मैं काफी समय से सोचता रहा हूँ कि भारत की सभी भाषाओं में और विशेषकर उर्दू में वेदों, उपनिषदों, पुराणों, रामायण, महाभारत तथा भारत के अराध्य देवों को संक्षिप्त, किन्तु सव्याख्या, सुबोध एवं सरल ढंग से दर्जनों पुस्तकों के द्वारा करोड़ों देशवासियों तक पहुँचाया जाए। इन पुस्तकों में न राजनीति हो और न सस्ता धर्म प्रचार हो, न ही पूँजीवाद और साम्यवाद का वाद-विवाद हो, बल्कि सिर्फ़ संज्ञानात्मक अपील हो। इसी तरह स्वामी विवेकानन्द, विनयकुमार सरकार, आनन्द कुमार स्वामी, स्वामी रामतीर्थ और अरविन्द घोष के लेखों और भाषणों का चयन भी सामान्य जनता तक पहुँचाया जाए। विशेष रूप से स्कूलों और कॉलेजों के विद्यार्थियों को इन चीज़ों से अधिकाधिक परिचित कराया जाए। भारत का संगीत, स्थापत्य कला, नृत्यकला, चित्रकला, रीतियों और संस्कारों का अर्थबोध तथा संज्ञानात्मक मूल्यों की व्याख्या से सम्बन्धित सैकड़ों किताबों की ज़रूरत है। हमारी कथाएँ, लोकगीत, देश में बच्चों या आम लोगों के लिए जिन कहानियों की रचना की गई है, उन्हें करोड़ों देशवासियों तक पहुँचाना है।

हमें इसके साथ ही आन्तरिक और बाह्य अर्थों में भारत का नागरिक बनना है तथा साथ ही मास्को, लन्दन, बर्लिन, पेरिस और विश्व का नागरिक भी बनना है। ऐसे ही भारत और विश्व के नागरिक स्वामी विवेकानन्द थे और सैकड़ों अन्य

महान विभूतियाँ भी थीं। हमें भाषा और साहित्य को पश्चिम या ग़ैर-मुस्लिम राष्ट्रों के विरुद्ध उस विषैले आक्रोश या टीका-टिप्पणी से बचाना चाहिए जिसके खेदजनक उदाहरण हमें इक़बाल की शायरी में मिलते हैं।

साथ ही साथ राष्ट्रीय स्वयंसेवक संघ (आर. एस. एस.), हिन्दू महासभा और जनसंघ के ज़हरीले दृष्टिकोण और प्रचारों से भी अपने सभी देशवासियों को बचाना है। हमें भारत में अपने छह करोड़ मुसलमान भाइयों को एक ऐसा व्यक्तित्व और चरित्र प्रदान करना है जो उससे बहुत भिन्न हो जिससे इक़बाल, जिन्ना, मुस्लिम लीग और कुछ मुस्लिम देशों के साम्प्रदायिक आन्दोलनों द्वारा पैदा करने की कोशिश की गई थी और की जा रही है। हमें अपने 40 करोड़ हिन्दू देशवासियों को भी संकीर्ण हिन्दू कट्टरपन की ज़ंजीरों से आज़ाद करना है। हमें ऐसे भारतीय व्यक्तित्व उत्पन्न करने हैं जो विश्व व्यक्तित्व हों और जो सीमित और विशिष्ट धार्मिक विश्वासों, उम्मतों और मिल्लतों से मुक्त हों। धर्म उस वक़्त अत्यन्त खतरनाक चीज़ हो जाता है जब वह एक राजनीतिक सम्प्रदाय या दूसरों से बिल्कुल अलग जीवन पद्धति या जीवन शैली या एक राजनीतिक दल का रूप ग्रहण कर लेता है। बड़ी मुसीबत यह है कि जो धर्म एक सीमित या विशिष्ट धर्म सम्प्रदाय या एक राजनीतिक दल बन जाता है, वह हिन्दू धर्म और हिन्दुओं को भी अपनी तरह एक शत्रु धर्म-सम्प्रदाय और राजनीतिक दल समझने लगता है। यद्यपि हिन्दू समाज न कोई उम्मत है न कोई मिल्लत, न कोई राजनीतिक दल है, और न ईमानों और विश्वासों का पुलन्दा। हिन्दू धर्म कोई मज़हब ही नहीं, ठीक उसी तरह जिस तरह शराफत, नेकी, दया और सहानुभूति कोई मज़हब नहीं है, कोई मिल्लत नहीं है, कोई उम्मत नहीं हैं।

हिन्दू धर्म के बारे में

26.3.1964

शौक़ : भावी संसार और सभ्यता में हिन्दू धर्म का कोई स्थान होगा या नहीं ?

फ़िराक़ : इस सवाल का जवाब देने से पहले हमें इस समस्या पर ग़ौर करना है कि हमारी राजनीतिक या राष्ट्रीय स्वतन्त्रता क़ायम रहेगी या नहीं। हम फिर कहीं गुलाम तो नहीं हो जाएँगे ? हमारा देश फिर टुकड़े-टुकड़े तो नहीं हो जाएगा ? देखने में स्वतन्त्रता क़ायम रहते हुए कहीं ऐसा तो नहीं हो जाएगा कि हम अमेरिका, चीन या किसी बड़ी ताक़त के हाथों वास्तविक अर्थों में अपनी आज़ादी खो बैठें। ग़लत राजनीतिक नेताओं और भ्रष्ट अधिकारियों तथा प्रशासकों के हाथों हम बर्बाद होते चले जाएँ इसकी सम्भावना है या नहीं ? सब कुछ मिलाकर एक विकासशील लोकतन्त्रीय सरकार को अनुमानतः सौ वर्ष तक देश के निर्माण का अवसर मिले तो इसी हालत में हमारी स्वाधीनता, हमारा भविष्य, हमारी प्रगति, हमारी शिक्षा और हमारी समृद्धि सुदृढ़ और स्थायी बन सकेगी। जहाँ तक आधुनिक ज्ञान और औद्योगिक प्रगति का सवाल है, हमें दुनिया के विकसित राष्ट्रों की पंक्ति में खड़ा हो जाना है। अगर हर तरह से शान्ति और ख़ैरियत रही और हमारे वर्तमान शासन में जो दोष हैं वे दूर हो गए तो हम सौ वर्षों के अन्दर फ्रान्स, इंग्लैण्ड, रूस और अमेरिका के बराबर हो सकेंगे।

शौक़ : लेकिन इस दौरान तो ये अन्य देश हमसे बहुत आगे बढ़ जाएँगे। फिर हम इनके बराबर कैसे हो सकते हैं ?

फ़िराक़ : यह गणित या आनुपातिक बराबरी का सवाल नहीं है। अन्य देश हमसे अपेक्षाकृत आगे रहें तो इससे कोई फ़र्क़ नहीं पड़ता, बशर्ते हम सौ वर्ष के अन्दर ठोस और स्थायी रूप में इतना कुछ बन जाएँ जितना इंग्लैण्ड, फ्रान्स, या जर्मनी आज बन चुका है। इसके पश्चात हमारी प्रगति अपने आप अन्दर से होती चली जाएगी। एक ख़ास हद तक अगर हम उन्नति कर गए, जिसकी ओर मैं संकेत कर चुका हूँ तो इसके बाद अन्य देश हमसे किसी प्रकार आगे भी रहें तो भी यह

कहना उचित होगा कि हम उनके बराबर हो चुके हैं। आज उन्नत देशों में सामान्य जनता की जितनी और जैसी शिक्षा है और अनुमानतः एक प्रतिशत जनसंख्या की असाधारण शैक्षिक और बौद्धिक प्रगति जैसी इन देशों में हो चुकी है अगर यह बात हमारे यहाँ सौ वर्ष के अन्दर हो जाए तो हमारे पिछड़ेपन का ख़तरा मिट जाएगा। इसके लिए अन्य बातों के अलावा दो बातों की बड़ी ज़रूरत है। एक तो भारत की चौदह भाषाओं (संविधान द्वारा मान्य) में हर भाषा में खालिस अदब और ज्ञान का साहित्य कम-से-कम इतना विकसित हो जाए जितना उदाहरण के तौर पर इंग्लैण्ड की भाषा और साहित्य में हो चुका है। इसका अर्थ यह हुआ कि जिस तरह इंग्लैण्ड के प्रत्येक निवासी को अच्छी से अच्छी अंग्रेज़ी किताबें उपलब्ध हैं, इसी तरह हमारी चौदह भाषाओं में अच्छी से अच्छी, खूबसूरत से खूबसूरत और सरल से सरल भाषा में भारत में लिखी जा सकें और प्रकाशित हो सकें। इसके अलावा हमारी जनसंख्या के एक या दो प्रतिशत लोग अपनी मातृभाषा के अतिरिक्त, अंग्रेज़ी भाषा के विकसित और समृद्ध साहित्य को भली-भाँति जान सकें और पढ़ सकें। आज लगभग एक हज़ार से पाँच हज़ार तक के उच्च शिक्षा प्राप्त भारतीयों में अंग्रेज़ी का जो ज्ञान है, अर्थात जो ज्ञान और विज्ञान के विभिन्न विषयों, क़ानून, अर्थशास्त्र, इतिहास, राजनीतिशास्त्र, खालिस अदब और उच्चतम स्तर की अंग्रेज़ी में लिखी पुस्तकों को अच्छी तरह समझ लेते हैं, यह क्षमता हज़ारों की संख्या में लोगों में बनी रहे और कम-से-कम 20-25 लाख भारतीय अंग्रेज़ी भाषा के अच्छे विशेषज्ञ भी हों। इनमें से अंग्रेज़ी के हज़ारों विशेषज्ञ अपनी मातृभाषाओं के खालिस अदब और ज्ञान के साहित्य को मालामाल बनाते जाएँ और यह क्रम चलता रहे तब कहीं सौ वर्षों में हम इंग्लैण्ड की बराबरी कर सकेंगे। खुद इंग्लैण्ड या जर्मनी में जहाँ मातृभाषा का साहित्य असाधारण रूप में विकसित हो चुका है और हर तरह से भरपूर है, वहाँ अनुमानतः कई लाख लोग अपनी मातृभाषा के अलावा कुछ अच्छी तरह से एक या दो दूसरी भाषाएँ या विदेशी भाषाएँ जानते हैं। यही भारत में भी होना है या होना चाहिए। अंग्रेज़ी के माध्यम से विश्व भर के उच्चतर साहित्य और ज्ञान के क्षेत्र में हुई प्रगति का लाभ हमें मिलता रहेगा। फिर भी, हमारे 98 या 99 प्रतिशत लोगों को अपनी मातृभाषा द्वारा ही जो कुछ भी सीखा जा सकता है, सीखना होगा। तुलसीदास की रामायण ने तीन-चार सौ वर्षों के अन्दर करोड़ों-अरबों देशवासियों को बहुत कुछ सिखाया। हमारे ये देशवासी संस्कृत नहीं जानते किन्तु तुलसीदास जी अगर सिर्फ़ अवधी भाषा ही जानते, जिसमें उनकी रामायण लिखी गई है, तो वह रामायण लिख ही नहीं सकते थे। इसी तरह बाल गंगाधर तिलक ने मराठी भाषा की, रवीन्द्रनाथ ठाकुर तथा उनके अन्य सहयोगियों ने बंगला भाषा की या महात्मा गान्धी ने गुजराती भाषा की जो सेवा की है, ये सेवाएँ सम्भव ही न होतीं यदि ये लोग अंग्रेज़ी न जानते या अंग्रेज़ी में असाधारण योग्यता न रखते।

शौक़ : तो भविष्य में हिन्दू धर्म का विश्व सभ्यता में क्या स्थान होगा ?

फ़िराक़ : मैं उन शर्तों को पहले ही बता चुका हूँ जिनसे हिन्दू समाज इस योग्य बन जाएगा कि वह हिन्दू धर्म का ऐसा प्रतिनिधित्व कर सके या उसे ऐसे रूप में पेश कर सके, जो दुनिया भर में प्रभावशाली हो। यूँ तो जो सभ्यताएँ मिट चुकी हैं उनकी सांस्कृतिक देन आज भी अन्तर्राष्ट्रीय रूप से विद्यमान है, जैसे प्राचीन यूनानी सभ्यता, रोमन सभ्यता और प्राचीन ईरानी सभ्यता के प्रभाव और उनकी कला और उनके ज्ञान के नमूने तथा कारनामे अब तक दुनिया भर में मिलते हैं और उनसे लाभ भी उठाया जाता है। स्वयं हमारे यहाँ प्राचीन आर्य सभ्यता या अब से दो चार सौ वर्ष पहले तक की सभ्यता बहुत हद तक मर चुकी है, या मरती जा रही है और इसे मरते जाना या बदलते जाना चाहिए भी। संस्कृत भाषा इस दृष्टि से तो मर ही चुकी है कि अब इसमें रचना कार्य नहीं हो रहा है और मैं समझता हूँ, प्रलय काल तक इसमें सृजनात्मक कार्य नहीं हो सकेगा। भारत में संस्कृत जानने वाले लोग न्यूनाधिक कुछ लाख व्यक्ति हैं और विदेशों में भी कुछ हज़ार व्यक्ति हैं, किन्तु कोई भी इतनी अच्छी संस्कृत नहीं जानता कि कालिदास या भवभूति बन सके। फिर भी किताबों की शक्ल में न सही और बोली या भाषा के रूप में न सही संस्कृत का प्रभाव हमारी रगों में रस-बस गया है और हमारे मिज़ाजों का हिस्सा बन चुका है। हाँ, तो मैं कह रहा था कि पहले हमें आन्तरिक या बाह्य प्रगति में और ज्ञान के विकास में पश्चिमी राष्ट्रों के समकक्ष हो जाना है। इसाई धर्म पर हिन्दू धर्म ने कोई हमला नहीं किया। स्वयं इतिहास और ऐतिहासिक शक्तियों ने हमला कर दिया है। इसाई धर्म में मानव निर्माण की जो शक्तियाँ निहित थीं वे इसाई देशों के साहित्य, आचार-विचार, स्वभाव और दृष्टिकोण में घुली-मिली हुई नज़र आएँगी, लेकिन इस धर्म की मान्यताएँ मरती चली जा रही हैं। हम हिन्दुओं में भी सैकड़ों ऐसे विश्वास रहे हैं और शायद आज भी हैं जो मिट गए और मिटते जाएँगे। हमारे बहुत से संस्कार भी जिन्हें हम धार्मिक समझते हैं, मिटते चले जाएँगे। विश्व भर की संस्कृति एक-सी होती जाएगी और वह संस्कृति हिन्दू संस्कृति या वैदिक संस्कृति, इसाई या मुस्लिम संस्कृति हरगिज़ हरगिज़ नहीं होगी। इसी तरह विज्ञान या अन्य ज्ञान कभी हिन्दू, मुसलमान या इसाई नहीं होते। सम्भव है, आत्मा और परमात्मा के सम्बन्ध में हम हिन्दुओं के जो विचार या मान्यताएँ रहीं हैं, वे भी बदल जाएँ। भविष्य में किसी धर्म की मान्यताएँ शायद स्थापित या ज़िन्दा न रह सकेंगी, लेकिन हिन्दू-धर्म, हिन्दू-चिन्तकों और कलाकारों या हिन्दू-सभ्यता की आत्मा के निर्माताओं और मनीषियों ने इन्सान को कुछ ऐसी चीज़े दी हैं जिन्हें नई सभ्यता और संस्कृति मिटा नहीं सकती और जिसे हज़म किए बग़ैर भावी सभ्यता अैर संस्कृत का आन्तरिक निर्माण सम्भव नहीं है। हिन्दू धर्म और संस्कृति का सबसे क़ीमती हिस्सा एक मिज़ाज है तथा सृष्टि

और जीवन का एक बोध है। यह मिज़ाज और यह बोध उस हालत में भी प्रभावपूर्ण रहेगा, बल्कि विश्वव्यापी होता जाएगा तथा सभ्यता का अंग बनता जाएगा, जब हम हिन्दुओं की भी सैकड़ों मान्यताएँ मिट जाएँगी और इसाइयों तथा मुसलमानों की भी प्रायः समस्त मान्यताओं का लोप हो जाएगा।

हिन्दू धर्म की बुनियादें आत्मा और परमात्मा तक का सहारा नहीं लेतीं, वेदों और शास्त्रों के मतों का भी आश्रय नहीं लेतीं। इन समस्त सहारों के बिना वे पनपती और लहलहाती रहेंगी। हिन्दू सभ्यता के मूल्य धर्मवैधानिक मूल्य नहीं हैं। हिन्दुत्व चोटी और जनेऊ का भी पाबन्द नहीं है। वेदों और शास्त्रों का भी पाबन्द नहीं है। यह तो एक लालित्यमय स्वभाव और संज्ञान तथा बोध की गहराई, कोमलता और सौम्यता का नाम है। मेरा ख़याल है कि भावी संस्कृति बहुत हद तक योरोप की संस्कृति होगी। बाह्य और व्यावहारिक कार्यों में भी साँचों और ढाँचों की दृष्टि से योरोप की संस्कृति विश्व भर की संस्कृति बन जाएगी। योरोपीय ज्ञान-विज्ञान के विषय और योरोप के व्यावहारिक जीवन के नियम सब विश्वव्यापी हो जाएँगे। इस विराट रूप में धर्मविधानों से मुक्त हिन्दू धर्म की आत्मा और मिज़ाज का बने रहना लाज़िमी होगा। आज यह अवसर नहीं है कि इस मिज़ाज, इस शऊर और इन आन्तरिक मूल्यों पर मैं विस्तार से चर्चा करूँ जो हिन्दू सभ्यता ने हमें इसलिए दिए हैं कि एक दिन हम इन मूल्यों को विश्वव्यापी बनाएँ। पहले हम अपने-आपको हिन्दू धर्म के अनुकूल ढाल लें और हिन्दू धर्म का वास्तविक प्रतिनिधि बना लें। इसके बाद इसकी नौबत आएगी कि हम दूसरों को भी हिन्दू जीवन पद्धति का पात्र बनाएँ। ये मूल्य और ये स्वभाव भविष्य के ख़ालिस अदब में तथा अन्य ललित कलाओं में, भविष्य के सामाजिक मिज़ाज में और भविष्य के जीवन की धड़कनों में एक अनाम शक्ति की भाँति क्रियाशील रहेंगे। वर्तमान शताब्दी में रवीन्द्रनाथ ठाकुर ने हिन्दू मिज़ाज और हिन्दू दृष्टिकोण के विश्वव्यापी पक्ष को पेश किया है। कई दृष्टियों से गान्धीजी, अरविन्द घोष, स्वामी विवेकानन्द, स्वामी रामतीर्थ और अन्य अनेक महान भारतीयों ने यही काम किया है। हिन्दू सभ्यता, हिन्दू दृष्टिकोण, हिन्दू चिन्तनधारा का अनुशीलन, उनकी उपलब्धियों या उन्हें अपनाने की कोशिश अब से सौ-डेढ़ सौ वर्ष पहले दुनिया भर में शुरू हो गई थी और यह कार्य निरन्तर चलता जा रहा है। आज अमरीका और जर्मनी, बल्कि कुछ इस्लामी देशों में भी हिन्दू कला, साहित्य, दर्शन, अध्यात्मवाद और आदर्शों का अध्ययन बड़े पैमाने पर उत्साह के साथ चल रहा है। यह कार्य या आन्दोलन सौ-डेढ़ सौ वर्षों के अन्दर विश्वव्यापी बन जाएगा और अन्दर से सारी मानवता को बदल देगा।

हम जिन्हें हिन्दू धर्म के सर्वोत्कृष्ट मूल्य और प्रेरणाएँ कहते हैं और जिसे हम हिन्दू धर्म की वास्तविक शक्ति समझते हैं वे हिन्दू समाज तक ही सीमित नहीं हैं, उनका एक मानवीय पक्ष भी रहा है।

भारत और भावी विश्वव्यवस्था के बारे में उनके विचार

25.1.1962

शौक़ : भारत तेज़ी से बदल रहा है। अब से सौ वर्ष के अन्दर-अन्दर आप भविष्य में कैसे भारत की कल्पना करते हैं ?

फ़िराक़ : बाहरी जीवन में और व्यावहारिक जीवन में भारत बहुत हद तक योरोप के देशों के समान होगा। बहुत-सी स्थानीय विशिष्टताएँ और भेदभाव दूर हो जाएँगे, कुछ शेष रहेंगे। सम्पूर्ण भूमण्डल पर एक ही सभ्यता और संस्कृति दिखाई देगी। साहित्य भी विश्व साहित्य बन जाएगा। भारत इस रचनात्मक और सृजनात्मक कार्य में सारे विश्व का हाथ बँटाएगा और अनेक आध्यात्मिक मूल्यों की सुरक्षा में और उनकी परवरिश करने में सहायक सिद्ध होगा। कई दृष्टियों से भारत-माता जगत माता है। जब जंग का ख़ौफ़ मिट जाएगा और युद्ध के शस्त्रों का खात्मा हो जाएगा, तो एक विश्व सरकार स्थापित हो जाएगी। सारा विश्व सम्पन्न, सुसभ्य और सुसंस्कृत होगा और भारत का भी वही भाग्य होगा, जो अन्य देशों का भाग्य होगा। साम्यवादी और व्यक्तिगत स्वतन्त्रता का संगम नई सभ्यता में पैदा होगा। प्रत्येक का जीवन बड़ी हद तक चिन्ता-रहित जीवन होगा। लोगों को रोज़ी कमाने के लिए वर्ष में लगभग 200 दिनों तक केवल दो-ढाई घण्टे रोज़ाना काम करना पड़ेगा और मनुष्य की औसत आयु 100 वर्ष से अधिक की होगी। अधिकतर लोगों का अधिक समय चिन्तन-मनन, सभ्यता, विवेक तथा रचनात्मक कार्यों में लगेगा। यह बेकारी एक रचनात्मक बेकारी होगी इसके बाद ही इतिहास में मानवता का स्वप्न साकार होगा। पुरानी सभ्यता के खज़ाने भी सच्चे अर्थों में तभी हमारे हाथ लगेंगे।

शौक़ : संसार में धर्म का क्या भविष्य है ?

फ़िराक़ : मेरे विचार से हिन्दू धर्म की सबसे बड़ी देन यह है कि परमात्मा के अस्तित्त्व पर विश्वास करना बिल्कुल आवश्यक नहीं, बल्कि चेतना में, दृष्टिकोण

में, अनुभूतियों में आध्यात्मिकता पैदा करना ज़रूरी है। आध्यात्मिकता उस वक़्त पैदा होती है, जब हमारी मानवता में आनन्द की उत्पत्ति होती चली जाए। समस्त मानवता एक 'मिल्लत' बन जाएगी। यह मिल्लत हिन्दू मिल्लत या इस्लामी मिल्लत न होगी, बल्कि मानव मिल्लत होगी। उच्च हिन्दू चिन्तन, मान्यताओं से मुक्त होकर उसी मिल्लत का स्वप्न देखता रहा है। हमें अपनी पुरानी विचारधारा को बदलना है। हमें अपनी चेतना का विकास करना है। मैं यह भी निवेदन करूँ कि मैं भौतिक उन्नति को असीमित नहीं मानता। इसके बदले हमें जीवन में एक आन्तरिक क्रान्ति लानी है। हम जो हैं अगर वही रहें, तो अन्य नक्षत्रों पर बस कर और तारों पर पहुँच कर भी हम कोई तारे नहीं तोड़ लाएँगे। गहरी और मीठी नींद में जो शान्ति है और आध्यात्मिक सन्तुष्टि है, उसे जागृत जीवन में परिवर्तित करना है। कुछ भी हो विभाजन और विभेद ऐसे तत्त्व हैं जिन्हें मिटाना है :

मिल्लतें जब मिट गईं अजज़ाए-ईमाँ[1] हो गईं।

शौक़ : दुःख-दर्द, रंज और मुसीबत, शोक और सन्ताप का जीवन में क्या स्थान है ?

फ़िराक़ : मेरा एक शे'र है :

इक ग़म वो है इन्साँ को जो रहने न दे इन्साँ
इक ग़म वो है इन्साँ को जो इन्सान बना दे।

मेरा एक दूसरा शे'र है :

हयात[2] इश्क़ के हाथों अभी हयात नहीं
ग़मो-ख़ुशी[3] के लिए आदमी की ज़ात नहीं।

तो सवाल ग़म और ख़ुशी का नहीं है, बल्कि एक ऐसी सन्तुष्टि का है जो सुख-दुःख से परे है और जो दुःख और सुख को अपने अन्दर समोए रखता है। अस्तित्त्व के सुख का ही दूसरा पहलू ग़म और संजीदगी है। हमें एक नए बचपन की खोज है या यूँ कहिए कि हमें अपने ही पुराने बचपन की तलाश है। हमें उस प्रौढ़ता प्राप्त बचपन की ज़रूरत है, जिसे सुख समृद्धि और सम्पन्नता प्राप्त हो। जब दुख में अपार सुख की व्याप्ति हो और अपार सुख-शान्ति में जब दुख की व्याप्ति हो तो ज़िन्दगी उस वक्त ज़िन्दगी बनती है।

शौक़ : मौत के बाद ज़िंदगी के सम्बन्ध में आपके क्या विचार हैं ?

फ़िराक़ : इस सम्बन्ध में मेरा कोई बँधा-टिका विश्वास नहीं है। मान लो अगर मर जाने के बाद कोई ऐसी चीज़ है, जिसे हम 'आत्मा' कहें या प्रतीकात्मक शरीर कहें जो कुछ समय तक या बहुत समय तक बना भी रहे, तो सदा-सदा के लिए स्थायी रूप में ऐसा नहीं हो सकता। व्यक्ति की अनश्वरता और अमरता में

---

1. अंग, जुज़ का बहुवचन, 2. जीवन, 3. दुःख और सुख।

मेरा विश्वास नहीं, जैसे नदी या समुद्र की लहरों को स्थायित्व और अमरता प्राप्त नहीं है।

शौक़ : नैतिक जीवन और नैतिक कर्तव्यों का क्या दर्शन है ?

फ़िराक़ : नैतिकता का एक व्यावहारिक पक्ष है और वह है—ऐतिहासिक और विकासात्मक। दूसरा पक्ष नैतिकता का वह है जिसे 'आध्यात्मिक' पक्ष कहते हैं, जैसे व्यावहारिक रूप में मानवता की सेवा नैतिकता का एक पक्ष है। शकुन्तला का वह तसव्वुर जिसने कालिदास की सौन्दर्यानुभूति में जन्म लिया, या महाकवि मीर के वे शे'र जिनका सम्बन्ध व्यवहार से ही नहीं है, बल्कि मात्र सौन्दर्यानुभूति से है, या वह सौन्दर्यात्मक स्थिति जो संगीत से और अन्य ललित कलाओं से हमारे अन्दर पैदा होती है, नैतिकता के अन्य अव्यावहारिक पक्ष हैं जिन्हें मैं आध्यात्मिक पक्ष कहता हूँ। अगर कोई शख़्स प्राकृतिक सौन्दर्य में खो जाता हो तो यह भी एक नैतिक जीवन है। मेरी एक रुबाई है :

जाग उठेगी रूह तुम सो जाओगे,
सर-चश्म[1]-ए-ज़िन्दगी में धो जाओगे।
खो जाओगे जब मनाज़िर[2]-ए-फ़ितरत[3] में,
अपने से बहुत क़रीब हो जाओगे।

एक अन्य रुबाई में आचरण के व्यावहारिक और सौन्दर्यात्मक या आध्यात्मिक पक्ष पर मैंने यूँ प्रकाश डाला है :

ख़लक़त[4] को सँवार दे इबादत[5] क्या है
दुनिया का शबाब[6] आए जन्नत[7] क्या है
हाँ मयकदा[8]-ए-जहाँ[9] का ज़र्रा-ज़र्रा[10]
सरशार[11]-ए-मजाज़[12] हो हक़ीक़त[13] क्या है।

दरहक़ीक़त, नैतिकता का व्यावहारिक पक्ष एक बीच की मंज़िल है। नैतिकता की आख़िरी मंज़िल का कुछ करना नहीं है, बल्कि कुछ होना है। वह दिन तो आकर रहेगा जब मनुष्य के सामूहिक प्रयत्नों से ग़रीबी, जुल्म, बेरहमी, बेइन्साफ़ी और लगभग अन्य सभी बुराइयाँ मिट जाएँगी, उस समय हम जनता की सेवा केवल अपने विवेक और अस्तित्त्व की आध्यात्मिक स्थिति से कर सकेंगे। अर्थात आन्तरिक जीवन के लिए एक ऐसा वातावरण पैदा करते रहेंगे, जिससे मानव-विवेक में और मानव चरित्र में सुगन्ध और ताज़गी उत्पन्न होती रहे। यही कारण है कि बाह्य व्यवहार की दृष्टि से बल्कि नीयत और इरादे की दृष्टि से जो लोग अच्छे मनुष्य हैं, उनसे अधिक सम्मान उन ऋषियों और महात्माओं तथा उन कलाकारों और

---

1. जल स्रोत, 2. दृश्य, 3. प्रकृति, 4. जनता, 5. पूजा, 6. यौवन, 7. स्वर्ग, 8. मधुशाला, 9. संसार, 10. कण-कण, 11. मस्त, 12. अवास्तविक, कृत्रिम, 13. वास्तविकता।

शायरों का हम करते हैं, जो संसार और जीवन के वातावरण को आध्यात्मिक व्यवहार से हरा-भरा रखते हैं। एक अंग्रेज़ दार्शनिक ने कहा है कि कला स्वयं नैतिकता से कहीं अधिक नैतिक है। मैं बहुधा जीवन की नैतिकता का उदाहरण किसी ऐस दृश्य या छायादार वृक्ष से देता हूँ, जिसकी छाया में हम अपनी थकान मिटाते हैं और सन्तुष्टि पाते हैं। धरती, आकाश, नदी, पहाड़, लहलाते खेत, बच्चे-बच्चियाँ, मनुष्य, पशु और संसार में जो कुछ भी है, उसका अस्तित्त्व ही एक नैतिक व्यवहार है। इतना ही नहीं, ललित कलाओं में तथा कविता और साहित्य में तो अनैतिकता का भी एक उज्ज्वल पक्ष दिखलाया गया है। इक़बाल ने अपनी उस कविता में जहाँ इब्लीस[1] जब्राईल को सम्बोधन करता है, इब्लीस[1] की ओर से कहा है :

क़िस्सा-ए-आदम[2] को रंगीं कर गया किसका लहू।

महाभारत में धर्मराज युधिष्ठिर जब स्वर्ग पहुँचे तो कौरव को भी स्वर्ग में ही देखा। रावण भी राम के हाथों मर कर सीधा स्वर्ग सिधारा। स्थायी अपराध के दण्ड की कल्पना दुराचार पर निर्भर है। हालाँकि संसार में अत्याचार और अन्याय के विरुद्ध लड़ना व्यावहारिक आचरण का एक बीच का पक्ष है। रूस के एक प्रसिद्ध साहित्यकार ने कहा है कि फाँसी के तख़्ते पर प्रत्येक अपराधी हज़रत ईसा के समान होता है। हत्यारे को फाँसी दे चुकने के बाद उससे घृणा नहीं की जा सकती। यह है मेरा नैतिकता का दर्शन। लीजिए 'मीर' का शे'र याद आ गया :

क़त्ल किए पर गुस्सा क्या है, लाश मेरी उठवाने दो
हम भी जान से जाते रहें हैं, आओ तुम भी जाने दो।

मेरी इन बातों का यह अर्थ नहीं कि सम्बन्धात्मक और व्यावहारिक दृष्टि से भलाई और बुराई का अन्तर मिटा दें और लोगों को मनमानी करने की छूट दे दें। इसीलिए कहा गया है कि बुराई को बुरा समझो किन्तु बदी करने वाले से नफ़रत न करो। बिना क्रोध किए बुराई के विरुद्ध लड़ना उच्चतम आचरण है। साम्यवादियों से मेरा इस बात में मतभेद नहीं है कि वे अत्याचार और अत्याचारियों के विरुद्ध लड़ें, बल्कि इसलिए कि गालियाँ न दें और दाँत न पीसें। पूँजीवाद और पूँजीवादियों के विरुद्ध इस तरह लड़ें जैसे अंग्रेज़ी साम्राज्य के विरुद्ध गान्धीजी लड़े या गुलामी के ख़िलाफ़ पं. जवाहर लाल नेहरू लड़ रहे हैं। इसी प्रकार संघर्ष करें किन्तु लड़ें नहीं। नैतिकता, व्यावहारिक नैतिक उद्देश्यों से कहीं ऊँची वास्तविकता है।

---

1. शैतान, 2. मनुष्य, मनु की कहानी।

9.3.1965

शौक़ : भारत की प्रमुख आवश्यकताएँ या उसकी समस्याएँ क्या हैं ?

फ़िराक़ : सबसे बड़ी और सबसे महत्त्वपूर्ण आवश्यकता यह है कि पूरे देश में कम-से-कम सात-आठ लाख लोग अपने-अपने ढंग से देश की प्रमुखतम आवश्यकताओं पर विचार करें। देश में जितने अख़बार जितनी भाषाओं में निकल रहे हैं, उनमें इस सवाल के लिए कॉलम खोल दिए जाएँ की देश की प्रमुख आवश्यकताएँ क्या हैं ? मेरे विचार से सबसे महत्त्वपूर्ण आवश्यकता यह है कि सभी मुमकिन और मुनासिब तरीक़ों से भारत की बढ़ती हुई आबादी के ख़तरे का अहसास हर बालिग़ मर्द और औरत को कराया जाए। इस उद्देश्य के लिए सरकार और विभिन्न संस्थाएँ अधिक से अधिक काम करें कि हर साल यहाँ जितने बच्चे पैदा होते हैं, उनकी संख्या में 60-70 प्रतिशत कमी आ जाए। देश की बढ़ती हुई आबादी उस तमाम तरक़्क़ी को जो हम कर रहे हैं या कर सकेंगे, बेकार बना देगी।

दूसरी महत्त्वपूर्ण आवश्यकता इस बात की है कि सारे देश में कम-से-कम दो-तीन प्रतिशत लोग अपनी मातृभाषा को अच्छी तरह सीखते हुए और उनसे दिलचस्पी और मुहब्बत रखते हुए अंग्रेज़ी भाषा, साहित्य और ज्ञान पर काफ़ी अधिकार रखें। ये ही अंग्रेज़ी ज्ञाता, इस देश को बनाने वाले, इसके मार्गदर्शक और इसके शासक रहेंगे। अगर हम वर्ष-प्रति वर्ष उचित संख्या में अंग्रेज़ी के ज्ञाता शिक्षित भारतीय पैदा नहीं करते रहेंगे, तो यह देश उन्नति नहीं कर सकेगा। इस दौर और भावी दौर में जिन क़ाबलियतों, जिन दृष्टिकोणों, जिस सूझबूझ और जिस मिज़ाज की ज़रूरत है, वह अंग्रेज़ी अच्छी तरह जाने बग़ैर हासिल नहीं हो सकती। ये ही अंग्रेज़ी ज्ञाता हमारी सभी भारतीय भाषाओं के साहित्य को बुलन्द कर सकेंगे इससे हमारी तहज़ीब को परवान चढ़ा सकेंगे। इसी के साथ हमें कम-से-कम 97 प्रतिशत भारतीयों को अंग्रेज़ी हरगिज़ नहीं पढ़ानी चाहिए। कुछ लोग कहते हैं कि हम दो-तीन प्रतिशत अंग्रेज़ी जानने वाले या मुट्ठी भर अंग्रेज़ी ज्ञाता भारतीयों के गुलाम बनकर नहीं रहना चाहते। यह एक अजीब और मूर्खतापूर्ण बात है। पूरा देश मुट्ठीभर विद्वानों, विभिन्न विषयों के विशेषज्ञों, बुलन्द दिमाग़ रखने वालों के हाथों ही आगे बढ़ सकेगा। हम जिसे अंग्रेज़ी या अंग्रेज़ी भाषा ज्ञाताओं की गुलामी कहते हैं, उसकी तुलना में अज्ञानता की गुलामी हमारे लिए कहीं अधिक विनाशकारी सिद्ध होगी। अगर यह मान भी लिया जाए कि बिना अंग्रेज़ी जाने ही उच्चतम ज्ञान और शिक्षा मुमकिन है, तो हिन्दी के ज्ञाता विद्वान भी तो दो-चार प्रतिशत ही होंगे और हिन्दी का अल्पज्ञान रखने वाले 96-97 प्रतिशत लोग होंगे। फिर मुट्ठीभर लोगों की गुलामी का चक्कर पैदा हो जाएगा। इस सम्बन्ध में गुलामी शब्द का प्रयोग ही अनुचित और भ्रामक है। अगर हमें यह शब्द बहुत प्रिय है

तो मुझे यह कहने दीजिए कि पूरा देश रोगों के सम्बन्ध में मुट्ठीभर डॉक्टरों और अन्य महत्त्वपूर्ण मामलों में मुट्ठीभर इन्जीनियरों, वैज्ञानिकों, राजनीतिज्ञों, प्राध्यापकों, विधि-वेत्ताओं और ज्ञान के क्षेत्र में अन्य विशेषज्ञों की गुलामी से न तो बचा रह सकता है और न ही इसे बचा रहना चाहिए। याद रहे कि ये विशेषताएँ भारत की किसी भाषा के द्वारा लम्बे समय तक अर्थात सौ-डेढ़ सौ वर्षों तक प्राप्त नहीं की जा सकतीं। हम अपनी अज्ञानता के गुलाम बन कर नहीं रहना चाहते। हम ज्ञान और बुद्धि के गुलाम बन कर रहना चाहते हैं, क्योंकि यही गुलामी सच्ची आज़ादी है और सभी के लिए है। हम अंग्रेज़ी की जड़ें खोद कर अपनी जड़ें खोदेंगे। हम उच्च उपाधियाँ उन्हीं को देंगे जो मातृभाषा और अंग्रेज़ी भाषा, इसके ज्ञान तथा सहित्य दोनों में अच्छी तरह पास या कामयाब हों।

तीसरी ज़रूरत जो पहली दो ज़रूरतों से किसी भी प्रकार कम महत्त्व की नहीं है, वह है प्रति व्यक्ति उत्पादन में वृद्धि अर्थात हर काम करने वाला आज जितनी दौलत पैदा कर रहा है या करवा रहा है उस दौलत की मात्रा ड्योढ़ी हो जाए। इसके बिना हमारी समृद्धि असम्भव है।

चौथी ज़रूरत का सम्बन्ध भारत के प्रभावशाली, अधिकार सम्पन्न और उच्च पदों वाले अधिकारियों के चरित्र और आचरण से है। एक चीज़ होती है व्यक्तिगत चरित्र और आचरण और एक चीज़ होती है राष्ट्रीय चरित्र और आचरण। जहाँ तक राष्ट्रीय चरित्र और आचरण का सम्बन्ध है, इसकी तरक़्क़ी के लिए बड़े परिश्रमों, यत्नों और बड़ी कुरबानियों, बलिदान और साथ ही असाधारण सूझबूझ की भी आवश्यकता होती है। यह ज़रूरत इसी प्रकार पूरी की जा सकती है कि सामान्य स्कूल और कॉलेज की शिक्षा तो सबको मिले, किन्तु उचित प्रकार के शासकों, नेताओं तथा उत्तरदायित्व सम्भालने वाले उच्च स्तरीय व्यक्तियों को पैदा करने और करते रहने के लिए असाधारण स्कूल और कॉलेज खोले जाएँ, जिससे कि अनुमानतः दस प्रतिशत होनहार और प्रतिभाशाली बच्चे इन प्रथम श्रेणी के असाधारण स्कूलों और कॉलेजों में पढ़ कर हमारे मार्गदर्शक और नेता बन सकें। कुल मिलाकर हमारे राष्ट्रीय चरित्र को ऊँचा उठाने के उद्देश्य से इन्हीं आठ-दस प्रतिशत उच्च शिक्षा-दीक्षा प्राप्त भारतीयों की ज़रूरत होगी। हमारी स्वाधीनता का फलना-फूलना इस बात पर निर्भर करता है कि प्रथम श्रेणी की प्रतिभा रखने वाले बच्चे प्रथम श्रेणी की शिक्षा-दीक्षा प्राप्त कर सकें। स्वतन्त्र भारत ने उच्च स्तरीय स्कूल, कॉलेज और विश्वविद्यालय न बना कर और शिक्षा स्तर को ऊँचा न उठा कर अपने लिए गम्भीर ख़तरा मोल लिया है। आज संसद, राज्यों की विधानसभाओं और बड़े-बड़े पदों यहाँ तक कि स्वयं शिक्षा संस्थाओं में बड़े-बड़े अध्यापकों के स्थान पर अर्द्धशिक्षित लोग नियुक्त हो गए हैं। हमें यह नहीं भूलना चाहिए कि राष्ट्रीय योजनाएँ केवल हमारी शिक्षा योजनाओं पर निर्भर हो सकती हैं। शिक्षा संस्थाओं

में ही ऐसी स्थिति उत्पन्न की जा सकती है, जहाँ से हमारे उज्ज्वल भविष्य की किरणें निकलें। उच्च शिक्षा संस्थाओं और उनसे निकले हुए भारतीय नौजवान ही ऐसी स्थिति को असम्भव बना देंगे कि बुरे और अर्द्धशिक्षित लोग देश की बागडोर को अपने हाथ में लें। हम सबको उच्च स्तर की शिक्षा नहीं दे सकते और सबके लिए इस प्रकार के स्कूल या कॉलेज स्थापित नहीं कर सकते। लेकिन जैसा कि केन्द्रीय शिक्षा मन्त्री श्री एम. सी. छागला ने कहा है कि हमें उच्च स्तर के प्रतिभाशाली बच्चों के लिए उच्च स्तर के स्कूल उपलब्ध कराना है। हमारी भाषा में एक शब्द है ''मरदुमख़ेज'' अर्थात वह स्थान जहाँ लोग जन्म लें। अपनी सीमा में यह शब्द या पद सही है लेकिन आज वह ज़माना आ गया है कि जब तक हम व्यक्ति-निर्माण की संस्थाएँ नहीं खोलेंगे, हमारी ''मरदुमख़ेजी'' भी मिट्टी में मिल कर रह जाएगी। शिक्षा ही राष्ट्रीय जीवन की धुरी है, इसकी नींव ही इसका स्रोत है। इसकी कोख और गोद को बिगाड़ कर हम कोई और काम नहीं बना सकते। शिक्षा सुधार के बिना किसी और कार्य में सुधार सम्भव नहीं। 'शिक्षा', 'शिक्षा', 'शिक्षा'—इसी नारे को बार-बार दोहराकर और इसे कार्य रूप में परिणत कर हम अपने-आपको मिटने से बचा सकते हैं। एशिया में यह घातक दृष्टिकोण रहा है कि काम हो जाया करते हैं। हमें पश्चिम से प्रेरणा लेकर इस धारणा को बदलना है और इसके बदले अपना दृष्टिकोण और अपनी धारणा यह बना लेनी चाहिए कि ''काम होते नहीं हैं, काम किए जाते हैं।'' महात्मा गान्धी के आन्दोलन ने हमें बहुत कुछ दिया, लेकिन इस आन्दोलन में एक यह कमी भी थी अर्थात इस आन्दोलन में अशिक्षा को दूर करने और ज्ञान के प्रसार पर ज़ोर नहीं दिया गया था। विश्वविद्यालयों का बुलन्द तसव्वुर, इस आन्दोलन ने हमें नहीं दिया। यह एक चूक हमें मिटा कर रख देगी। अब ''मुरदुमख़ेजी'' अर्थात व्यक्ति पैदा होते हैं कहने से काम नहीं चलेगा, यह ''व्यक्ति निर्माण'' का युग है।

मैं भारत की कुछ महत्त्वपूर्ण आवश्यकताओं का ज़िक्र कर चुका हूँ। आपका सवाल इतना महत्त्वपूर्ण और व्यापक है कि इसका उत्तर देने में बात में बात निकलती जा रही है। आज के भारत में देश-प्रेम की भावनाएँ चाहे जितनी भी हों, लेकिन चिन्तन और चिन्तकों का इस दश में अकाल और अभाव है। सभ्यता और संस्कृति की समस्या को ले लीजिए। भारत की संस्कृति का तसव्वुर ही लाखों आदमियों पर एक नशा पैदा कर देता है। इस नशे में हम इस हक़ीक़त को भूल जाते हैं कि आज की दुनिया अब से सैकड़ों-हज़ारों वर्ष पहले की दुनिया नहीं है। पहले संस्कृति को लीजिए। इसका सम्बन्ध हमारे बाहरी और व्यावहारिक जीवन के सभी पहलुओं से है। आज वह ज़माना आ गया है कि सारे भूमण्डल पर एक ही संस्कृति स्थापित हो कर रहेगी, देश रहेंगे लेकिन देशों की संस्कृति नहीं रहेगी, क्योंकि यह विश्व-संस्कृति का ज़माना है। संस्कृति के इस दौर को हम विज्ञान और

मशीन का दौर कह सकते हैं। सभ्यता का शब्द आन्तरिक जीवन की तरफ़ संकेत करता है। लेकिन आन्तरिक जीवन में बौद्धिक और शैक्षिक जीवन भी शामिल है। यह बौद्धिक और शैक्षिक जीवन भी आज विश्व-सम्पत्ति बन गए हैं। ज्ञान का विभाजन, भारतीय और अभारतीय रूप में नहीं किया जा सकता। इसी प्रकार राजनीति, लोकतन्त्र, नैतिकता, नेकी तथा इसी प्रकार के अन्य मूल्य भी अब विश्व वस्तुएँ बन गई हैं। इन कार्यों में भारत हो या कोई दूसरा मुल्क, अपनी डेढ़ ईंट की अलग मस्जिद नहीं बना सकता। ज्ञान और नैतिकता अब धार्मिक या देश-विशेष के नहीं रह सकते। ये सब वस्तुएँ हमारे विश्व की हैं, सारी मानवता की हैं और भारतीय कदापि नहीं। इसी तरह एक अत्यन्त आन्तरिक और व्यक्तिनिष्ठ वस्तु शायरी और अदब है। यहाँ भी अलग-अलग परम्पराएँ कम होती जा रही हैं और कमज़ोर पड़ती जा रही है। पूरा विश्व-साहित्य एक सम्पूर्ण इकाई बनता जा रहा है। यहाँ पूर्व और पश्चिम के मतभेदों पर अतिशयोक्ति से काम नहीं लेना चाहिए। हर बड़ा या अच्छा अंदबी कारनामा सारी दुनिया की विरासत है और हर बड़ा और अच्छा साहित्यकार भी। साहित्य एवं शायरी का सिर्फ़ एक हिस्सा ऐसा होता है, जो विशिष्ट एवं सीमित विशेषताओं से पूर्ण होता है और यह हिस्सा भी सफल अनुवादों के द्वारा एक विश्वव्यापी आकर्षण और अपील रखता है। जिस तरह कालिदास का शकुन्तला नाटक एक विश्वव्यापी अपील रखता है उसी तरह शेक्सपियर के नाटक भी एक विश्वव्यापी अपील रखते हैं। हाँ ! संगीत, नृत्य, चित्रकला, स्थापत्य कला, हस्तशिल्प, लोकगीत और इसी प्रकार ललित कलाओं के कुछ अन्य रूप स्थानीय या जातीय हो सकते हैं, क्योंकि इनमें जातीय मूल प्रवृत्तियों के तत्त्वों का प्राधान्य होता है, लेकिन जहाँ साहित्य और अन्य कलाएँ उच्च और सुसंस्कृत मानसिक स्तरों की होती हैं, वे तत्काल विश्वव्यापी और समस्त मानवता की धरोहर बन जाते हैं। तब ये न हिन्दू हो सकते हैं न भारतीय। यहाँ तक कि केवल ललित कलाओं के मामले में भी। और अगर रह सकते हैं, तो केवल एक हद तक ही।

आप दर्शनशास्त्र को ले लीजिए। अभी हाल ही तक हम पश्चिमी और पूर्वी दर्शनशास्त्रों को अलग-अलग चीज़ें मानते रहे हैं, लेकिन अब दर्शनशास्त्र पूर्वी या पश्चिमी न रह कर अन्तर्राष्ट्रीय बनता जा रहा है। अब पूर्व और पश्चिम का लेन-देन का बाज़ार एक हो चुका है। इस बाज़ार का मिज़ाज और इसके भाव या इसकी दरें (Quotations) भी अन्तर्राष्ट्रीय बनती जा रही हैं। हम हिन्दुस्तानी बिरादरी से निकल कर, विश्व बिरादरी या मानव बिरादरी में शामिल हो रहे हैं और हम एक विश्व सरकार की तरफ़ अपना क़दम बढ़ा रहे हैं। परायापन और अजनबीपन मिटता जा रहा है। दुनिया का हर हिस्सा मानसिक और आध्यात्मिक रूप में भी एक-दूसरे के अधिक निकट होता जा रहा है। देश एक ही नगर के

मोहल्ले बनते जा रहे हैं। जातिगत और ऐतिहासिक विशेषताएँ लगभग समाप्त होती जा रही हैं। देश-प्रेम की भावना में जो प्रेरणाएँ, जो मूल्य और जीवन के जो तत्त्व अब तक शामिल थे उनकी संख्या घटती चली जा रही है। अब विभिन्न देशों के निवासियों में एक-दूसरे से श्रेष्ठ होने और अजनबीपन का अहसास भी घटता जा रहा है। मैं पूछता हूँ कि यह दृष्टिकोण और यह नई जागृति हमारे देश में शायद कुछ गिने-चुने लोगों को छोड़ कर, कितनों को प्राप्त होगी ? क्या आज भी हम अन्धाधुन्ध 'हिन्दू संस्कृति, हिन्दू संस्कृति' की रट नहीं लगा रहे हैं ? दूसरों से भिन्न होने और भिन्न रहने की भावना जब एक सीमा से गुज़र जाती है, तो देशभक्ति एक भयानक वस्तु बन जाती है। हममें से कितने लोग इस प्रकार सोचते हैं या सोचने की कोशिश करते हैं ? आज यह स्थिति है कि विभिन्न राज्यों में शिक्षा मन्त्रालय तक हमने अल्प शिक्षित राजनीतिक जुआरियों के हाथों में दे रखे हैं। ये महानुभाव, प्राचीन हिन्दू संस्कृति को भी नहीं समझते। बल्कि किसी महत्त्वपूर्ण बात को समझने की क्षमता ही नहीं रखते। इतने बड़े देश के मन्त्रालय, आज छोटा दिमाग़ रखने वाले व्यक्ति सम्भाले हुए हैं। अब हम अपना परिणाम स्वयं सोच सकते हैं।

जब यहाँ अंग्रेज़ी राज था, तो उस ज़माने के बड़े-बड़े हिन्दुस्तानी अफसरों को हम गालियाँ देना चाहें तो यही गाली दे सकते थे कि उनकी मानसिकता गुलामों जैसी है। लेकिन उनकी योग्यता और क्षमता का मख़ौल हम नहीं उड़ा सकते। अपने अधीनस्थों की दृष्टि में और जनसामान्य की दृष्टि में सामान्यतः उनका बड़ा आदर और सम्मान था। आज स्वतन्त्र भारत में नौबत यहाँ तक आ पहुँची है कि मन्त्रियों और बड़े-बड़े अधिकारियों तक का सम्मान न जनता के दिल में है और न उनके मातहतों के दिलों में। क्लर्क और दूसरे मातहत लोग अफसरों की गलतियाँ निकालने लगे हैं। अब ऐसे अफसर की इज़्ज़त कोई कैसे करेगा, जब कभी-कभी अफसर से अधिक योग्यता उसके मातहत काम करने वाले कर्मचारी में हो। आज भारतीय प्रशासनिक सेवा में सफल होने वाले भारतीयों की जहाँ तक योग्यता का सवाल है, यहाँ भी भगवान ही मालिक है। हमारा राष्ट्र स्वतन्त्र होकर अपने आप को छोटे और घटिया लोगों का राष्ट्र बना रहा है। छोटे और घटिया लोगों की स्वाधीनता ईर्ष्या की वस्तु कदापि नहीं। कौन इन सब बातों पर सोचने का कष्ट करे। हम अवचेतन स्थिति में यह समझ बैठे हैं कि यह भारत है और हम सब भारतीय हैं। भारत को महान बनाया जा सकता है और उसी स्थिति में बनाया जा सकता है, जब हम उच्च प्रतिभाशाली भारतीयों के जत्थे पर जत्थे तैयार करते जाएँ। ऐसा मेरे मित्र बन्धु सोचते ही नहीं। भारत की सबसे महत्त्वपूर्ण ज़रूरत चिन्तन और मनन की है। हमारे देश में ज्ञान-सम्पन्न सोच का अकाल है और यह अकाल अनाज, कपड़ा और जीवन की अन्य आवश्यकताओं से कम खतरनाक नहीं।

महात्मा गान्धी

25.1.1965

शौक़ : क्या महात्मा गान्धी के कुछ मामलों से आपका मतभेद रहा है ?

फ़िराक़ : सबसे पहले तो मैं इस बात को स्पष्ट कर दूँ और यह हक़ीक़त बता दूँ कि बड़े से बड़े आदमी में भी कुछ ख़तरनाक ग़लतियाँ और कमज़ोरियाँ होती हैं। ऐसे लोगों को महानता की बड़ी महँगी क़ीमत अदा करनी पड़ती है। महान व्यक्ति से उसकी महानता बदला भी लेती है। मेरी अटल राय यह रही है कि महात्मा गान्धी ने मानव इतिहास की उन महानताओं को नहीं पहचाना, उन सत्ताओं को नहीं समझा, उन कृपादृष्टियों और वरदानों का अहसास नहीं किया जिनका परिचय हम पाश्चात्य सभ्यता, पाश्चात्य ज्ञान, पाश्चात्य राजनीति और पाश्चात्य आदर्शों से मिलता है। गान्धीजी ने साइन्स और मशीन ही नहीं बल्कि पश्चात्य साहित्य तथा दर्शन और पाश्चात्य मनोवृत्ति के विश्वव्यापी पहलुओं को बिल्कुल नहीं समझा था। मुझे पिछली आधी शताब्दी से यह सोच-सोचकर बहुत दुख हुआ है कि महात्मा गान्धी उस पाश्चात्य शिक्षा-प्रणाली को, जिसे भारत में प्रचलित किया गया था, दासता की मनोवृत्ति (SLAVE MENTALITY) पैदा करने वाली प्रणाली बताते थे। 'सोशल रिफार्मर' के सम्पादक स्व. नटराजन ने महात्मा गान्धी के इस खेदजनक दृष्टिकोण को कदापि पसन्द नहीं किया था। आज इस बात को लगभग 40 वर्ष बीत गए हैं। जिस पाश्चात्य शिक्षा प्रणाली ने वर्तमान भारत के बनाने वालों को पैदा किया वह दासता की मनोवृत्ति पैदा करने वाली प्रणाली नहीं थी फिर भी शिक्षा के सम्बन्ध में गान्धीजी के भद्दे दृष्टिकोण से प्रभावित होकर आज पाश्चात्य शिक्षा पद्धति को बिगाड़ दिया गया है। वह बिगड़ी हुई शिक्षा पद्धति इतना ही नहीं कि दासता की मनोवृत्ति पैदा कर रही है बल्कि अत्यन्त नैतिक, मानसिक पतन तथा कमज़ोरी का कारण भी बन रही है। इतना ही नहीं, यह बिगड़ी हुई शिक्षा पद्धति अच्छी ख़ासी संख्या में हर शिक्षा केन्द्र से गुण्डे और लफंगे पैदा कर रही है। पाश्चात्य शिक्षा प्रणाली सारी मानवता के उन्नत

जीवन की अनिवार्य माँग है। हाँ, इस प्रणाली में स्वयं इसी प्रणाली के आदर्शों को दृष्टि में रख कर कहीं-कहीं संशोधन और परिवर्तन किए जा सकते हैं। आज हमारे शिक्षा मन्त्री श्री एम सी छागला साहब इसी बात का तो रोना रो रहे हैं। जो बात महात्मा गान्धी के शैक्षिक दृष्टिकोणों के ख़तरनाक उसूलों से प्रभावित होकर हमारे स्कूलों और कॉलेजों के चलाने वालों ने पैदा कर रखी है। महात्मा गान्धी ने यह नहीं समझा था कि व्यक्ति का नैतिक विकास या नैतिक आचरण ऐसे मानसिक विकास पर ही निर्भर है जो हमें पाश्चात्य शिक्षा प्रणाली ही दे सकती है। महात्मा गान्धी ने यह भी नहीं समझा था कि एशिया और अफ्रीका को पहले योरोप और अमरीका बना लेना चाहिए अर्थात योरोप और अमरीका के समक्ष खड़ा हो जाना चाहिए उसके बाद ही हम उचित और वास्तविक अर्थों में भारत के भूत, वर्तमान और भविष्य के प्रतिनिधि हो सकते हैं। महात्मा गान्धी एक बहुत बड़े चिन्तक अवश्य थे किन्तु समाज-विज्ञान और संस्कृति के कई महत्वपूर्ण पहलुओं को वे बिल्कुल नहीं समझते थे। उनका व्यक्तित्व और उनकी मानसिकता ऐसी नहीं थी जिसे हम एनसाइकिलोपैडिक (ENCYCLOPAEDIC) या सर्वव्यापी और विश्वव्यापी कह सकें। टाल्सटाय की तरह उनका व्यक्तित्व और उनके दृष्टिकोण बहुत हद तक एकपक्षीय थे। इस वास्तविकता पर बहुत कम ध्यान दिया गया है कि महात्मा गान्धी स्वयं भारतीय सभ्यता के बहुत से अति महत्वपूर्ण मूल्यों का आदर नहीं करते थे। वे कालिदास, अजन्ता, ललित कलाएँ, विज्ञान, गणित, संगीत, नृत्य, चित्रकला और ऐसी ही अन्य महत्वपूर्ण सांस्कृतिक शक्तियों और वास्तविकताओं को समझने में असमर्थ थे। ये चीज़ें उनके दिल को नहीं लगती थीं। इसी तरह समता, लालित्य, प्रेम और सौन्दर्यानुभूति तथा शारीरिक और रोमानी ज़िन्दगी की आवश्यकताएँ भी उनकी समझ में नहीं आती थीं। इतना ही नहीं, वे इन बातों का विरोध करते थे। यहाँ भी महात्मा गान्धी से मेरा भारी मतभेद रहा है। इसे हम अंग्रेज़ी भाषा में (Intellectual Life) अर्थात बौद्धिक जीवन कहते हैं, मानसिक विकास की ज़िन्दगी कहते हैं या जिसे हम उच्च शिक्षा कहते हैं, गान्धीजी उन बातों का विरोध करते हुए नज़र आते हैं। मालूम होता है कि कला और ज्ञान के प्रति सम्मान उन्हें था ही नहीं। उनकी सन्ध्याकालीन प्रार्थना (Evening Prayer) एक अत्यन्त सामान्य या साधारण सत्संग का रूप दिखाई देती है, न कि उच्च ज्ञान और मानसिक तथा आध्यात्मिक जीवन का वह स्वरूप जिसका संकेत उपनिषद और भारतीय दर्शन करते हैं। महात्मा गान्धी गीता के नाम की रट उम्र भर लगाते रहे लेकिन उन्होंने गीता का सिर्फ व्यावहारिक अंश ही एक बड़ी हद तक अपनाया था अर्थात निस्दार्थ और निष्काम सेवा की शिक्षा जो गीता में दी गई है उसी को वो अपना सके थे। लेकिन गीता में सृष्टि का जो भावबोध है उसके आध्यात्मिक और दार्शनिक तत्वों को वे छू नहीं सके थे। हमें स्वतन्त्रता दिलाने में महात्मा गान्धी की जो सेवाएँ रही

हैं उन्हें नज़रअन्दाज़ नहीं किया जा सकता। आज़ादी के बाद नए भारत का निर्माण कैसे किया जाए, इस समस्या को हल करने में गान्धी जी बहुत ही सीमित अर्थों में हमारा मार्गदर्शन कर सकते थे। महात्मा गान्धी के अलावा हमारे आदर्श वे लोग भी हैं जिन्हें हम विज्ञान तथा ज्ञान के अन्य विषयों, साहित्य और दर्शन, ललितकलाएँ तथा समाजशास्त्र के क्षेत्र में उच्च केटि के विशेषज्ञ मानते हैं। एक बात अचानक मुझे याद आई जो मुझे पहले ही उस समय कह देनी चाहिए थी जब मैं महात्मा गान्धी के भयंकर शैक्षिक दृष्टिकोणों का उल्लेख कर रहा था। वह है महात्मा गान्धी की वह भयानक ग़लती जो बेसिक शिक्षा (Basic Education) की हानिकारक योजना को प्रचलित करने से सम्बन्धित है। बेसिक शिक्षा ने भारत को बहुत बड़ा नुक़सान पहुँचाया है। शिक्षा के सम्बन्ध में यह एक मूर्खतापूर्ण क़दम था जिसके ख़तरों की तरफ़ गुरुदेव रवीन्द्रनाथ टैगोर ने गान्धीजी और सारे देश का ध्यान आकर्षित किया था। गान्धीजी मानसिक विकास के विरोधी थे और नैतिक उन्नति को ज्ञान और मानसिक विकास से बिल्कुल असम्बन्धित मान कर चलते थे। किन्तु हमें अपने महापुरुषों की सख़्त से सख़्त आलोचना करने के बावजूद उन्हें इसी रूप में स्वीकार कर लेना चाहिए जैसा उन्हें प्रकृति ने बना कर हमारे बीच भेजा है और इसके लिए हमें प्रकृति का आभारी होना चाहिए, लेकिन बड़े आदमियों की हर बात या उनकी हर बुनियादी धारणा को कभी भी स्वीकार नहीं करना चाहिए। महात्मा गान्धी विश्वविद्यालय के महत्व को ही नहीं समझते थे, उच्च ज्ञान की महत्ता को नहीं समझते थे, कलाओं की उच्चता के महत्व को नहीं समझते थे। उन्होंने एक बार जिसे ख़ुद मैंने सुना है एक बड़ी खेदजनक बात कही थी। सर जगदीशचन्द्र बोस का ज़िक्र करते हुए गान्धीजी ने कहा था कि जगदीशचन्द्र बोस के कई कारनामों से आम जनता को कोई फ़ायदा नहीं पहुँचा। अब उनसे कौन पूछे कि हिन्दुस्तान और दुनियाभर के उच्चतम ज्ञान, दर्शन, साहित्य और अन्य आविष्कारों और खोजों से आम जनता को कोई फायदा पहुँचा या नहीं। महात्मा गान्धी ज़रूरत से ज़्यादा जनता की रट लगाया करते थे और यह कभी नहीं सोचते थे कि जनता के शैक्षिक और बौद्धिक स्तर को ऊँचा करके ही उन्हें विशिष्ट लोगों के क़रीब लाया जा सकता है। ऐसा महसूस होता है कि मुट्ठीभर ख़यालात उन पर हावी हो गए थे। गान्धीजी ये कभी नहीं सोच सके कि हर घराना और हर आदमी अपने लिए कपड़ों का सूत नहीं कात सकता या अपनी सभी आवश्यकताएँ स्वयं नहीं जुटा सकता। नमक के मामले में भी गान्धीजी के ख़यालात सिर्फ़ एक तमाशे की हैसियत रखते हैं लेकिन यह सब होते हुए और इन तमाम बड़ी ग़लतियों को बता चुकने के बाद भी यह मानना पड़ेगा कि महात्मा गान्धी का व्यक्तित्व इतना महान था कि इतिहास में इतने महान व्यक्ति सैकड़ों वर्षों में ही जन्म लेते हैं। जिस तरह मैंने गान्धीजी को समझा है उसी तरह महात्मा गान्धी को समझना मेरे नज़दीक उनकी सही क़द्र करना है।

उपसंहार

13.3.1967

शौक़ : यह बात भारत और पाकिस्तान भर में सब जानते हैं कि आप महत्त्वपूर्ण समस्याओं पर काफ़ी देर तक और गहराई से बराबर सोचते रहते हैं। इसलिए जो सवाल आपके मन में घूम रहे हैं मैं उन्हीं को आज की चर्चा का विषय क्यों न बना लूँ ?

फ़िराक़ : मैं इस वक़्त कई बातें सोच रहा हूँ। इनमें एक यह है कि हमारे देश में न्यूनतम एक लाख रुपए से अधिक वार्षिक आय वाले कितने घराने होंगे और इन घरानों के बारे में विशेष विचारणीय बातें क्या हैं ? मेरा अन्दाज़ा है कि ऐसे घरानों की संख्या लगभग एक लाख होगी। अब सोचने की बात यह है कि अच्छे से अच्छा रहन-सहन, बाल-बच्चों के लिए अच्छे से अच्छा भविष्य और अधिक से अधिक मूल्यवान शिक्षा इसकी आधी आय में सम्भव है, फिर ये घराने अपनी आय का आधा भाग समाज की सेवा, समाज की उन्नति और समाज का दुख-दर्द दूर करने में क्यों नहीं लगाते ? इस कार्य में किसी प्रकार के त्याग या हानि का सवाल भी नहीं है। लेकिन भारत में ऐसा नहीं हो रहा है। इसका कारण क्या केवल अन्धा स्वार्थ नहीं है ? मेरा विचार है कि इसका मुख्य कारण मस्तिष्क और अंतःकरण का अन्धापन है। चिन्तन और मनन की कमी है और सामाजिक अन्तरात्मा का सर्वथा लोप होना है। हिन्दू सभ्यता और आदर्श में अनेक विशेषताएँ हैं। यह सभ्यता और ये आदर्श अनेक उच्चतम मूल्यों के रक्षक रहे हैं, लेकिन इस सभ्यता में सामाजिक विवेक और सामाजिक अन्तरात्मा की बड़ी कमी रही है। परोपकार की जो अवधारणा हमारी सभ्यता और हमारे आदर्शों में विद्यमान रही है, वह भीख माँगने वालों को भीख देने या धर्म-कर्म के उपदेशों तक ही सीमित रही है। रचनात्मक कार्य की प्रेरणाएँ हमारी सभ्यता और हमारे आदर्शों में या तो बिल्कुल थी ही नहीं, या फिर हमने यह सारा काम सरकार के कन्धों पर डाल देना ही काफ़ी समझा। लेकिन इस मामले में सारा दोष लाखों रुपए वार्षिक आय कमाने

वालों का ही नहीं रहा है। मैं बहुधा यह सोचा करता हूँ कि गान्धीजी के आन्दोलन के बहाव में पड़कर या अपने आप को डाल कर जो लोग कांग्रेस या अन्य राजनीतिक दलों के सदस्य हो गए हैं और जिनमें से बहुत से अब सरकार में भी शामिल हो गए हैं, वे नाम तो जनता की सेवा का लेते हैं लेकिन समाज का दर्द उनके दिलों में नहीं है। मैंने देखा है कि जो लोग मानवता के दर्द के ठेकेदार बन गए हैं, बल्कि जिन्होंने मानवता के लिए जेल के कष्ट या अन्य कष्ट उठाए, वे खुद बेदर्द आदमी बन गए हैं। सदाचार के दुराचार बन जाने का डर हमेशा रहता है, भलाई स्वयं ही बुराई बन जाती है। कांग्रेस के सत्ताधारी लोगों के जीवन को देखिए। उनके चेहरों पर दृष्टि डालिए। साफ पता चल जाएगा कि इन लोगों में दूसरों के दुःख-दर्द को सोच कर उदास हो जाने या तड़प जाने की क्षमता ही नहीं। हम 'जन-सेवा' का नारा लगाते-लगाते जन-सेवा का बोध ही खो बैठे हैं। हम यह भूल बैठें हैं कि लगभग 90 प्रतिशत घराने केवल व्यक्तिगत प्रयत्नों से अपने आप को बना ही नहीं सकते। जब धनी, सत्तारूढ़ और प्रभावशाली व्यक्ति स्वयं ही उदासीनता और बेदर्दी का शिकार बन जाएँ तो समाज की रचनात्मक सेवा करने वाले कहाँ से आएँगे ? मुझे तो सामान्यतः राष्ट्रीय सेवा करने वालों या आसाधारण सीमा तक सम्पन्न लोगों को देखकर केवल घृणा की भावना उत्पन्न होती है। क्लेश और आक्रोश का ही अहसास होता है। हमारे देश के बड़े लोग, इस देश के सबसे छोटे और सबसे घटिया लोग नज़र आते हैं। मानव प्रेम, मानव शत्रुता बन गई है। यह सारा दुर्भाग्य दिल और जज़्बात की खराबी से पैदा नहीं हुआ, बल्कि दिमाग़ के घटियापन का ही नतीजा है। नैतिकता भावनात्मक वस्तु नहीं है। इसका जानदार सम्बन्ध चिन्तन से है, मस्तिष्क से है, विवेक से है।

एक अंग्रेज़ लेखक ने लिखा है कि अगर ग़रीब लोगों को, जो कुछ वे करना चाहें, उसकी छूट दे दी जाए, तो सबसे पहले वे समाज की सेवा के ठेकेदारों या जनता के शुभचिन्तक बनने वालों या राष्ट्रीय हित का नारा लगाने वालों को ही मौत के घाट उतार देंगे। यह एक अजीब बात है कि जनता की सेवा करने वाले सबसे बड़े समाज-दुश्मन होते हैं। जन-भावना का अभाव हमारे देश का सबसे बड़ा दुर्भाग्य है। हमारे अन्तरात्मा के इस भाग में दुर्गन्धयुक्त सड़न आ चुकी है। हमारे बुद्धिमान और उच्च चिन्तनशील व्यक्तियों को सामाजिक जीवन के उच्चतम नियमों की असाधारण जानकारी होनी चाहिए नहीं तो, समाज सेवा एक खाली नारा बन कर रह जाएगी। समाज की सेवा या समाज की रचना सबसे अधिक रचनात्मक, चिन्तनात्मक और विशेषज्ञतापूर्ण या ज्ञानात्मक वस्तु है। इस मामले में गीता, रामायण, महाभारत, मनुस्मृति तथा साधु-महात्माओं के उपदेश हमारा मार्गदर्शन नहीं कर सकते। यह क्षमता और योग्यता हम पाश्चात्य ज्ञान और पाश्चात्य चिन्तन द्वारा ही प्राप्त कर सकते हैं। पीरों, पैग़म्बरों के बस का यह काम नहीं और न ही दान

दाताओं से यह काम पूरा हो सकता है।

शौक़ : क्या आज की सुबह, इसके अलावा, अन्य समस्या की तरफ़ भी आपका ध्यान गया ?

फ़िराक़ : जी हाँ ! मैं सोच रहा हूँ कि अगर कोई आदमी साल भर में 40-50 मिनट प्रतिदिन या साल भर में 200 घंटे भी कुछ लिखता रहे, वह शेरो-शायरी के रूप में हो या अन्य प्रकार की रचनाएँ हों, तो इससे क्या-क्या प्रश्न पैदा हो जाते हैं ?

पहला सवाल तो यह पैदा होता है कि यदि कोई आदमी इतना ही या इतना कम वक़्त देकर भी लगभग 50 वर्षों तक लेखन और सृजन कार्यों में व्यस्त रहे, तो अन्य व्यस्तताओं के बावजूद कम से कम बीसों हज़ार पृष्ठ ऐसा व्यक्ति लिख कर मरेगा। इसी प्रकार अगर हम बेकार या अनुपयोगी रचनाओं को न भी गिनें और केवल काम की रचनाओं की ही कल्पना करें, तो दुनिया भर में हर साल उपयोगी रचनाओं की संख्या बीसियों लाख पृष्ठ तक पहुँच जाएगी। बड़े से बड़ा विद्वान या मनीषी भी लेखन की इस बाढ़ को पार नहीं कर सकता। कभी-कभी ऐसा महसूस होता है कि अच्छी-ख़ासी चीज़ों की रचना करने की क्षमता भी एक प्रकार का रोग है। लेकिन शायद यह रोग अच्छी सेहत की निशानी है।

योरोप और अमरीका को छोड़ कर पूरे एशिया और पूरे अफ्रीका में भी लेखन कार्य अच्छे बड़े पैमाने पर चल रहा है। लेकिन सामाजिक या सांस्कृतिक जीवन से सम्बन्धित गहरी बातें और विचारयुक्त साहित्य सैकड़ों वर्षों से एशिया और अफ्रीका हमें दे ही नहीं रहे हैं। योरोप और अमरीका की ज्ञान विषयक उच्च स्तरीय रचनाएँ हमें जीवन के महत्त्वपूर्ण क्षेत्रों, बुनियादी समस्याओं या विज्ञान से सम्बन्धित जो जानकारी हमें उपलब्ध कराती हैं वह एशिया और अफ्रीका के बड़े से बड़े लेखक सैकड़ों वर्षों से हमें नहीं दे रहे हैं। हज़ारों वर्षों से कुछ जाने-माने नारे या विश्वास ही एशियाई और अफ्रीकी लेखन की धुरी बनकर रह गए हैं। जहाँ तक शिक्षा प्रणाली और शिक्षा सिद्धान्त, साहित्य के सिद्धान्त और यथार्थ, अर्थशास्त्र के सिद्धान्त और उसका विकास, समाजशास्त्र के सिद्धान्त, इतिहास, दर्शन, गणित, चिकित्सा विज्ञान, रसायनशास्त्र और ज्ञान विज्ञान के हज़ारों विभागों और उनकी शाखाओं का सम्बन्ध है, इनमें एशियाई और अफ्रीकी लेखकों ने कोई विशेष उल्लेखनीय वृद्धि नहीं की है। हममें न कोई बेकन पैदा हुआ, न डार्विन, न न्यूटन और न आइंश्टेइन, न एच. जी. वेल्ज़, न मार्क्स या योरोप के हज़ारों चिन्तकों जैसा और कोई भी आदमी पैदा नहीं हुआ। कभी-कभी यह डर लगता है कि एशिया और अफ्रीका की भाषाओं में शायद वह क्षमता ही नहीं कि वे नवीन ज्ञान और नवीन चिन्ता का साथ दे सकें। यदि बुद्धि और ज्ञान के क्षेत्र में एशिया और अफ्रीका में कभी नव-जागरण उत्पन्न हो सकता है, तो वह महात्मा गान्धी बल्कि

रवीन्द्रनाथ ठाकुर जैसे आदमियों के कामों और उनकी रचनाओं से पैदा नहीं हो सकता, तो डॉ. इक़बाल जैसे व्यक्तियों से तो कदापि हो ही नहीं सकता। पश्चिम की उपलब्धियों से लाभ उठाकर अरविन्द घोष, विवेकानन्द, आनन्द कुमार स्वामी, जगदीश चन्द्र बसु, विनय कुमार सरकार आदि जैसे महापुरुषों ने हमारे दिल और दिमाग़ को जगाया ज़रूर है, लेकिन फिर भी यह कहना पड़ता है कि कोई कान्ट, हीगल, करोचे, बक़्र्स और ऐसे ही सैकड़ों पश्चिमी चिन्तकों का विकल्प हम सैकड़ों वर्षों से पैदा नहीं कर सके हैं। लगता है कि एशिया और अफ्रीका का दिमाग़ तो बूढ़ा हो चुका है या फिर नए सिरे से जवान नहीं हो सका। शे'र-ओ-शायरी को ले लीजिए, अफ़सानों और नॉविलों को ले लीजिए, कोई वड्र्सवर्थ, कीट्स, टैनिसन, टॉलस्टॉय, शौलोखोव, गेटे, बर्नाड शॉ, तुर्गनेव, एमर्सन, रस्किन या कारलायल हम पैदा नहीं कर सके। क्या हमारी बौद्धिक साँस उखड़ गई है ? क्या हमारी सभ्यता थक के बैठ गई है ? ये सवाल मन में उठते हैं लेकिन जवाब की परछाईं भी नज़र नहीं आती। कहने के लिए यों तो शे'र-ओ-शायरी और गद्य लेखन सब कुछ एशिया में हो रहा है। हम ज्ञान जगत के निर्माण में कोई हिस्सा नहीं ले रहे हैं, बल्कि इधर जो कुछ सैकड़ों वर्षों से दुनिया में हुआ है उससे अभी तक हम परिचित भी नहीं हो सके हैं। सबसे कठिनाई की बात तो यह है कि जब हमें पाश्चात्य ज्ञान की सबसे ज़्यादा ज़रूरत आन पड़ी है, उसी वक़्त हमने यह नारा देना शुरू किया है कि अंग्रेज़ी हटाओ। हम इस वक़्त ज्ञान और साहित्य के जगत में बौने हैं। पाश्चात्य ज्ञान और साहित्य की जानकारी ही हमारा और हमारे ज्ञान और साहित्य का क़द बढ़ा सकती है, लेकिन हम क़द को बढ़ाने से इन्कार कर रहे हैं। भगवान भला करे।

महात्मा गान्धी की ज्ञान के प्रति दुश्मनी हमारे लिए बहुत बड़ा खतरा बन गई है। हालाँकि अन्य कार्यों में गान्धीजी का बड़ा योगदान है। उनकी आध्यात्मिकता, उनका उच्च आदर्श और आचरण अनुकरणीय है, लेकिन ये बातें ज्ञान के प्रकाश का विकल्प नहीं बन सकतीं। अंग्रेज़ों की गुलामी से मुक्ति दिलाने में महात्मा गान्धी की बहुत बड़ी भूमिका रही है। लेकिन अशिक्षा, अज्ञानता और अन्धविश्वास की गुलामी से आज़ादी दिलाने में महात्मा गान्धी का कोई विशेष योगदान नहीं रहा। हमें अपनी गुलामी का अहसास हो जाए तभी कुशलता है। बच्चे को तो उसकी अज्ञानता से माँ-बाप मुक्ति दिलाते हैं, लेकिन हम अपनी अज्ञानता से मुक्ति पाने के लिए ऐसे माँ-बाप कहाँ से ढूँढ़ें ? मैं तो अब कोई उच्चस्तरीय पाश्चात्य ज्ञान व साहित्य की पुस्तक पढ़ता हूँ तो, एशिया और अफ्रीका के प्रति हीन-भावना का शिकार होने से अपने आपको नहीं बचा पाता। हमारी पंचवर्षीय योजनाओं में शिक्षा सुधार के सम्बन्ध में सबसे कम सोचा गया है। खेद की बात है कि ज्ञान के उच्च सिद्धान्तों से हट कर भी हम किसी ऐसे साधारण से साधारण आविष्कार का नाम नहीं ले सकते जो किसी एशियाई या अफ्रीकी

दिमाग़ की पैदावार हो। पेन्सिल और फाउन्टेनपेन का आविष्कार भी हम नहीं कर सके। हमारे बौद्धिक दिवालिएपन का सबसे बड़ा सबूत और क्या हो सकता है। मशीन से चलने वाला कोई भी उद्योग, एशियाई या अफ्रीकी दिमाग़ की पैदावार नहीं है। सोचिए और शर्माइए और एक लम्बी अवधि के लिए उदासी में खो जाइए। लेकिन फिर भी, मेरा ऐसा विचार है कि पश्चिम से पैदा होने वाली ऐतिहासिक शक्तियाँ हमें झिंझोड़ कर जगा देंगी और डरते-डरते हम इस बात की कुछ आशा कर सकते हैं कि हम भी पश्चिमी ज्ञान और साहित्य तथा आविष्कार की शक्ति से पूरी तरह परिचित होकर शायद किसी क़ाबिल बन जाएँगे। मैं निराश होकर भी आशा का स्वप्न संजोए हुए हूँ।

आज की सुबह तो इन्हीं विचारों और सवालों की उधेड़-बुन में कट गई। आज आकाशवाणी के कुछ ज़िम्मेदार अधिकारियों ने मेरे आवास पर आकर मुझे रेडियो स्टेशन ले जाने का कार्यक्रम बनाया था, ताकि मैं वहाँ अपनी कुछ नज़्मों को रिकार्ड कराऊँ। लेकिन वे अभी तक नहीं आए, 11 बजने वाले हैं। अत्यन्त खेद और लज्जाजनक बात यह है कि जब लोग कोई कार्यक्रम निश्चित करते हैं, तो वे अमुक दिन की सुबह, शाम, दिन या रात का ज़िक्र करते हैं, लेकिन इन खुदा के बन्दों को इतना होश नहीं आया कि घड़ी का आविष्कार हो चुका है। बजाए सुबह, शाम या दिन और रात कहने के इतने बजे या इतने घण्टों के दरम्यान किसी वक़्त या इतने बजे और इतने बजे के दरम्यान किसी वक़्त का ज़िक्र लोग क्यों नहीं करते ? इस तरह की गोल बातों ने हमारी सभ्यता को भी गोल करके रख दिया है। खैर हो यारब ! लीजिए बड़ी बात हुई आकाशवाणी वाले आखिर जाग ही गए। उनका फ़ोन आ गया कि उनकी मोटर मुझे लेने आ रही है।

शौक़ : आपने अपनी इच्छाओं और स्वयं अपने विषय में अत्यन्त रोचक, सविस्तार और अविस्मरणीय रूप से बताया। आप कृपया बताएँ कि हिन्दुस्तान के विषय में आपकी इच्छाएँ और आकांक्षाएँ क्या हैं ?

फ़िराक़ : हिन्दुस्तान का खयाल ही अब तो मेरे लिए असहनीय सीमा तक कष्टदायक हो चुका है। हिन्दुस्तान स्वर्ग समान है। आज हिन्दुस्तान नरक समान बन गया है। अब भी हिन्दुस्तान की ज़िन्दगी का सबसे ख़ास और महत्त्वपूर्ण आधार कृषि ही है। मैं नौजवानी की उमर से ही यह महसूस करता रहा हूँ कि हमारी कृषि व्यवस्था और कृषि प्रणाली अज्ञानता के युग की यादगार है। उचित कृषि व्यवस्था में हम दुगना अनाज पैदा कर सकते हैं। कृषि के अलावा दूसरी चीज़ों की पैदावार और तिज़ारत भी हमारे गिरे हुए आचरण और बौद्धिक दिवालिएपन का शिकार है। यहाँ साम्यवादी व्यवस्था आए या न आए, इस पर तो मैं अभी कुछ नहीं कहूँगा। यदि यहाँ साम्यवाद न भी आए तो जापान में जो ग़ैर-साम्यवादी व्यवस्था है, वह

इतनी उन्नत क्यों है ? जापान की लगभग 15 करोड़ जनसंख्या भारत के क्षेत्रफल के 1\10 जितनी भूमि पर रहती है, लेकिन वहाँ प्रतिदिन प्रति व्यक्ति उपज हमारे से कई गुणा अधिक है। वहाँ निर्धनता, भुखमरी, बेकारी और बेरोज़गारी इतने भयानक रूप में नहीं मिलती जितनी हिन्दुस्तान में। हिन्दुस्तान की गाँव की ज़िन्दगी की स्थिति बद से बद्तर हो चुकी है। हमारे गाँव नरक बन गए हैं फिर भी मैं यहाँ यह स्वीकार करता हूँ कि गाँवों और गाँव वालों की ज़िन्दगी को बेहतर बनाने की कोशिशें हो रही हैं। लेकिन ये कोशिशें समन्दर में पानी के कुछ क़तरों से ज्यादा नहीं हैं। साक्षरता और शिक्षा की हालत भी निराशाजनक है।

हमारे जीवन की व्यवस्था इतनी बिगड़ चुकी है कि निहायत ग़लत लोग जीवन के हर मैदान में प्रभुत्वशाली हो जाते हैं। ये प्रभावशाली व्यक्ति ही स्याह-सफ़ेद के मालिक हैं, जो निहायत निकम्मे लोग हैं और बहुत ही गिरी हुई इन्सानियत के नमूने हैं। हम इतने गिर चुके हैं कि सामाजिक सुधार की जो भी योजनाएँ चलाई जाती हैं, वे भी हमारे मानसिक और नैतिक गिरावट का शिकार होकर रह जाती हैं। काश ! कोई ऐसी रक्तहीन क्रान्ति आ सकती कि जिन व्याप्त बुराइयों का मैंने उल्लेख किया है, वे रातों-रात नहीं तो क्रमबद्ध रूप में धीरे-धीरे कम होती चली जाएँ। मैं ही नहीं, आज कोई भी भारतीय मन से सब कुछ चाहते हुए भी भारत के एक आशाजनक भविष्य की कल्पना नहीं कर पाता। लेकिन ज़िन्दगी और इतिहास की शक्तियों पर मेरा ईमान है। इन निराशाजनक स्थितियों के बावजूद हिन्दुस्तान के बारे में मेरी आशाओं का दीप झिलमिला ज़रूर रहा है, मगर बुझा नहीं है :

आगे-आगे देखिए होता है क्या !

ये पंक्तियाँ पढ़ कर अगर पाकिस्तान और भारत से शत्रुता की भावना रखने वाले दूसरे देशों के लोग दिल ही दिल में खुश हों तो यह उनकी बहुत बड़ी ग़लती होगी। क्योंकि दुनिया के किसी भी हिस्से की कमज़ोरी और उसका पिछड़ापन सारी दुनिया के लिए खतरनाक है। मैं जब किसी भी मुल्क की दुर्व्यवस्था का वर्णन पढ़ता हूँ तो उसे स्वयं अपने देश अर्थात भारत के लिए खतरनाक समझता हूँ। हिन्दुस्तान की जिन कमज़ोरियों का मैंने ज़िक्र किया है, उनसे कोई यह नतीजा न निकाले कि हिन्दुस्तान को फिर से जीता या पराजित किया जा सकता है या उस पर सफलता के साथ आक्रमण किया जा सकता है। इन अर्थों में 'सारा जहाँ हमारा' की आपराधिक कल्पना को जितना भी ज़लील समझा जाए यह कम है। अब मानवता संगठित हो कर ही ज़िन्दा रह सकती है। हाँ, यह भी बता दूँ कि यद्यपि हिन्दुस्तान के हालात अभी आमतौर से सन्तोषजनक नहीं हैं, फिर भी यदि भारत की सुरक्षा को कोई खतरा पैदा हो जाए तो यहाँ के सब लोग अपनी सारी नैतिक कमज़ोरियों के बावजूद आन की आन में एक शक्तिशाली राष्ट्र के रूप में चट्टान

बन कर खड़े हो जाएँगे और जो उससे टकराएगा वह चूर-चूर हो जाएगा। हिन्दुस्तान इसका सबूत हाल ही में दे चुका है।

शौक़ : दुनिया के बारे में आपके ख़यालात और ख़्वाहिशें क्या हैं ?

फ़िराक़ : दुनिया के बारे में मेरे ख़यालात और ख़्वाहिशों को असम्भवताओं की श्रेणी में रखा जा सकेगा। फिर भी प्लेटो से लेकर आज तक हर दौर के विचारक और चिन्तक इस पर सोचते रहे हैं, किन्तु उनके विचार या स्वप्न साकार न हो सके या बहुत कम हो सके। आशा और निराशा के बीच ही ऐसे विचार और स्वप्न झूलते रहते हैं। जो कुछ भी हो, मैं बड़ी उत्सुकता से यह महसूस करने लगा हूँ कि समय की माँग यही है कि अब एक विश्व पार्लियामेन्ट और एक विश्व सरकार स्थापित हो जाए। एक अन्तर्राष्ट्रीय सेना हो और विभिन्न देशों की सेनाएँ लगभग समाप्त कर दी जाएँ। अगर ऐसा हो सका तो दुनिया भर से ग़रीबी और पिछड़ेपन को बहुत जल्द दूर किया जा सकता है। इस स्वप्न के साकार होने में सबसे बड़ी रुकावट राष्ट्रों और विभिन्न समुदायों के हितों के बीच वास्तविक या काल्पनिक मतभेद या टकराव हैं। इन्हें दूर किया जाए। दुनिया भर में एक ऐसी साम्यवादी व्यवस्था स्थापित हो जाए जो व्यक्ति से उसके न्यायोचित अधिकार और स्वतन्त्रता न छीने। ऐसा होने पर मानवता, आर्थिक झंझटों और संघर्षों से आज़ाद होकर नया जन्म ले सकेगी। दुनिया में एक विश्व सभ्यता और संस्कृति का शुभारम्भ हो सकेगा। ऐसा होने पर ही मानवता के वास्तविक इतिहास का श्रीगणेश होगा। भौतिक प्रगति के अलावा मनुष्य के आध्यात्मिक विकास के मार्ग की बाधाएँ हट जाएँगी। इन्सान के आन्तरिक जीवन के विकास का आरम्भ सामूहिक रूप से तभी सम्भव है जब उसका बाह्य जीवन पूर्ण रूप से आज़ाद हो चुका हो। बाह्य जीवन की कठिनाइयों के होते हुए मनुष्य न तो सृष्टि को और न अपने आप को ही ठीक प्रकार से समझ पा रहा है। सही अर्थों में, संसार के चार अरब मनुष्य अभी जी ही नहीं रहे हैं। प्रसिद्ध रूसी दार्शनिक करोपोतकिन (Kropotkin) ने कहा है : "जब ज़िन्दगी के लिए संघर्ष ख़त्म हो जाएगा, उसी वक़्त ज़िन्दगी का संघर्ष प्रारम्भ होगा।" यह नीवनतम संघर्ष मानव इतिहास की नई शक्तियों और सम्भावनाओं को अस्तित्त्व में ला सकेगा। अभी इस नए संघर्ष या मानव जीवन के आन्तरिक विकास का अनुमान हम उसी प्रकार नहीं लगा सकते जैसे महात्मा बुद्ध का बचपन, बुद्ध के महान व्यक्तित्व का अनुमान नहीं लगा सकता था या जैसे शेक्सपियर अपनी एक रचना के दौरान अपनी अगली रचना का अनुमान नहीं लगा सकता था।

बर्गसन (Bergson) ने जीवन शक्ति की दो विशेषताओं का ज़िक्र किया है। एक तो यह कि उसके भविष्य का अनुमान नहीं लगाया जा सकता। दूसरे यह कि उसके सम्बन्ध में पूर्व ज्ञान असम्भव है। मार्क्स ने अपनी विश्व प्रसिद्ध रचना 'दास

कैपीटल' (Das Kapital) में मनुष्य के भौतिक और बाह्य जीवन के सम्बन्ध में ही यह भविष्यवाणी की है कि आदिम युग के बाद सामन्ती युग और उसके बाद व्यापारिक युग, तत्पश्चात पूँजीवाद और उसके बाद समाजवाद, फिर साम्यवाद और आख़िर में अराजकता या अपनी ढपली अपना राग की मंज़िलें आईं और आएँगी। आन्तरिक रूप में जीवन तथा मानव विवेक बोध किस प्रकार पूर्ण होते रहेंगे, इसकी तरफ मार्क्स ने कोई इशारा नहीं किया और न ही संसार का कोई पैग़म्बर या दार्शनिक इन स्थितियों को रेखांकित कर सका है, जो जीवन या मानव बोध के भविष्य में उत्पन्न होंगी और जिनका तजुरबा ही अभी इन्सान को नहीं हुआ है। बस हम इतना ही कह सकते हैं कि मानव के बाद अतिमानव की बारी आएगी, जो बाह्य तथा भौतिक प्रगति की मंज़िलों से बहुत आगे होगा और दुनिया के जितने धर्म हैं उनकी सीमाओं से बहुत आगे होगा। इसी प्रकार अब से लाखों वर्ष पहले का मनुष्य, सभ्यता एवं संस्कृति के विकास के विभिन्न कालों या अपने ही विकास के विभिन्न कालों का न कोई तज़ुरबा रखता था और न अन्दाज़ा ही लगा सकता था। उसी प्रकार हम मनुष्य के आन्तरिक जीवन के विकास का अनुमान नहीं लगा सकते। मैं अपने दो शे'र सुना कर दुनिया के बारे में अपनी कल्पना की ओर संकेत करूँगा :

अभी जबीन[1]-ए-बशर[2] मुन्तज़िर[3] सी है शायद,
के आदमी अभी फ़ितरत[4] का शाहकार[5] नहीं।
अभी हर शै से होना है नुमायाँ[6] शान-ए-इन्सानी,
अभी हर चीज़ में महसूस होती है, कमी अपनी।

15.3.1976

शौक़ : फ़िराक़ साहब ! इस बार दिल्ली का सफ़र कैसा रहा ?

फ़िराक़ : मैं एक महीने से काफ़ी अरसे तक सफ़र में ही रहा हूँ। अब से कुछ पहले मुझे लगातार रोगशय्या का बन्दी बने रहने के बावजूद आगरा जाना पड़ा। आगरा विश्वविद्यालय और उसके कुलाधिपति महोदय ने मुझे विश्वविद्यालय की उच्चतम उपाधि अर्थात डी. लिट. की मानद उपाधि प्रदान की। आगरा का सफ़र बहुत सुखद रहा। मैं आगरा विश्वविद्यालय के कुलपति, अपने एक सुयोग्य शिष्य, जो वहाँ के रजिस्ट्रार हैं तथा विश्वविद्यालय के अन्य पदाधिकारियों और

---

1. मस्तक, 2. व्यक्ति, 3. प्रतीक्षारत, 4. प्रकृति, 5. सबसे बड़ी कृति, 6. प्रकट।

ईष्ट-मित्रों का अत्यन्त आभारी हूँ जिन्होंने मेरे स्वागत-सत्कार और मुझे हर प्रकार की सुख-सुविधा प्रदान करने में कोई कसर नहीं उठा रखी। आगरा वालों ने मेरा बड़े प्रेम से अतिथि सत्कार किया। उत्तर प्रदेश के राज्यपाल और आगरा विश्वविद्यालय के कुलाधिपति माननीय श्री चन्ना रेड्डी ने मेरा हार्दिक आदर सत्कार किया।

दीक्षान्त समारोह का जुलूस निकला, उसमें मेरी भागीदारी केवल इस प्रकार रही कि वे लोग मुझे सम्भाले हुए रहे, क्योंकि अब मैं अपने बलबूते पर चल नहीं सकता और न खड़ा ही हो सकता हूँ। जुलूस बहुत भव्य और आकर्षक था।

मेरे लिए मंच पर एक अत्यन्त आरामदेह कुर्सी रख दी गई थी। जब मेरा नाम पुकारा गया तो मैंने खड़े होने का प्रयत्न किया। राज्यपाल महोदय ने जो समारोह की अध्यक्षता कर रहे थे, अत्यन्त आत्मीयता से कहा कि फ़िराक़ साहब खड़े होने का कष्ट न करें और उन्होंने अपने स्थान से उठकर स्वयं अपने हाथों से मेरे पास आकर मुझे उपाधि प्रदान की। कुलपति महोदय ने मेरे सम्बन्ध में और मेरी तुच्छ सेवाओं और योग्यता के सम्बन्ध में बड़े सुन्दर शब्दों में अपना भाषण पढ़ कर सुनाया।

इस क्रम में एक बात कुछ थका देने वाली अवश्य थी और वह थी लगभग 70-80 पुरस्कार और पदक प्राप्त करने वालों को एक-एक करके मंच पर बुलाया जाना। लेकिन कार्यक्रम का यह भाग भी रोचक था।

कहने का तात्पर्य यह है कि इस दीक्षान्त समारोह ने सबके ऊपर बड़े ही सुखद और स्थायी प्रभाव छोड़े। मैं बड़ी प्रसन्नतापूर्वक टूरिस्ट हॉस्टल स्थित अपने आवास पर अपनी मित्रमण्डली में लौट आया। आगरा के प्रसिद्ध निवासी और भारत के ख्यातिप्राप्त इतिहासकार डॉ. ईश्वरी प्रसाद के घर के लोग और वहाँ के सबसे बड़े मोटरकार एजेन्ट ने बड़ी धूमधाम से मेरे सम्मान में भोज का आयोजन किया। बड़ी सुखद स्मृतियाँ लेकर मैं सकुशल आगरा से इलाहाबाद लौट आया। आगरा का सफ़र मेरी अस्वस्थता के बावजूद मेरे लिए अत्यन्त आनन्ददायक सिद्ध हुआ।

इसके कुछ दिनों बाद ही दिल्ली का सफ़र करना पड़ा। दिल्ली में भारत सरकार के सचिवालय के उच्च अधिकारियों और अन्य वरिष्ठ पदाधिकारियों तथा इलाहाबाद विश्वविद्यालय के भूतपूर्व छात्रों ने दिल्ली विश्वविद्यालय के कुलपति की अध्यक्षता में मेरे सम्मान में एक अत्यन्त भव्य समारोह का आयोजन किया था। यह समारोह एक प्रकार से परिवार मिलन की भाँति था। इनमें से बीसों तो ऐसे लोग थे जो उच्च पदाधिकारी रह चुके थे। कई एक पूर्व-राज्यपाल थे। इन सबने जिस प्रेम, सम्मान और आदर सत्कार का परिचय दिया, उनका धन्यवाद करने के लिए मुझे शब्द नहीं मिल रहे हैं। कहने का तात्पर्य यह है कि दिल्ली के सफ़र का यह हिस्सा बड़ा ही आनन्ददायक रहा। किस-किस को धन्यवाद दूँ ? मैं तो

यही कहूँगा कि हार्दिक प्रेम और स्नेह इसी को कहते हैं। किस-किस का नाम गिनवाऊँ। श्री पाण्डेय जी स्टेशन पर मौजूद थे। हालाँकि हमारी गाड़ी उस वक़्त पहुँची जबकि अभी एक घण्टा रात बाक़ी थी। जिस हार्दिक प्रेम से उन्होंने मेरा स्वागत किया और जो सुख-सुविधाएँ उन्होंने मुझे प्रदान कीं वे सब मेरे हृदय पर अपना एक स्थायी प्रभाव छोड़ गई हैं।

श्री भूपेश्वर साहब, जो एक बड़े उच्च पद को सुशोभित कर चुके हैं, बार-बार आकर मुझे साहस और सान्त्वना प्रदान करते रहे।

फ़िराक़ गोरखपुरी – जीवन-परिचय

फ़िराक़ गोरखपुरी अपने समय की उर्दू शायरी और अदब की दुनिया की एक बुलंद शख़्सियत थे। शायरी की दुनिया में विख्यात होने के साथ-साथ अपने व्यंग्य के पैनेपन और हाज़िरजवाबी, अपनी विशद जानकारी के साथ-साथ साहित्य जगत के बारे में अपनी सारी सूझ-बूझ और अंगरेज़ी, उर्दू, हिन्दी व फ़ारसी पर अपनी पूरी पकड़ की वजह से फिराक़ असाधारण वाक्पटु भी थे।

फ़िराक़ गोरखपुरी का जन्म 28 अगस्त, 1896 को गोरखपुर में हुआ। उनके पिता मुंशी गोरख प्रसाद 'इबरत' खुद भी एक नामी वकील और शायर थे तथा फ़िराक़ को उर्दू, फ़ारसी व संस्कृत की शिक्षा घर पर पहले-पहल उन्हीं से मिली थी।

किशोर फ़िराक़ पढ़ाई के सिलसिले में इलाहाबाद गए और उन्होंने 1915 में म्यूर कॉलेज से इंटरमीडिएट की परीक्षा और 1917 में इलाहाबाद विश्वविद्यालय से बी. ए. की परीक्षा उत्तीर्ण की। उनकी असाधारण प्रतिभा विश्वविद्यालय में उनकी पढ़ाई के दौरान ही ज़ाहिर हो चुकी थीं। उन्होंने उर्दू के मशहूर शायर ग़ालिब पर एक लम्बा निबन्ध लिखा, जो उस ज़माने की प्रतिष्ठित पत्रिका 'ईस्ट एंड वेस्ट' में प्रकाशित हुआ। साथ ही उन्हें बर्कले के दर्शन पर अपने 10,000 शब्दों के निबन्ध के लिए दर्शन शास्त्र पढ़ाने वाले अध्यापक प्रो. इ. ए. रेडफोर्ड से भी मान्यता मिली। पहले प्रांतीय सिविल सेवा और बाद में भारतीय सिविल सेवा में चुन लिए जाने के बावजूद अपनी घरेलू परेशानियों की वजह से उन्होंने इन दोनों ही सेवाओं से इस्तीफ़ा दे दिया और वे महात्मा गाँधी के नेतृत्व में आज़ादी की लड़ाई में कूद पड़े। यह उनके जीवन का महत्वपूर्ण दौर था। 1920 में प्रिंस ऑफ़ वैल्स की यात्रा का विरोध करने के आरोप में उन्हें गिरफ़्तार कर लिया गया और वे ढाई वर्षों तक पं. मोतीलाल नेहरू और जवाहरलाल नेहरू जैसी शख़्सियतों के साथ आगरा व लखनऊ की जेलों में रहे। 1922 में जेल से रिहा होने पर उन्हें भारतीय राष्ट्रीय कॉंग्रेस का अवर सचिव नियुक्त किया गया। 1927 में यह पद छोड़कर वे फिर पढ़ाई के क्षेत्र में लौट आये और उन्होंने आगरा विश्वविद्यालय से

अंगरेज़ी साहित्य में एम. ए. की परीक्षा प्रथम श्रेणी में उत्तीर्ण की तथा परीक्षार्थियों के बीच प्रथम स्थान प्राप्त किया।

कुछ समय तक सनातन धर्म कॉलेज, कानपुर, में पढ़ाने के बाद 1930 में वे एक प्राध्यापक की हैसियत से इलाहाबाद विश्वविद्यालय में नियुक्त हुए, जहाँ से वे 31 दिसम्बर, 1958 को सेवानिवृत्त हुए। इसके शीघ्र बाद, साहित्य के क्षेत्र में उनके अंशदान को ध्यान में रखते हुए विश्वविद्यालय अनुदान आयोग ने उन्हें रिसर्च प्रोफ़ेसर बना दिया। उन्होंने 1965 तक इस पद पर काम किया। तत्पश्चात् पाँच वर्षों तक वे आकाशवाणी के इमेरिटस प्रोड्यूसर रहे।

1968 में भारत सरकार ने फ़िराक़ को पद्म-भूषण की उपाधि से सम्मानित किया। 1960 में साहित्य अकादेमी ने उन्हें पुरस्कृत किया। उन्होंने यह पुरस्कार एक भव्य समारोह के दौरान श्री जवाहरलाल नेहरू के हाथों से प्राप्त किया। 1970 में अकादेमी ने उन्हें अपना 'फ़ेलो' बनाया। इन सबके अलावा, उन्हें 1968 में सोवियत भूमि नेहरू पुरस्कार और 1970 में प्रतिष्ठित ज्ञानपीठ पुरस्कार प्राप्त हुआ। उनको मिले सम्मानों में उत्तर प्रदेश सरकार द्वारा दिया गया पुरस्कार तथा 1981 में प्राप्त ग़ालिब अकादमी पुरस्कार भी शामिल हैं। 1976 में आगरा विश्वविद्यालय ने उन्हें डॉक्टर ऑफ़ लिट्रेचर की उपाधि से सम्मानित किया।

7 जनवरी, 1982 को फ़िराक़ आँख का ऑपरेशन कराने के लिए नई दिल्ली के भारतीय आयुर्विज्ञान संस्थान में भरती हुए, जहाँ वे इसके प्राइवेट वार्ड के कमरा नं. 105 में लगभग सात हफ़्तों तक रहे। नई दिल्ली में ही अपने एक पूर्व विद्यार्थी श्री आर. के. गर्ग (स्वयं जिनका भी कुछ समय पहले एक सड़क दुघर्टना में निधन हो चुका है) के मकान पर 3 मार्च, 1982 को उनका देहांत हो गया।

पचास वर्षों से अधिक के अपने रचनात्मक जीवन के दौरान उन्होंने 40,000 से अधिक अशआर लिखे।

–सुमत प्रकाश 'शौक़'

फ़िराक़ अपने एक ख़त के आईने में

फ़िराक़ साहब ने यह ख़त 29 फरवरी, 1947 को इलाहाबाद से मौलाना ख़ैर बहोरवी के नाम भेजा था !

फ़िराक़ का ख़त

जन्म सन् 1896 ई., स्थान गोरखपुर, जाति कायस्थ। मेरा ख़ानदान शेरशाह सूरी के वक़्त से गोरखपुर में आबाद है।

घर का माहौल : मेरे वालिद स्व. मुन्शी गोरख प्रसाद 'इबरत' गोरखपुर में चोटी के वकील थे, अरबी कम जानते थे किन्तु फ़ारसी के विद्वान थे। शे'र उर्दू में कहते थे। 'इबरत' उनका तख़ल्लुस था। हाली और आज़ाद के बाद तमाम हिन्दुस्तान में शायरी के रंग में सिर्फ़ 'इबरत' का कलाम चमका। उनकी अनेक नज़्में मौलवी इस्माइल ने पाठ्य पुस्तकों में शामिल की थी और कुछ नज़्में अभी तक पाठ्य पुस्तकों में शामिल हैं।

मेरी तालीम उर्दू से शुरू हुई। कुछ दिन बाद हिन्दी भी सीख ली और फिर विधिवत अंग्रेज़ी स्कूल में तालीम शुरू की। स्व. पिताजी के अलावा मुन्शी राजकिशोर लाल 'सहर' जो मेरी बुआ के लड़के थे, मेरे ही यहाँ रहते थे। वे मुझ से बहुत मोहब्बत करते थे। और बहुत बेतकल्लुफ़ थे। वे भी शायरी के दिलदादा (शौक़ीन) थे लेकिन अमीर और दाग़ वाली शायरी के। मैं बज़ाहिर (बाहरी तौर पर) तो उनके असर से अमीर और दाग़ का प्रशंसक हो गया था लेकिन पिताजी की सरल, सुमधुर और प्रभावशील शैली दिल में घर करती रही। मैं लड़कपन ही से शे'र कहना चाहता था। लेकिन तबीयत में पर्याप्त अनुकूलता होते हुए भी मुझसे लड़कपन में शे'र होते ही नहीं थे। लेकिन तबीयत अत्यन्त सम्वेदनशील थी जिसके लक्षण कई शक्लों में ज़ाहिर होते रहे यानी दूसरों के शेरों से, संगीत से और हुस्न से और हुस्न से भी ज़्यादा मोहब्बत और नेकी से और हर चीज़ और हर बात में

से और हुस्न से भी ज़्यादा मोहब्बत और नेकी से और हर चीज़ और हर बात में राज़ और हैरत करने वाले तत्वों से बहुत प्रभावित होता रहा। मुझे अस्तित्व में पवित्रता का एक तत्व मिलता था। बचपन ही से दोस्ती और दोस्तों के ख़याल से मैं बहुत बेचैन रहता था। कभी-कभी जब दोस्तों से अनबन-सी होती थी तो मैं तिलमिला जाया करता था। जब टूटे-फूटे शे'र कहने के क़ाबिल हुआ तो इस तरह की अनबन के सम्बन्ध में अपना ख़याल इस शे'र में ज़ाहिर किया :

मुझसे अगर जुदा भी हुए वो तो क्या हुए,
रोना तो है इसी का कि लड़ कर जुदा हुए।

हुस्न का असर जिस अन्दाज़ से मुझ पर हुआ इसे मैंने अपनी आरम्भिक शायरी में एक शे'र के ज़रिए यूँ ज़ाहिर किया :

विसाल इससे मैं चाहूँ कहाँ ये दिल मेरा,
ये रो रहा हूँ कि क्यों उसको मैंने देखा था।

मेरी बुद्धि और मिज़ाज में जो अभिव्यक्ति की एक थरथरी थी उसका कुछ अन्दाज़ इन शेरों से शायद मिल सके। बीस बरस की उम्र में मैंने शे'र कहना शुरू किया जब मैं बी. ए. का इम्तिहान देने वाला था।

हाँ तो हालात का सिलसिला क़ायम रखते हुए अर्ज करता हूँ कि मैंने एंट्रेंस जुबली स्कूल से और एफ. ए. और बी. ए. इलाहाबाद म्योर कॉलेज से पास किया और सफल छात्रों में अग्रणी रहा। इस दौरान में वाक्यात बहुत कुछ पेश आए यानी इन्सानी हुस्न का असर जो तेरह बरस की उम्र से ही शदीद (तीव्र) हो चला था, मुझ पर अच्छी तरह या बुरी तरह हावी हो चुका था। इसी दौरान में यानी सतरह बरस की उम्र में मेरी शादी हो गई और वह इतनी नाकामयाब रही कि नफ़रत और ग़म ज़हर की तरह मेरी रग-रग में समा गए और इस नफ़रत और ग़म की शिद्दत (तीव्रता) इसी क़दर थी जितनी मैं विवाह के सम्बन्ध को महत्वपूर्ण और गहरा समझता था। मैं उस वक़्त एफ. ए. में था। कॉलेज में पढ़ता रहा और लहू का घूँट पी-पी कर शैक्षिक, मानसिक और विवेकात्मक रुचियों को बनाए रखता। दर्शन, साहित्य, इतिहास, मानव विज्ञान, धर्म, राजनीति और सौन्दर्यानुभूति सभी में मेरी रुचि रही और मेरी सहृदयता परिपक्व होती रही। बी. ए. में जब शे'र कहना शुरू किया तो शुरू में अपने फ़ारसी के उस्ताद जनाब महदी हसन नासिरी से दो-तीन गज़लों पर इस्लाह ली। उन्होंने ही मुझे मीर के कलाम का ग़ौर से अध्ययन करने की ओर प्रवृत्त किया। बी. ए. का इम्तहान देकर गोरखपुर आया तो पिताजी को मृत्यु-शैया पर पाया और जून में देहरादून में उनकी मौत ने मुझे जिन मुसीबतों का शिकार बना दिया उनसे अब तक बिल्कुल छुटकारा नहीं मिला। देहरादून में जिस कोठी में उनकी मौत हुई वह उनके मरने के दिन उदास या मनहूस बिल्कुल नहीं मालूम होती थी। माताजी ने कहा, "देखो, सज्जन पुरुष जब मरता है तो उसके

मरने की जगह जगमगा उठती है।" साढ़े चार बजे प्रातः उनका देहान्त हुआ था। इस घटना से प्रभावित होकर मैंने एक रुबाई कही थी कई वर्ष बाद :

ग़फ़लत का हिजाब[1] कोहो[2]-सहरा[3] से उठा
पर्द-ए फ़ितरत[4] के रुए-ज़ेबा[5] से उठा
पौ फटने का किस क़दर सुहाना है समाँ
पूछ ले कि फ़िराक़ कौन दुनिया से उठा

मुझे बी. ए. पास करते ही डिप्टी कलेक्टरी का पद मिल गया और आई. सी. एस. में मेरा नामांकन हो गया। लेकिन दिल टूट चुका था। मैंने नौकरी छोड़ दी और 1920 ई. में स्वतन्त्रता आन्दोलन में शामिल हो गया। गोरखपुर में बी. ए. पास करने के बाद कभी-कभी शे'र कहता रहा और हज़रत वसीम ख़ैराबादी से जो उन दिनों गोरखपुर में थे इस्लाह लेता रहा। लेकिन दो ही चार शेरों पर इस्लाह ले सका। मैं कहता भी कम था दूसरे मेरी शायरी उस राह से दूर और अलग हो चली थी जो उस्ताद वसीम का रंग था।

शादी के नाकामयाब होने के बाद कुछ प्रेम-प्रसंग भी आए और इस तरह कि मुझे पीते और मिटाते ही रहे। मेरी शायरी इसी पीए जाने की कराह अर्थात पीड़ायुक्त स्वरों की अभिव्यक्ति बन गई। लेकिन इस कराह में वह विवेक और सौन्दर्यानुभूति भी सम्मिलित थी जिनका ज़िक्र मैंने शुरू में कर दिया है।

अंग्रेज़ों की क़ैद में : कांग्रेस के आन्दोलन के सिलसिले में डेढ़ बरस तक मुझे अंग्रेज़ों की क़ैद में भी रहना पड़ा। रिहाई के बाद पण्डित जवाहरलाल नेहरू ने और कांग्रेस वर्किंग कमेटी ने मुझे आल इंडिया कांग्रेस कमेटी के अण्डर सेक्रेटरी की हैसियत से इलाहाबाद बुला लिया। फिर 1927 ई. में जब कांग्रेस का दफ़्तर कुछ दिनों के लिए मद्रास चला गया और घर की ज़िम्मेदारियाँ बढ़ गईं तो मैंने क्रिश्चियन कॉलेज लखनऊ में अंग्रेज़ी के प्रोफ़ेसर के पद के लिए आवेदन किया और वहाँ नौकरी कर ली। साल भर बाद सनातन धर्म कॉलेज कानपुर के प्रिन्सिपल ने मुझे अपने कॉलेज में उर्दू और अंग्रेज़ी के प्रोफ़ेसर की हैसियत से बुला लिया और यहीं से एम. ए. का इम्तहान पास करके मैं इलाहाबाद यूनिवर्सिटी में अंग्रेज़ी के प्रोफेसर की हैसियत से आ गया और अब स्थायी रूप में यहीं हूँ।

मेरे इश्क़ का ज़माना आप 1915 से 1935 ई. तक समझ सकते हैं। किसी से कुछ हो जाने या मामूली तौर पर पेंग बढ़ जाने का जहाँ तक सम्बन्ध है तो ऐसे मामले बहुत रहे। लेकिन यह केवल वासना थी और जल्द ही बात आई गई हो जाती थी। जहाँ तक मेरी ज़िन्दगी और मिज़ाज का सम्बन्ध है वासना, इश्क़ में नाकामी का नतीजा थी। मेरे लिए काम-पिपासा, इश्क़ की तलाश थी और

---

1. पर्दा, 2. पहाड़, 3. जंगल, 4. प्रकृति, 5. सुन्दर चेहरा।

इसलिए मैं वासना का अधिक आदर करता हूँ।

बल्कि औरतों में ऐसा समझने लगा हूँ कि व्यावहारिक प्रेम स्वयं एक वासना है। और विवेक और केवल विवेक इश्क़ की वो शक्ल है जिसमें वासना की गन्दगी नहीं है। हाँ तो 1915 ई. से 1935 ई. तक इन मामलों के अलावा इश्क़ के तीन या चार ज़बरदस्त मामले पेश आए और इन्होंने मेरी रग-रग को दुखा दिया और मेरे लहू के एक-एक क़तरे को...

सद[1] शुक्र फ़िराक़ दिल को रखना आया !

1935 ई. में तीन वर्ष तक कठोर स्थितियों में स्थित रह कर मेरा अन्तिम प्रेम-प्रसंग समाप्त हुआ, यानी दिल स्थायी रूप से बुझ गया और इस जल-बुझने की उपलब्धि को मैं यह नहीं कह सकता कि ख़ाक है या कीमिया[2] :

ग़म वो हवा न जिसकी मिले अहले-ग़म[3] को भी,
जो हो के रह गई वो कोई वारदात है।

ख़ैर 1935 ई. में जिस शख़्स से मोहब्बत के बाद यह महसूस किया कि अब वह बात फिर पैदा नहीं हो सकती उसी शख़्स से फिर मेलजोल हुआ लेकिन अपने को मैंने बहुत बदला हुआ पाया जिसका अहसास एक दिन रात के वक़्त यूँ हुआ कि उस शख़्स से शिक़ायतों का दफ़्तर जब मैंने खोला तो उसने अत्यन्त स्नेह दिखाते हुए माफ़ी चाही और मुझे सान्त्वना दी। लेकिन इस तसल्ली से दिल को शान्ति नहीं मिली और उसका दिलासा भला नहीं मालूम हुआ। बल्कि ऐसा मालूम हुआ कि दिल बुझा का बुझा ही रहा। मैंने महसूस किया कि सिर्फ़ पुराने सदमे के असर से मैंने शिकायत की है। अतः मैंने उस शख़्स को इस घटना के कुछ दिन बाद यह शे'र सुनाया :

वो सोज़[4]-ओ-दर्द मिट गए वो ज़िन्दगी बदल गई,
सवाल-ए-इश्क़ है अभी ये क्या किया, ये क्या हुआ।

एक और शे'र इसके बाद हुआ :

दरस[5]-ए इबरत[6] है मुहब्बत का यह रंग-ए-बेहिसी,[7]
आह वो चोटें जो सर्फ़े-फ़िक्रे-दरमाँ हो गईं।

यह शे'र भी सुनिए :

निगाहे-यार तेरे छेड़ने की बात और है,
मलूल[8] भी कहाँ हूँ मैं अगरचे शादमाँ नहीं।
क्या वाक़ई फ़रेब[9] है ए दिल हयात[10]-ए-इश्क़,
क्यों मुज़द[11]-ए-विसाल[12] से मैं शादमाँ[13] नहीं।

---

1. सौ बार धन्यवाद, 2. रसायन, 3. रंजिदा व्यक्तियों को, 4. दुख, पीड़ा, 5. पाठ, 6. शिक्षा, नसीहत, 7. निष्क्रियता, बे-हरकत 8. रंजिदा, 9. धोखा, 10. जीवन, 11. शुभ सूचना, 12. मिलन, 13. प्रसन्न।

कभी यह अहसास होता है कि यह बेहिसी हुस्न की तो नहीं है। दिल को झ़िलमिलाने का हक़ हो लेकिन बुझ जाने का हक़ कहाँ है। इसी से प्रभावित हो कर मैंने यह शे'र कहा :

हाँ ए निगाहे-यार न बदज़न[1] हो इश्क़ से,
ये बेहिसी तो माना[2]-ए-रंज-ओ-ख़ुशी नहीं।

सर में सौदा[3] भी नहीं दिल में तमन्ना भी नहीं,
लेकिन इस तरक[4]-ए-मुहब्बत का भरोसा भी नहीं।

शायद मैं जिसे बेहिसी समझ रहा हूँ वह ख़ाली अहसास या केवल अहसास ही हो और ग़म और ख़ुशी अपने वास्तविक रंग में एक हों :

हुस्सास[5] कम नहीं है मुहब्बत भी और यूँ,
मुझको ग़म-ओ-निशात[6] से दिल बस्तगी[7] नहीं।

कुछ भी हो यह निष्क्रियता और प्रतिक्रियाहीनता या केवल अहसास और यह ग़म और ख़ुशी सिर्फ़ इश्क़ के हिस्से में आई है।

कहाँ हर एक से बार[8]-ए-निशात उठता है,
बलाएँ ये भी मुहब्बत के सर गई होंगी।

शायरी, 1935 ई. के बाद : हाँ तो 1935 ई. के बाद ही से शायद मेरी शायरी का कुछ स्पष्ट रूप से विकास हुआ :

'दर्दे-दिल लाखों किए जमाअ[9] तो दीवान किया' (मीर)

अनुभवों और अनुभूतियों के साथ-साथ मेरे मिज़ाज का स्थायी रंग, मेरे व्यक्तित्व के स्थायी प्रेरक तत्व और इनके अलावा हिन्दू साहित्य एवं संस्कृति तथा पाश्चात्य साहित्य और संस्कृति ने मिल कर जो नाटकीय स्थितियाँ मेरे अन्दर पैदा कर दी थीं वही मेरी शायरी का ख़ज़ाना है।

वही हुआ कि तेरे ग़मज़दों[10] पे कुछ न हुआ,
जो आए लफ़्ज़ो[11]-बयां में वो वारदात नहीं।

ख़ैर साहब, हाँ तो लिखिए कि मेरी जीवनी और मेरी शायरी पर अचानक क़लम उठाने की आपको क्यों ज़रूरत पड़ गई ? ख़ैर आपके अनुरोध को मैं स्वीकार न करता यह नामुमकिन था। इसलिए बिना सोचे ही जल्दी में इतनी पंक्तियाँ लिख गया। आप एक ग़ज़ल भी माँगते हैं। इसके बाद वह ग़ज़ल लिखी है जिसका मशहूर मतला है :

---

1. सन्देह करना, 2. रुकावट, 3. विचार, धुन, 4. त्याग, 5. महसूस करना, 6. ख़ुशी, 7. दिल बहलाना, 8. भार, 9. जोड़ना, 10. दुख के मारे, 11. शब्द।

अब दौरे-आसमाँ है न दौरे-हयात है,
ए दर्दे-हिज्र[1] तू ही बता कितनी रात है।

हाँ ! यह तो बताया ही नहीं कि यह तख़ल्लुस मैंने क्यों इन्तख़ाब किया ? मुझे 'दर्द' देहलवी के कलाम ने अब से पच्चीस बरस पहले प्रभावित किया था। स्व. मुन्शी प्रेमचन्द का और मेरा उन दिनों दिन-रात का साथ था। उनके यहाँ एक रिसाला 'कहकशाँ' आता था। इसमें 'दर्द' के उत्तराधिकारी नासिर अली 'फ़िराक़' देहलवी का एक लेख था। मैंने इसी सन्दर्भ से 'फ़िराक़' तखल्लुस रख लिया। मेरे शेरों में जिस ख़ास अन्दाज़ का तरन्नुम है आप ग़ौर करेंगे तो मालूम होगा कि लफ़्ज़ 'फ़िराक़' की आवाज़ में इस तरन्नुम के अंश छिपे हैं। 'मजनूँ' से मेरा सलाम कह दीजिएगा। शायद हाल में गोरखपुर आऊँ और आप हज़रात से मिलूँ।

–रघुपति सहाय फ़िराक़

(आभार–'इन्क़लाब', बंबई)

●●●

1. जुदाई का ग़म

नया अंदाज़ : फिराक

रूबाईयाँ

आ जाता है गात में सलोनापन और
चंचलपन, बालपन, अनिलापन और
कटते ही सुहागरात देखें जो उसे
बढ़ जाता है रूप का कुँवारापन और

मोती की कान, रस का सागर है बदन
दर्पन आकाश का सरासर है बदन
अँगड़ाई में राजहंस तोले हुए पर
या दूध-भरा मानसरोवर है बदन

चढ़ती हुई नद्दी है कि लहराती है
पिघली हुई बिजली है कि बल खाती है
पहलू में लहक के भींच लेती है वो जब
क्या जाने कहाँ बहा ले जाती है

करुण रस की सुरीली कविता है बदन
उठते हुए दर्द का तराना है बदन
राधा के आँसुओं के हिलते हुए तार
कुल गोपियों के बिरह की पीड़ा है बदन

कितना भरपूर दिन था, तू था जब पास
गाते हुए लमहों का वो रंगीं एहसास
जाते ही तेरे हुआ वो आलम जैसे
त्योहार के बाद शाम सूनी और उदास

ये चैत की चाँदनी में आना तेरा
अंग अंग है निखरा हुआ लहराया हुआ
रस और सुगंध से जवानी बोझल
एक बाग़ है बौर आए हुए आमों का

नहला के छलके छलके निर्मल जल से
उलझे हुए गेसुओं में कंघी करके
किस प्यार से देखता है बच्चा मुँह को
जब घुटनियों में ले के है पिन्हाती कपड़े

आँगन में ठुनक रहा है, ज़िद्दयाया है
बालक तो हई चाँद पे ललचाया है
दर्पन उसे दे के कह रही है माँ
देख आइने में चाँद उतर आया है

किस प्यार से होती है ख़फ़ा बच्चे से
कुछ त्योरी चढ़ाये हुए, मुँह फेरे हुए,
इस रूठने पर प्रेम का संसार निसार
कहती है कि "जा तुझसे नहीं बोलेंगे"

प्रेमी के साथ खाने का वो आलम
फुलके पे वो हाथ जिस्मे-नाज़ुक में वो ख़म
लुक़मे के उठाने में कलाई की लचक
दिलकश कितना है मुँह का चलना कम-कम

निर्मल जल से नहा के रस की पुतली
बालों से अर्गजे की ख़ुशबू लिपटी
सतरंग धनुष की तरह बाँहों को उठाये
फैलाती है अलगनी पे गीली साड़ी

आँसू से भरे भरे वो नयना रस के
साजन कब ऐ सखी थे अपने बस के
ये चाँदनी रात ये बिरह की पीड़ा
जिस तरह उलट गई हो नागिन डस के

बालों में खुनक सियाह रातें ढलती
गालों की शफ़क़ की ओट शमएँ जलतीं
तारों की सरकती छाँव में बिस्तर से
एक जाने बहार उठती है आँखें मलती

लहरों में खिला कंवल नहाये जैसे
दोशीज़ा - ए - सुब्ह गुनगुनाये जैसे
ये रूप, ये रंग, ये जवानी, ये निखार
बच्चा सोते में मुस्कराये जैसे

अशआर

तू एक था मिरे अशआर में हज़ार हुआ
इस इक चिराग़ रो कितने चिराग़ जल उठे

दिल का इक काम जो बरसों से उठा रखा है
तुम ज़रा हाथ लगा दो तो हुआ रखा है

मैं देर तक तुझे ख़ुद भी न रोकता हमदम
तू जिस अदा से उठा है उसी का रोना है

हमसे क्या हो सका महोब्बत में
ख़ैर, तुमने तो बेवफ़ाई की

वो जिन्हें याद करके रोता हूँ
कभी मुझको भी याद करते हैं

ग़रज़ कि काट दिये ज़िन्दगी के दिन ऐ दोस्त
वो तेरी याद में हों या तुझे भुलाने में

शरीके-बज़्म हो कर यों उचट कर बैठना तेरा
खटकती है तेरी मौजूदगी में भी कमी तेरी

आज आँखों में काट ले शबे-हिज्र
ज़िन्दगानी पड़ी है सो लेना

एक मुद्दत से तेरी याद भी आयी न हमें
और हम भूल गए हों तुझे ऐसा भी नहीं

उसका सरापा हमसे पूछो
चेहरा ही चेहरा, पाँव से सर तक

जब-जब इसे सोचा है दिल थाम लिया मैंने
इन्सान के हाथों से इन्सान पे जो गुज़री

वो आलम होता है मुझ पर जब फ़िक्र-ए-सुख़न मैं करता हूँ
ख़ुद अपने ख़यालों को हमदम मैं हाथ लगाते डरता हूँ

तुझे तो हाथ लगाया है बारहा लेकिन
तेरे ख़याल को छूते हुए मैं डरता हूँ

मौत का कुछ इलाज हो शायद
ज़िन्दगी का कोई इलाज नहीं

सुनते हैं इश्क़ नाम के गुज़रे हैं इक बुज़ुर्ग
हम लोग भी फ़क़ीर उसी सिलसिले के हैं

हर लिया है किसी ने सीता को
ज़िन्दगी है कि राम का बनवास

महोब्बत में मेरी तनहाइयों के हैं कई उनवाँ
तेरा आना तेरा मिलना तेरा उठना तेरा जाना

गरज कि काट दिए ज़िन्दगी के दिन ऐ दोस्त
वो तेरी याद में हों या तुझे भुलाने में

मुद्दतें गुज़रीं तेरी याद भी आई न हमें
और हम भूल गए हों तुझे ऐसा भी नहीं

शाम भी थी धुआँ धुआँ, हुस्न भी था उदास उदास
दिल को कई कहानियाँ याद सी आके रह गईं

चुप हो गए तेरे रोने वाले
दुनिया का ख़याल आ गया

दम निकल जाय मगर दिल न लगाये कोई
इश्क की थी ये वसीयत मुझे मालूम न था

बहुत पहले से उन क़दमों की आहट जान लेते हैं
तुझे, ऐ ज़िन्दगी, हम देर से पहचान लेते हैं

तबीयत अपनी घबराती है जब सुनसान रातों में
हम ऐसे में तेरी यादों की चादर तान लेते हैं

जो उलझी थी कभी आदम के हाथों
वो गुत्थी आज तक सुलझा रहा हूँ

किसी की बज़्मे-तरब में हयात बहती थी
उम्मीदवारों में कल मौत भी नज़र आई

ज़रा विसाल के बाद आईना तो देख ऐ दोस्त
तेरे जमाल की दोशीज़गी निखर आई

बहुत दिनों में महोब्बत को ये हुआ मालूम
जो तेरे हिज्र में गुज़री वो रात रात हुई

ज़िन्दगी क्या है आज हम ऐ दोस्त
सोच लें और उदास हो जायें

इक उम्र कट गई है तेरे इन्तज़ार में
ऐसे भी हैं कि कट न सकी जिनसे एक रात

अब अक्सर चुप-चुप से रहे हैं यूँ ही कभू लब खोले हैं
पहले फ़िराक़ को देखा होता अब तो बहुत कम बोले हैं

खुनक सियह महके हुए साये फैल जाये हैं जल थल पर
कितने जतनों से मेरी ग़ज़लें रात का जूड़ा खोले हैं

ग़म का फ़साना सुनने वालो आख़िरे-शब आराम करो
कल ये कहानी फिर छेड़ेंगे हम भी ज़रा अब सो लें हैं

हम से फ़िराक़ अक्सर छुप छुप कर पहरों-पहरों रोओ हो
वो भी कोई हमीं जैसा है क्या तुम उसमें देखो हो

जाने भी दो नाम किसी का आ गया बातों-बातों में
ऐसी भी क्या चुप लग जाना कुछ तो कहो क्या सोचो हो

झूठी शिकायत भी जो करूँ हूँ पलक दीप जल जायें हैं
तुमको छेड़े भी क्या तुम तो हँसी-हँसी में रो दो हो

दिलों को तेरे तब्बसुम की याद यूँ आई
कि जगमगा उठें जिस तरह मन्दिरों में चिराग़

वो उठ भी चुके कब के वो जा भी चुके कब के
दिल है कि फ़िराक़ अब तक दामन को छुड़ाए है

कहाँ का वस्ल तन्हाई ने शायद भेस बदला है
तिरे दम भर के आ जाने को हम भी क्या समझते हैं

वो रातें और ही हैं जिनमें मीठी नींद आ जाए
खुशी और ग़म में सोने के लिए रातें नहीं होतीं

देख आए आज यादों का नगर
हर तरफ परछाइयाँ-परछाइयाँ

ये ज़िन्दगी केकड़े कोस, याद आता है
तेरी निगाहे-करम का घना-घना साया

कौन ये ले रहा है अँगड़ाई
आस्मानो को नींद आती है

वो हाथापाई के बाद और भी कुछ
सँवर जाने निखर जाने की रातें

लेने से ताजो तख़्त मिलता है
माँगे सी भीख भी नहीं मिलती

जीने वाले जी लेंगे
तुम न मिलोगे अच्छी बात

हज़ार बार ज़माना इधर से गुज़रा है
नई नई सी है कुछ तेरी रह गुज़र फिर भी

तुझे याद करता हूँ और सोचता हूँ
मोहब्बत है शायद तुझे भूल जाना

यूँही सा था कोई जिसने मुझे मिटा डाला
न कोई नूर का पुतला न कोई ज़ोहरा जिबी

वो आलम और ही है जिसमें मीठी नींद आ जाये
सुकूनो-ग़म में सोने के लिए रातें नहीं होतीं

मोहब्बत अब मोहब्बत हो चली है
तुझे कुछ भूलता-सा जा रहा हूँ

एक जादू मुझे आता है मना लूँगा तुम्हें
बातों बातों में कभी मुझ से खफ़ा हो देखो

रात की रात कभी मेरा घर
तेरा रैनबसेरा होता

आज तो दर्दे-हिज्र भी कम है
आज तो कोई आया होता

मैं हूँ, दिल है, तन्हाई है
तुम भी जो होते, अच्छा होता

मोहब्बत अब मोहब्बत हो चली है
तुझे कुछ भूलता सा जा रहा हूँ

इक जानी हुई दुनिया, इक आलमे-हैरत है
इन दोनों का मिल जाना दुनियाए-मुहब्बत है

दिल दुखे रोए हैं शायद इस जगह ऐ कुवे-दोस्त
ख़ाक का इतना चमक जाना ज़रा दुशवार था

जहाँ में थी बस इक अफ़वाह तेरे जल्वों की
चरागे़-दैरो-हरम झिलमिलाये हैं क्या क्या

बाग़े-जिन्नत पे घटा जैसे बरस के खुल जाए
सौंधी-सौंधी तेरी ख़ुशबूए-बदन क्या कहना

इश्क में सच ही का रोना है
झूठे नहीं तुम झूठे नहीं हम

लमहों की ख़मोशी में बजने लगी शहनाई
फिर उसने मुझे देखा यादों के झरोखों से

ये दुनिया छूटती है मेरे ज़िम्मे कुछ न रह जाय
बता ऐ मज़िले-हस्ती तेरा कितना निकलता है

कह दे तो ज़रा सर तेरे दामन में छुपाऊँ
और यूँ तो मुक़द्दर में मेरे बे-वतनी है

पकड़ लिया सरे-महफिल किसी ने हाथ मेरा
बस आज मिल गई अपनी वफ़ा की दाद मुझे

फ़िराक़ इक दूसरी दुनिया की कुछ कुछ याद आती है
नहीं मालूम आए हैं जहाँ में हम कहाँ हो कर

कुछ नहीं कहतीं वो निगाहें मगर
बात पहुंची है कहाँ से कहाँ

दिल के आइने में इस तरह उतरती है निगाह
जैसे पानी में लचक जाए किरण क्या कहना

अलग नहीं मेरी दुनिया अगरचे है मालूम
ज़माना और भले आदमी का साथ नहीं

तरके-मोहब्बत करने वालो, कौन ऐसा जग जीत लिया
इश्क़ से पहले के दिन सोचो कौन बड़ा सुख होता था

इस दौर में ज़िन्दगी बरार की
बीमार की रात हो गई है

न कोई वादा, न कोई यक़ीं, न कोई उम्मीद
मगर हमें तो तेरा इन्तज़ार करना था

दिखा तो देती है बेहतर हयात के सपने
ख़राब हो के भी ये ज़िन्दगी ख़राब नहीं

कोई समझे तो एक बात कहूँ
इश्क़ तौफ़ीक़ है गुनाह नहीं

क्या बज़्मे-दोस्तां थी, अभी कल की बात है
मालूम हो रहा है कि सदियाँ गुज़र गईं

●●●